汉冶萍文库·研究系列

盛宣怀与湖北

盛承懋 著

武汉大学出版社
WUHAN UNIVERSITY PRESS

湖北师范大学出版基金、湖北师范大学汉冶萍研究中心资助出版

图书在版编目(CIP)数据

盛宣怀与湖北/盛承懋著．—武汉：武汉大学出版社,2017.9
汉冶萍文库·研究系列
ISBN 978-7-307-19653-7

Ⅰ.盛…　Ⅱ.盛…　Ⅲ.盛宣怀(1844－1916)—生平事迹
Ⅳ.K825.3

中国版本图书馆 CIP 数据核字(2017)第 219111 号

责任编辑:聂勇军　　责任校对:李孟潇　　版式设计:马　佳

出版发行：**武汉大学出版社**　(430072　武昌　珞珈山)
(电子邮件：cbs22@whu.edu.cn　网址：www.wdp.com.cn)
印刷：武汉中远印务有限公司
开本：720×1000　1/16　印张:14　字数:194 千字　插页:2
版次：2017 年 9 月第 1 版　2017 年 9 月第 1 次印刷
ISBN 978-7-307-19653-7　定价:38.00 元

盛宣怀（1844—1916）

盛宣怀（1844 年 11 月 4 日—1916 年 4 月 27 日），字杏荪，又字幼勖。汉族，江苏武进人。清末官员，官办商人，洋务派代表人物，著名的政治家、企业家和慈善家，被誉为“中国实业之父”和“中国商父”。

盛宣怀创造了 11 项“中国第一”：第一个民用股份制企业轮船招商局，第一个电报局中国电报总局，第一个内河小火轮公司，第一家银行中国通商银行，第一条南北铁路干线京汉铁路，第一个钢铁联合企业汉冶萍公司，第一所高等师范学堂南洋公学，第一个勘矿公司，第一座公共图书馆，第一所近代大学北洋大学堂（天津大学），创办了中国红十字会。中国近代化第一阶段中创建起来的主要工矿交通运输和金融企业，大半通过盛宣怀之手。也就是说，盛宣怀是旧中国第一代资本主义近代化的奠基人。

盛宣怀一生经历传奇，成就非凡！

前　言

19 世纪 70 年代初至 90 年代中后期，西方列强纷纷侵占、掠夺中国，清朝政府摇摇欲坠，在当时的历史条件与社会环境下，一批思想先进的人士开始探索中国的富强与御敌之路，而我的曾祖父、中国近代著名的实业家盛宣怀意识到只有加快发展实业，才能使国力强盛，才能抵御西方列强的侵略。他先后涉足轮船、电报、矿务、铁厂、铁路、纺织、银行等关系到国民经济命脉的大型实业，开创了中国历史上前所未有的创新、创业之路。他走的是一条“实业强国”的路。盛宣怀开创的实业以及在高等教育、文化事业上的贡献，被历史学界誉为“中国的十一个第一”。

在中国早期工业化时期，湖北之所以脱颖而出，是有多重因素的，1858 年中英《天津条约》签订，汉口被辟为通商口岸，随着西方列强炮舰、轮船的长驱直入，西方工业产品的输入，他们的文化教育与科学技术也逐渐渗透与传入，这给湖北带来了比其他地区更活跃的思想与理念；此外，太平天国起义军的活动范围当时已遍及大半个中国，江南最富裕的苏、常、沪、杭等地已反复被起义军攻破。摇摇欲坠的清政府意识到，必须确保位于太平军大营上游湖北省的稳固，才能挽回残局，强调“平吴之策，必先保鄂”，使得湖北的政治、军事、经济、文化要比其他地区发展得更快。一批具有先进思想、勇于创新且敢于奋斗的青年人，纷纷涌入湖北，为湖北发展近代实业创造了条件。

同时，也应该看到，湖北一批大型实业的创办，与洋务派的兴起，与盛宣怀等人的创新、创业活动是密切相关的。

首先，早在 1874 年，李鸿章就密谕："中国地面多有产煤产铁之区，饬即密禀查复。"盛宣怀对勘矿于国计民生的重要性，已有足够的认识，他先后聘请英国矿师郭师敦等人，勘探湖北各地煤铁矿，足迹遍及武穴、黄石港、当阳、归州、大冶、武昌、兴国、宜都等地，并着手开矿炼铁，尽管屡屡碰壁，但当时打下的基础，为张之洞之后创办汉阳铁厂创造了条件，也为他后来将勘矿遍及全国各地，创办中国勘矿总公司创造了条件。其次，张之洞邀请盛宣怀接办汉阳铁厂，尽管当时铁厂已粗具规模，但张为此已负债累累，而炼钢所必需的煤炭资源尚未落实，且钢材的质量也没有过关。盛宣怀接办铁厂之后，克服重重困难，在一身债务的状况下，终于将它办成当时亚洲最大的钢铁托拉斯——汉冶萍公司，为中国钢铁工业翻开了新的一页。最后，1896 年 9 月 2 日，张之洞向清廷推荐，说由盛宣怀督办铁路最为适当。因盛兼商业、官法、洋务三者之长，盛宣怀担当铁路督办之后抓住干路不放，合理规划全局，确保卢汉铁路准时开工。卢汉铁路的全线贯通，以及粤汉铁路的修筑，打破了中国上千年仅依赖于水道与驿道的传统交通网络格局，铁路开始成为中国交通的主角。南北向的卢汉、粤汉铁路建设，与东西向的长江成十字交叉，中国的交通脉络，发生了质的变化，也使湖北武汉在中国版图上的地位，进一步大大提升。

盛宣怀是江苏武进人，从 6 岁开始，他就在家乡入塾攻读孔孟经书，16 岁那年，太平军进攻常州，他随祖父母避难，辗转到达父亲盛康在湖北的任处。此后他人生的大半生涯都是与湖北社会经济的发展、进步，紧紧联系在一起的。

盛宣怀的父亲盛康 1844 年考取进士，先在安徽任职，1852 年太平军攻克安庆、江宁，他被派往帮办江南大营粮台。退入湖北后，巡抚胡林翼"以全省厘政委之"，先担任湖北粮道，然后以布政使衔掌湖北盐法武昌道，竭力为清军筹集军费。从此开始了盛氏家族与湖北的机缘。

青年盛宣怀随祖父盛隆到达湖北后，在"军务吏治，严明整饬，冠于各行省"的湖北，他接触到了许多人和事，接触到了社会上的许多实际问题，这使他开阔了视野，奠定了日后从事实业的基础。在湖北生活的五个年头中，盛宣怀实现了娶亲、成家、生子的人生大事，我的祖父盛昌颐就是1863年出生在湖北的。

1867年，盛宣怀的祖父盛隆在湖北走完了他的人生，盛康丁忧，护送盛隆的棺木回到常州，此时，盛氏家族的成员以为从此要与湖北告别了。

然而1870年，杨宗濂推荐盛宣怀进入湖广总督督办陕西军务李鸿章的幕府，盛被李委派行营文案，兼充营务处会办。1874年李鸿章一封密谕，又将盛宣怀引回了湖北，盛宣怀从武穴勘矿开始，从此轮船、电报、航运、银行，事事处处都要与湖北发生联系，一发而不可收拾，直至他接办汉阳铁厂，督办卢汉铁路，创建汉冶萍。由此，1891年我的祖父盛昌颐又在湖北参加顺天乡试，中举，并以正二品任湖北候补道、湖北德安府知府，在湖北开创了他的一片小天地。

湖北为盛宣怀及其家族创造了平台与机遇，盛宣怀、盛氏家族成员用智慧与辛劳，为湖北的社会经济发展做出了回报与贡献。

今天，在全国上下努力实现中华民族伟大复兴中国梦的关键时刻，武汉确立了创建国家中心城市的重大目标，武汉将建设成更具竞争力、更可持续发展的世界城市，朝着成为国家先进制造业中心和国家现代服务中心的目标发展，争当中国经济的第四极。在这重要时间节点上，我们再来回顾100多年前，先人曾经在湖北为创办实业、发展社会经济所走过的路，无疑是极具激励与启迪作用的。

今天，在武汉创建国家中心城市的进程中，我深信湖北将会以更开阔的视野，展开更宽阔的胸怀，为来自全国各地的创新、创业者搭建平台，创造条件，将有更多知名家族的后人在湖北建功立业。

作为盛氏家族的后人，在此谨以我的新著《盛宣怀与湖北》，表达我对武汉创建国家中心城市，对湖北新一轮的社会经济发展予以支持与祝愿！

盛承懋

2017年，元宵

目　录

第一章　盛氏家族与湖北的不解之缘

一、19世纪中后期湖北的发展机遇

1840年鸦片战争后的中国，是处在西方列强侵占与掠夺下时局发生急剧变化的“非常之世”，继1842年中英签订《南京条约》之后，1858年（咸丰八年），清政府又与英国签订了《天津条约》，该条约中增辟了11个通商口岸，其中特别包括了湖北的汉口。这意味着西方列强的炮舰轮船，可以长驱直入驰达长江中游、江汉平原。

武汉素有“九省通衢”之称，它是中国内陆最大的交通枢纽，长江及其最大的支流汉水横贯全境，将武汉一分为三，形成武昌、汉口、汉阳三镇隔江鼎立的格局。境内江河纵横、湖港交织，水域面积约占全境总面积的四分之一，构成了滨江滨湖水域的生态环境，因此武汉自古又称为“江城”。

1861年3月汉口正式开埠。由于《天津条约》的生效，在老汉口镇的下游，沿着长江先后被逼开辟了汉口英租界、汉口德租界、汉口俄租界、汉口法租界和汉口日租界五国租界。这些租界独立于清政府管辖之外，在界内分别设置工部局、巡捕房、领事法院（庭）等迥异于中国政治体制的管理机构。

西方列强凭借《南京条约》等一系列不平等条约，从政治、经济等各方面大肆侵华。清政府为了支付高额的战争赔款，以及弥补由于鸦片大量输入而造成的财政亏空，加紧横征暴敛，大量增加税收。兼之外国工业品大量倾销，使中国城乡手工业受到摧残，农村地主乘机兼并土地，农民和手工业者纷纷破产。民族矛盾的加剧，促进了国内阶级矛盾的激化，广大农民饥寒交迫，纷纷揭竿而起，鸦片战争后十年间，各族人民自发的反清起义多达 100 余次。其中，最为突出的是太平军起义与捻军起义。

1853 年（咸丰三年），太平军从武汉顺江东下，占领安庆，杀死巡抚蒋文庆。李鸿章随侍郎吕贤基回皖操办团练，5 月，首次与太平军交战于和州裕溪口。之后又随周天爵、李嘉端、吕贤基、福济等清廷大员在皖中与太平军、捻军作战。

1860 年（咸丰十年），太平军二破江南大营后，清政府在整个长江下游地区已失去最后依靠。在太平军猛烈攻势下，江南豪绅地主纷纷逃避到已经形同孤岛的上海。在沪士绅、买办派出代表，前往安庆请曾国藩派出援兵。曾国藩几经努力，最后请李鸿章出山，李欣然应命，于是开始招募与组建淮军。李鸿章受任之初，形势极为严峻。他牢记恩师的教诲，“以练兵学战为性命根本，吏治洋务皆置后图”。面对上海官绅一心指望依赖外国雇佣军抵御太平军，对洋人百般献媚的做法，他激励将士说：“军贵能战，待吾破敌慑之。”不久，淮军果然于当年下半年独立进行了虹桥、北新泾和四江口三次恶战，李鸿章亲临前线指挥，成功守住了上海，让中外人士对淮军刮目相看。

1862 年至 1864 年，李鸿章率淮军攻陷苏州、常州等地，和湘军一起基本剿灭了太平军。

1865 年（同治四年）5 月，清廷任命曾国藩为钦差大臣，北上督师剿捻，以李鸿章署理两江总督，负责调兵、筹饷等后勤事宜。由于湘军大部已裁撤，因此曾国藩北上率领的多为淮军。剿捻的第一阶段自 1866 年（同治五年）12 月至次年 6 月，主战场基本上在湖北。双方先后在臼口、安陆罗家集、德安杨家河、安陆尹隆河等处交战，在捻军的强力抵抗下，6 月间捻军突破了湘军所设置的包围圈，向北突围。随后李鸿章率领淮军先后赴山东、直隶、陕西追剿捻军。1867 年（同治六年）李鸿章被授为湖广总督，仍在军营督办剿捻事宜。他在军事上坚持上任曾国藩“以静制动”的战略方针，顺利镇压剩余捻军。1869 年（同治八年）3 月李鸿章兼署湖北巡抚，直至 1870 年（同治九年）9 月调任直隶总督，后又兼任北洋通商大臣。

西方列强的入侵与农民起义军的频繁活动，一方面给湖北的社会、经济、人民生活造成了很大的伤害与破坏，但是，另一方面也使湖北的社会政治、军事、经济、文化等方面空前活跃，随着西方文化教育的渗透，科学技术、工业产品的输入，随着清军军事装备与给养急需得到提升与补充，创办新型实业已成必然，以武汉为中心的湖北洋务运动全面展开，湖北创办了一大批近代企业，推动了湖北民族资本主义经济的发展。

湖北历来文化底蕴深厚，中华民族的始祖炎帝的故里就在湖北。春秋战国时期的楚国在长达 800 多年的历史中，创造了独具风采的楚文化。晚清后期，号称“中兴四大名臣”之中的曾国藩、李鸿章、张之洞，先后活跃在湖北的政治、军事、经济、文化教育舞台上。中兴文化与楚文化的交融与碰撞，军事、经济的空前活跃，自然吸引了一大群探索“非常之路”的人汇聚到湖北的大地上，盛宣怀就是在“非常之世”中，奋力探索新的“非常之路”人群中的佼佼者。

二、盛康以布政使衔执掌湖北盐法道

《天津条约》签订后，汉口被增辟为通商口岸，太平军、捻军起义，清政府与起义军反复争夺湖北这一要地，这为一批有思想、有抱负的人创造了条件与机遇。盛氏家族中首先与之有机缘的是盛宣怀的父亲盛康。

盛康（1814—1902 年），字勗存，号旭人，别号待云庵主，晚号留园主人，1840 年（道光二十年）中举，1844 年（道光二十四年）进士，初任铜陵令，后任庐州府、宁国府知府及和州直隶州知州。曾在那里治水赈灾。1852 年太平军攻克安庆、江宁，盛康被派往帮办江南大营粮台，后退入湖北。

湖北处于天下之中，武汉又地处长江中段，扼东西南北之咽喉，它处于太平军首都天京的上游。就当时的国际国内形势来说，它既是西方列强一心要侵占的战略要地，也是清政府与太平军的必争之地。因此，晚清大臣曾国藩将经营好湖北，作为他的战略首选。

从当时的实际情况看，清政府虽然痛恨西方列强，每次不平等条约都要割地赔款，然而，清政府可能感到这还不至于立即动摇自己的政权。而起义军的活动范围已遍及大半个中国，江南最富裕的苏、常、沪、杭等地已反复被起义军攻破。因此，他们把更多的注意力集中在对付起义军的身上。

清政府在派出曾国藩、李鸿章追剿起义军的同时，要确保湖北的稳固，为此 1855 年 12 月，清政府委派同太平军角逐多年，堪与曾国藩齐名，号称“综核名实，干济冠时”的胡林翼担任湖北巡抚。胡升任湖北巡抚后，强调“平吴之策，必先保鄂”；“保鄂必先固汉阳”。但是他除了要清剿太平军之外，还面临不少困难，主要是如何处理与湖广总督的关系。当时大多数督、抚都是钩心斗角，貌合神离，互相掣肘。不是你参我，就是我告你，大大影响了办事效率。胡林翼却放开手脚大干起来，他以身作则，积极任命清廉、能干的下属到重要的岗位上。

1857 年胡林翼派兵支援庐州，盛康随队伍退入湖北，随后盛康被胡林翼“以全省厘政委之”，盛竭力为清军筹集军费。当时，盛康的家乡常州，是太平军进攻的主要地区，但他无法回去照顾年迈的父母与尚年幼的儿子盛宣怀，只能让自己的父亲盛隆带着全家暂时到苏北盐城亲戚家去避居，而自己则把全部精力放在公务上。盛康保境安民，筹粮筹饷，劳绩卓著。胡林翼知人善任，保奏朝廷，1859 年（咸丰九年）3 月，盛康被朝廷任命为湖北粮道。

胡带领盛康等一批官员，积极整顿吏治，增加厘金税收，革除田赋积弊，剿灭盗贼，湖北大治。据《清史稿》记载："林翼威望日起，官文自知不及，恩假以为重，林翼益推诚相接纳，于是吏治、财政、军事悉听林翼主持，官文画诺而已。不数年，足食、足兵，东南大局，隐然以湖北为之枢。"此后，胡林翼得以援赣、谋皖、图江南，全力支持两江总督曾国藩。

1860 年太平军二破江南大营，盛康此时已任湖北粮道，盛康不放心在苏北盐城的父母与儿子，就去信让他们设法到湖北自己的家中来生活。当时盛宣怀 16 岁，他便随祖父母从盐城到达南通，再由南通航海至宁波，经浙江、安徽、江西，辗转半年抵达湖北。由于旅途十分艰辛，祖父母都已是七十五六岁的老人，16 岁的盛宣怀挑起了大梁，一路上肩扛手提的、小心侍奉着祖父母，每到一处首先想方设法为祖父母安排好吃住。经过艰辛的旅途，终于到达他父亲盛康的任处。这种颠沛流离的生活，对锤炼盛宣怀的意志是十分有益的，养成了他在日后的人生与事业发展中百折不挠的品格。

盛康注重经世致用之学，在急剧变化的时代里，盛康不愿恪守教条，他仿照著名思想家魏源所著的《皇朝经世文编》，也从吏政、户政、兵政、工政等八方面收录文选 120 卷，辑有《皇朝经世文续编》一书，希望用经世致用的实学来治理社会，同时也以此来教育与启迪自己的后代。他对于盛宣怀青少年时代能在社会恶劣的环境中，经风浪、见世面，感到很有必要，十分赞赏。盛宣怀到达父亲任职的湖北，生活安定下来之后，他比社会上一般的青年有更优越的条件，凭着父亲同官场多方面的关系，盛宣怀接触到许多的人和事，接触到社会上很多的问题。湖北的"军务吏治，严明整饬，冠于各行省"，这对善于"事事研求"的青年盛宣怀，得到了多方面的启示，为他日后在湖北、在全国各地开创实业奠定了基础。

盛康担任湖北粮道后，进一步得到胡林翼的器重，以布政使衔掌湖北盐法武昌道，兼管全省盐政和武昌首府，其是湖北省的首道，地位和责任超过粮道。1861 年 9 月，胡林翼不幸去世，由严树森接任湖北巡抚一职，严不敢有任何松懈与怠慢，仍坚持按胡林翼治鄂的宗旨行事，湖北的政治、经济、军事形势进一步好转。盛康事业上更上一层楼，祖孙三代相聚一处，家庭生活其乐无穷。

三、“川、淮并行之议”，盛宣怀初露才华

盛宣怀与祖父母抵达湖北之后不久，盛康就被巡抚胡林翼提升为湖北盐法武昌道。有意思的是从该职位上卸任的顾文彬也是江苏人，之前他们在公事上就有一些交往。

顾文彬（1811—1889年），江苏苏州人，1841年（道光二十一年）进士，授刑部主事。1854年（咸丰四年），擢福建司郎中。1856年（咸丰六年），补湖北汉阳知府，又擢武昌盐法道。1870年（同治九年），授浙江宁绍道台。

顾文彬在与盛康交接过程中，向盛康交代了盐政上的主要事项，并勉励自己的后任、同乡干得更加出色。盛康则意气风发，上任不久就全力整顿盐务，督察辖内吏治，很想有一番作为。

但是，很快他在盐务上就遇到了一些麻烦。首先是两淮盐商向新任盐道的他禀报说：“湖北一向由户部指定为淮盐行销引地，自从军兴以来，道路梗阻，淮盐销鄂渐少，川盐乘机越界入鄂销售，夺了淮盐大半销场，现在官军节节胜利，淮盐运输逐渐恢复，请求禁止川盐再入鄂省行销。”由于衙门里有内鬼，两淮盐商禀告的内容很快被透露给了川商，不久，盛康的文案前又摆放上了四川盐商的禀呈：“四川现有24处州县盛产井盐，川鄂毗邻，川盐销鄂乃势所必然。军兴以来，淮盐中断，若非川盐入鄂，后果岂堪设想。近年四川各井旺产，而销地有限，以致盐场存盐堆积如山，资金积压，势难持久，为免影响盐民生活，恳请大人准将鄂省列为川盐引地。”双方都要在新任盐道面前争夺湖北这一引地。

在盐务上，通常将货物运销凭证称之为“引”，将销盐者称之为

"盐引"，将固定销售的地区称之为"引地"。由主管盐政的衙门定期向销盐者颁发凭证，凭证上注明销售的地区、每次销售的数量、销售的有效期限等事项。川、淮盐商都希望新任盐道尽快给他们颁发新的销盐凭证。

盛康做官十余年，应付上司同僚、处理民间事项，可以说驾轻就熟，然而对接手不久的盐政，却感到有些棘手。按照盛康以往行事的惯例，户部已有规定，湖北自应是淮盐引地，他与师爷进行商议，想驳回川商的禀文，单独给两淮盐商颁发销盐凭证。但是，师爷的一番话，让他感到确实有些行不通。原来川商已在湖北站稳了脚跟，井盐质地虽然不如海盐，但四川至湖北距离近，运输成本低，道路又畅通，不会时有时无，很受省内盐栈的欢迎。如果就此驳回川商的禀文，不仅川商不同意，就是省内经销川盐的商人也不愿意他们撤出。一方愿卖，一方愿买，官府不是一纸行文就能否定得了的。

盛康正在举棋不定的时候，武昌周边的州县不时传来川、淮盐商为争夺地盘而引起的争吵斗殴的消息，甚至发生捣毁盐栈的事端。盐商势大通天，州县的官吏不敢得罪他们，纷纷将肇事的双方推到盐道衙门公断。更有个别财大气粗的川商，花钱收买了抚台衙门的师爷，让他禀报湖北巡抚大人，说是盐商闹事，影响民食，此事已非同小可，新任盐道盛大人应果断处置。抚台大人不明所以，竟发话要盛康好好对待，否则事情闹大了，不好收拾。

盛宣怀由于经常去文案房向几位师爷请教经世致用之学，同时也经常能听到衙门内的人员有关军事、政务及社会上各种重大事件的信息。自然，川、淮盐商之争的情况，也逃不了他的耳朵。他一方面有些替父亲着急，另一方面更加留心盐政，常去文案房翻阅历来档案，并向师爷们讨教，使他对如何解决川、淮盐商之争有了自己的见解，并私下草拟了一份"川、淮并行之议"的材料。

盛宣怀通过查阅资料了解到，两淮盐场包括整个江苏及浙江北部沿海，区域广、产量大，所以户部以往规定淮盐行销江苏、安徽、江西、湖北、湖南、河南六省，都是人口稠密的省份。川盐均为井盐，早年盐井较少，产量不多，户部规定行销四川、西藏、贵州、云南、甘肃等省，除四川以外，都是人口稀少之地。近年井盐发展到 24 处州县，产量大增，原有引地消纳不了，自然而然向邻近的湖北、湖南行销。前几年，淮盐因受战事影响，时有时无，不能满足民间需求，川盐弥补淮盐不足，一举两得。因此，应将湖北定为淮盐与川盐共同的引地。

因此，他将自己的见解讲给父亲听，并大胆地说，“为政者只可因势利导，切不可不顾时事推移历史变化而固执于户部的原规定。”

盛康听了儿子一番说辞，虽然知道有道理，但又表示了自己的担心：“户部规定乃由朝廷谕旨颁发，彰彰在案，谁人敢违？”

盛宣怀又进一步举出：“盐政上两处盐场同在一省行销，事例很多。就按户部规定，河南一省由山东、两淮、长芦盐场行销；江苏、安徽由山东、两淮盐场行销；江西、湖南则为广东、两淮共同引地。”意思是说，湖北将川、淮列为共同引地，已不是先例，难度应该不是太大。但父亲盛康告知他，要变更规定，必须户部改变朝廷原来谕旨，不是轻而易举的事。

盛宣怀举出魏源《皇朝经世文编》中所述的话：“天地万物无时无刻不在变化，因此才能除旧布新。”现在国内战事接连不断，户部原来规定的湖北为淮盐引地，早已被打乱。当然，多少年的规定一朝难改，但是如果父亲大人请求抚台出奏，倘若户部不准，将来盐商闹出乱子，责在户部；若是父亲知难不进，不向朝廷提出“川、淮并行之议”，那么将来闹出事来，只能由父亲一人受过。

盛康听了儿子一番话，猛然醒悟，随即禀请抚台转奏朝廷，准予将湖北列为淮盐和川盐共同行销的引地。历时半载，朝廷批复照准，川商欢天喜地，淮商亦无多大反响，盛康了却了一件心事。

盛康按照儿子所提的想法，较好地解决了川、淮争引地的矛盾。于是，本来就很注重经世致用的盛康，愈加勉励盛宣怀致力于“有用之学”。

四、青年盛宣怀在湖北开阔了视野

处于“军务吏治，严明整饬，冠于各行省”的湖北，凭借父亲盛康同官场多方面的关系，盛宣怀接触到了许多人和事，接触到了社会上的许多实际问题。

盛宣怀在湖北的时期，去得最多的地方，一是父亲任盐道衙门的文案房。说是向几位师爷请教学问，实际上，文案房是信息来得最多、最快的地方。前方战事的消息、筹集运输军饷的信息、官府人员往来与变动的情况、朝廷上有什么重大新闻、汉口租界上的洋人又玩出了什么新花样、社会上发生了什么人命关天的事，等等，总之文案房里的消息来得最快、最早。二是湖北武昌江边的滨江花园。处在长江边上，几个年轻人经常结伴到江边去玩，他们看到日益增多的外国轮船停靠在江轮码头上，这些外轮除了揽载客货之外，部分漕粮亦归其运输。少数华商航运公司，为了避免交纳捐税，索性与外人互为勾结，采取“诡寄经营”的方式，华商轮船也悬挂起洋旗，在长江内河航行。中国历来的木帆船航运业，此时已处于萎靡不振的状态。三是汉口的闹市区与洋人在汉口的租界。1739 年（乾隆四年），汉口修起了一条石路面，命名为汉正街。1864 年（同治三年），郡守钟谦钧在此主持修建了万安巷等新码头。从此，汉正街商贾云集，交易兴盛，市场繁荣，被誉为“江湖连接，无地不通，一舟出门，万里唯意”，吸引了四方商旅，八方游客，热闹繁华，盛极一时。于是，本省荆州、孝感各县，及外省人口纷纷迁入。汉口租界的洋人，也经常到汉正街等闹市区逛街。这些洋人除了给当地百姓带来一些新鲜感之外，他们的生活方式、他们的科技与文化也潜移默化地影响着年轻人，自然也影响着青年盛宣怀。

淮军在前方追剿起义军，急需粮食与各种物资供应，盛宣怀积极参与官府组织的物资筹集与运输的活动。

与社会各方的接触和交流，对盛宣怀早期思想的形成产生了很大的影响。经过在湖北这一特殊环境中一段时间的观察研究，盛宣怀至少形成了以下一些观念：第一，军务吏治，必须严明整饬。朝廷大臣及各级官员应该将国家强盛、百姓安居乐业，作为自己的首要职责；第二，建立一支训练有素装备精良的军队，无论对于抵抗外国势力侵入或维持社会稳定都是十分必要的；第三，军队必须有取之不尽的饷源，为此，必须采用开源节流等理财方法加以解决；第四，朝廷应创造条件让百姓休养生息，给人民以生活出路。为此他初步意识到，欲使国家富强、社会有所进步、人民生活有所提高，应尽早兴办以西方先进科学技术为主要内容的实业。

盛宣怀按照祖父及父亲的教诲认真读书，准备科举应考，但是他对那些应付考试的书卷，不太感兴趣，而对父亲盛康所提倡的经世致用之学，却手不释卷。与此同时，他仍然十分关注社会上的新鲜事物。

有一次，盛宣怀在父亲衙门的文案房看到一份文件，文件内容讲的是，湖北广济县向朝廷禀报禁止开挖武穴煤山的缘由与具体做法。盛宣怀由此第一次注意到当地煤的蕴藏状况，并且他又想到了一系列问题，首先，以自己的家乡武进与湖北相比，家乡武进到处是水田与河塘，虽然逢到好的年份，庄稼收成不错，但是一碰到灾荒与战乱，地里庄稼的收获就变得很有限了；而湖北有不少煤山、铁山，那里可藏着现成的财富，一旦把煤和铁开采出来，无论对国家与对百姓都是有用之物。其次，他不明白为什么广济县要禁止开挖武穴煤山，他在长江边上看到，外国的轮船上装了许多洋煤到武汉来，卖给中国的老百姓，而洋人的煤的价格贵得要命，他想如果将武穴的煤挖出来，拿到武汉来卖给当地的人，运输成本低，那价格一定会比洋煤便宜得多。此外，他想到武汉街头没事干的农民多得很，这些人每天在街上逛，找不到事做，生活穷困潦倒。如果将这些农民组织起来到武穴采煤，不也能为他们及家人解决生活困难吗？为此，盛宣怀将自己对广济县向朝廷禀报文件中的一些不同意见，向文案房的几位师爷表白了一下。当然，他知道自己人微言轻，只能说说而已。

1867 年，盛宣怀已经返回了江苏。但是，也许是当年他在文案房向几位师爷面前说的一番话传到了湖广总督的耳朵里，加之，先前盛宣怀已被湖广总督保奏以知府尽先补用。这一年，他又由湖广总督官文保奏，被派到湖北广济考察那里的煤矿，通过认真的考察，他不仅对武穴煤山的蕴藏，有了更深入的了解，进一步“乃知其地滨江”，交通比较方便。他又仔细查看了地方志，向当地的官员与百姓请教，“始知该山属官”。这次考察给他的印象很深，他清楚地意识到，煤矿就是财富，国家要富强是离不开煤矿与铁矿这些矿藏的，需要有人将它们开挖出来，如果朝廷委派我来做此事，我一定会尽全力去做的。尽管当时他无能力去开采煤矿，但这也为他日后在广济等地发展矿业，奠定了必要的基础。

青年时代，盛宣怀有将近五个年头是在湖北度过的，尽管他当时只是憧憬着未来的生活与事业，但是，他还没有确定自己人生的第一步该怎么走，他更没有想到他的一生会是走一条“实业强国”的路的。然而不能不说，湖北当时的社会环境与条件，哺育了他早期的“实业思想”，湖北开阔了青年盛宣怀的视野。

五、与董氏喜结连理，盛宣怀在湖北成家

盛康事业上一帆风顺，祖孙三代在湖北的生活日益安宁。在当时的制度下，人们认为科举是年轻人成才的必经之路。盛康的父亲盛隆走的是这条路，中了举，当了官；盛康走得更靠前一些，不仅中了举，还中了进士，然后再当官。对盛康来说，他显然认为盛宣怀也是应该走这条路的。然而，太平军起义，江南大营不保，老百姓的生存都成了问题，还谈什么应试、中举。至于湖北，虽然社会相对平稳，然而，科举考试也不正常，盛隆、盛康还是希望等战事平定之后，让盛宣怀回江苏武进应试。他们平时只是叮嘱盛宣怀要抓紧读书，有备无患。

而此时盛隆老夫妇都已近八十岁了，急着想要抱重孙子，于是催促

盛康与夫人尽早替盛宣怀张罗婚事。于是通过媒人，去汉阳知府的女儿董氏家说亲。董氏家族在晚清时代也是常州的大族，其父董似谷，字蓉初，做过江西粮道，后改任湖北汉阳知府，盛家与董家称得上门当户对，双方的儿女从小都在常州长大，生活习惯一样，而且此时又都在湖北。经过几番的往来，盛宣怀与董婉贞于 1862 年秋冬之间完婚。董氏也在湖北与盛家合族生活。

结婚后的最初几年，虽然战乱频仍、生活动荡，但夫妻之间你恩我爱，感情甚笃，第二年 12 月，我的祖父、盛宣怀的长子盛昌颐就在湖北出生了。

董夫人生于大户人家，是典型的大家闺秀。她读过私塾，有文化，会写信，字迹秀丽，上海图书馆收藏的盛宣怀档案中保存了不少董夫人写给盛宣怀的亲笔信。

1864 年（同治三年）太平天国失败。第二年，盛康就安排盛宣怀先回常州老家，抓紧读书，一旦乡试恢复，即可及时应考。那年，盛康又在苏州置办了部分房产，打算退休之后在苏州定居。于是就又让盛宣怀到苏州，一边读书，一边负责房屋修建之事。

这是盛宣怀与董夫人结婚后第一次较长时间的分别。盛宣怀到了苏州后，董夫人耐不住相思之苦，不断给他写信。董夫人的信除了嘘寒问暖之外，大多是叙说家事，对夫君的思念之情溢于言表。明清两代，苏州向来是个商业大埠，人文胜地，比常州要繁华得多，董夫人生怕盛宣怀寻花问柳，沾染不良习气，信中又说不出口，又怕夫君生气，只得在信中隐晦地叮咛了几句。盛宣怀为此便向夫人发誓。董夫人在回信中自责："前信恐你沾习气，此原我过虑，因听旁人所说，我甚发极（急），故写信与君，望勿见怪，亦不用如此发誓，真令我不安，不胜悔恨心粗，不应惹我主人动气。"盛宣怀生怕董夫人不放心，想让她带着儿子到苏州住在一起，董夫人又觉得妇道人家远行不便，最终还是没去苏州。

1867 年，"六世祖父"盛隆在湖北病故，盛康辞官送盛隆棺木回乡，盛宣怀赶回到常州故居，为祖父盛隆送葬，并陪伴在年迈体弱的祖母身边，小心伺候。盛宣怀与董夫人居住在常州周线巷，那是一栋前后九进的大宅院。回常州后，盛宣怀除了帮着父亲盛康在苏州开办和管理典当、钱庄之外，不少时间还能待在常州家里，倒也过了一段安稳日子。

1870年，盛宣怀入李鸿章幕府，此后便经常在湖北、河北、天津等地为公差奔波，忙于湖北煤铁矿、轮船招商局的创办，参与赈灾工作，在外的时间多，回家的时候少，周线巷故居大部分时间只有董夫人带着几个孩子居住，常感寂寞，但除了写信抱怨一通之外，也无可奈何。董夫人在周线巷故居一直住到她去世，那一年是1878年，盛宣怀在天津做候补道，农历十月，得知董夫人病重后，他急急忙忙请假赶回常州，总算在董夫人临终前见了一面，圆了她生前最后一个愿望。

董夫人去世后，遗下三子三女，我的祖父盛昌颐当时最大，也只有15岁，最小的还在襁褓之中，养育子女的工作十分繁重。盛宣怀的爱妾刁玉蓉承担起了家务，她不辞辛苦，任劳任怨，因此得到了盛康的认可，成了没有正式夫人头衔的准夫人。刁氏出身贫家，年轻漂亮，开朗直爽，又精明能干，深得盛宣怀的喜爱。那几年，盛宣怀在山东、天津一带做官，有时也把刁氏带去陪伴，两人共同生活了15年，直到1889年刁氏去世，盛宣怀一直没有续弦。但是由于刁氏出身低微，始终没有得到盛氏家族的认同，至死也没有得到一个正式夫人的名分。刁氏只生了一个女儿——藕颐（稚蕙，排行第四）。

刁氏去世后，盛宣怀十分悲痛，再说那几年正在山东登莱青兵备道任上，忙于小清河水灾的治理，一时也没有心情再找一个夫人。这一耽搁就是两年，此时盛康认为盛宣怀必须再娶一位正式夫人来主管家务，敦促盛宣怀续弦，他的兄弟姐妹也四处为他张罗，托媒相亲，目标仍在常州门当户对的大户人家，最后相中了常州另一个望族莊家毓莹的女儿，1891年秋天，盛家为盛宣怀办了婚事，莊小姐遂成为曾祖父盛宣怀的第二任夫人。

六、乡试榜上无名，从此意绝科举

1864 年，李鸿章率领淮军攻陷苏州、常州等地之后，江南逐渐平静，老百姓开始恢复生产。盛隆、盛康父子自然又开始着急起盛宣怀的科举应试之事。1865 年初，盛康让盛宣怀返回家乡，安下心来，认真读书，准备迎考。之后，盛康又让盛宣怀到苏州，一边读书，一边照应房屋装修之事。1866 年（同治五年）秋，盛宣怀从苏州返回常州，并与弟弟盛隽怀一起参加乡童子试，两人同时中了秀才，合门欢喜，盛宣怀立即写信去向父亲、祖父报喜。

1867 年 6 月，盛宣怀的祖父盛隆在湖北走完了他的人生，盛康丁忧，护送盛隆的棺木回到常州，盛宣怀从苏州赶回常州，为祖父送葬。

盛隆（1786—1867 年），字树堂，号惺予，另号龙溪主人，晚号拙园叟。1810 年（嘉庆庚午年）科举乡试中举。先后任浙江安吉知县、浙江海宁知州，夫人为费氏。盛隆一生生有四子及二女。

常州历来是人文荟萃之地，清朝以来，赫赫状元就出了四人，进士更不计其数。盛隆虽然自己只是举人出身，但他却十分重视子孙的功名，在他的督促下，长子盛应就考中了举人。次子盛康于 1840 年（道光二十年）中举，1844 年（道光二十四年）又考中了进士。常州虽然进士无数，但在盛氏门中出了新科进士，却是一件前所未有的大事，盛隆内心十分高兴，但是他生前最大的愿望，就是希望自己的孙子盛宣怀兄弟能考出功名来。

然而，盛宣怀走科举成才的路，却停滞不前了。祖父盛隆去世之后，盛宣怀心里十分难过，他把对祖父的热爱，全扑在了祖母的身上，在家小心伺候着祖母。同时，他对科举考试的那一套学问，不感兴趣，无法安心读书。那年，他未去参加秋试。为此，盛康并没有责备盛宣怀，他发现儿子的兴趣可能是在类似经济、管理这样一类的学问及运用上，所以他一方面鼓励盛宣怀自学经世致用之学；另一方面尽量让他接触社会实际，锻炼实际才干。

那时常州一带难民纷纷返回重建家业，却缺乏资金。时任江苏巡抚的李鸿章建议盛康开几家典当行，定可赚钱。盛康因丁忧本来也就闲着，听了李鸿章的意见，就积极筹办此事。此时，盛氏家族的成员以为从此要与湖北告别了。

盛康开始在常州修缮房屋，在苏州置业。在苏州，盛康又与苏州怡园的主人顾文彬商议起开办典当的事宜。由于两人都曾出任湖北盐法道，所以有许多共同的语言，他们决定邀请李鸿裔（1851 年生，举人，官至江苏按察使，著名书画家、收藏家）、吴云（1881 年生，举人，官至苏州知府，著名画家）等人合伙，在苏州、常熟开办典当。

1868 年 7 月，盛家与顾文彬等人合伙的第一家典当行“济大典”就在吴县（今苏州）开张了，没想到生意好得出奇。

典当刚办的时候，顾文彬还在宁绍台道员任上，盛康也在杭州任上，典当行的日常管理由顾文彬的儿子顾承与盛宣怀负责。但是顾文彬对盛宣怀却不大放心，由于盛宣怀有主见，办事果敢，顾文彬总觉得盛宣怀大权独揽，独断专行，生怕顾家吃了亏。1870 年（同治九年）春，盛宣怀已进入李鸿章幕府，他将主要精力放在李鸿章交办的事上，苏州、常熟典当的生意，通过自己委派的人来办理，实际上仍掌控着典当的局面。

1877 年 1 月，典当行终于拆账，顾文彬、李鸿裔、吴云的股份与盛氏分开，济大典成了盛宣怀独资开设的第一家典当。

顾文彬虽对盛宣怀大权独揽不满，但是还是由衷地称道盛宣怀卓越的才干，1874 年（同治十三年）12 月，顾文彬在致顾承的家书中赞叹，“济兴事仍归杏荪（指盛宣怀）办理，妥当之至。此君虽年轻，而办事居然老辣，子弟有此才干，真可爱也。此事既办妥，现在别无要事，汝正可安心静养”。

盛康、盛宣怀接下来在常州、南京、江阴、无锡、宜兴、常熟等地，开了一批典当。不到 10 年，盛氏旗下的典当达 20 多家，典当业的经营与钱庄是分不开的。盛氏家族于是又集资开起了钱庄。本钱和利润从钱庄流到典当，又从典当流回钱庄。

盛宣怀在苏州与人合办典当，充分显示了他在金融理财方面的能力，也为他积累了苏州上层社会的关系和人脉，为他日后创办各项实业及中国通商银行奠定了基础。

眼看着盛宣怀的年岁一天天往上长，然而功名的事一直没有着落，1870 年秋，盛康通过朋友的帮助、举荐，让盛宣怀进入了李鸿章幕府，找到了可以发挥、施展他这方面才干的场所。

1873 年、1876 年，盛宣怀又先后参加了两次考试，均榜上无名，从此他意绝科举。

七、杨宗濂推荐，盛宣怀进入李鸿章幕府

盛康为父亲“丁忧”之后，改官浙江杭嘉湖兵备道按察使，因“固防裕饷，辖境晏然”，改任臬台。盛宣怀与顾承继续在苏州经营典当。但是，盛康始终认为，儿子长期办理典当总不是一件好事。

1870 年（同治九年）下半年，盛康通过京城里的一位同乡，替盛宣怀谋到了一份差事，原来是福州船政局船政大臣沈葆桢那里，需要一名办理文案的下手，他让盛宣怀抓紧赴福州上任，免得夜长梦多。

盛宣怀得知父亲替自己谋到这一份差事后，心里自然十分高兴，随即就安排好苏州等地典当的事宜，并且与董夫人商议起小家庭日后生活的安排，他准备行装，打算尽早启程。

正在此时，盛康又收到了自己的老朋友、淮军营务处总办杨宗濂的来信。杨宗濂当时正随李鸿章西征进入陕西，不久又奉命调往直隶。在赶赴直隶之前，杨感觉李鸿章身边缺少人手，于是就想到了盛康的儿子正闲在家中，由于之前他见过几次盛宣怀，从接触过程中对他十分赏识，认为盛宣怀是个难得的人才，办事精明能干。就这样，他从千里之外写信给盛康，请盛康把儿子盛宣怀送来。

盛康接到杨宗濂的来信以后，却有些犹豫不决，究竟是让儿子到沈宫保（即沈葆桢）那里，还是让他投奔到李鸿章的门下？因为他清楚地知道，儿子盛宣怀仅仅通过了乡试，身上虽然有一个候补道的身份，可是朝廷上下候补道多如牛毛，更何况盛宣怀还只是一个候补知府。一个候补官员要谋到一份长远差事，可以说是难上加难。现在李鸿章那里军事吃紧，急需帮手，但是一旦忙完之后怎么办，能不能把他留下；而沈宫保那里，因一直受到皇上圣恩，跟着他，错不了，得到一份"实授"是不成问题的。所以，盛康主观的想法是应该让盛宣怀到福州去，他生怕沈宫保那里的差事，又被别人推荐的人顶了去，所以催促盛宣怀，照自己的意见办。

可是，盛宣怀已是26岁的男子汉，而且是很有主见的人了。父亲为官这么多年，他从父亲以及与父亲经常有往来的人那里，知道了不少为官之道。

他知道沈葆桢与李鸿章原先都是曾国藩的门生，沈葆桢从在湘军办营务，到出任广信知府，再破格担任江西巡抚，一路上都是受曾国藩保举而实现的。然而因"厘卡"一事，和曾国藩发生了矛盾，不久便离任回福建原籍养病。闽浙总督左宗棠主政福建之后，沈葆桢又成了左宗棠的门下，并且还成了左宗棠的女婿。这样，在1866年（同治五年），左宗棠调任陕甘总督之前，向朝廷举荐沈葆桢出任船政大臣，主政福州船政局。尽管朝廷明确船政大臣一职等同于各省巡抚，但是它们之间孰轻孰重，大家心中都是有数的。更不用说，只要曾国藩在一天，沈葆桢的官职就很难再得到晋升。

杨宗濂当然无法与沈葆桢相比，但他是淮军统帅李鸿章相当倚重的属员之一。李鸿章此次是以湖广总督协办大学士的身份督军援陕的，朝廷又给李鸿章加上了一个钦差大臣的头衔，李又是目前年纪最轻的协办大学士，足见李统帅的发展后劲。

杨宗濂与盛家是世交，杨跟随李鸿章多年，他手下的能员也不见得少，凭盛康父子对他的了解，若不是有大的困难，若不是真对盛宣怀很赏识，他不见得会千里迢迢来信，让盛宣怀投奔到李鸿章的门下去。

盛宣怀对父亲说，曾国藩、左宗棠、李鸿章是当今大清国风头最劲的三位重臣，李鸿章又最年轻有为，况且父亲与李统帅过去又有些交往，如果自己在李鸿章的门下认真行事，日后的前途应该是无可估量的。盛宣怀终于说服了父亲，风尘仆仆地赶赴直隶淮军营务处。

盛宣怀启程之后，盛康分别给京里的朋友及船政大臣沈葆桢去信，感谢他们对盛宣怀的关照，其实，盛康心里很清楚，儿子年纪还轻，刚进入仕途，不能得罪朝廷方方面面的官员。

盛宣怀初到李鸿章麾下的时候，正是李鸿章率军北上围剿捻军的紧张阶段，李鸿章让他担任“行营文案兼充营务处会办”的职位（相当于机要秘书），由于他办事一贯事必躬亲、实事求是、讲究实效、精明强干的作风，很快就得到李鸿章的赏识。

随着淮军的进一步壮大，对军费、物资的需求日益增多，盛宣怀认为只有通过办实业，才能为军队筹集更多的经费。中国要强盛，最迫切的是要发展实业。他建议李鸿章通过建造商船来提供建造兵舰的费用，很快被李采纳。1872 年，沿海和长江航运被英、美两国航运公司垄断，为了争夺中国在航运领域的权益，盛宣怀建议李鸿章创办中国轮船招商局。1872 年 4 月，李命盛宣怀筹划轮船招商局，盛宣怀为轮船招商局草拟了《轮船章程》，这是他办理轮船航运的开始。此时，他已认识到：（1）使用先进的轮船运输，是中国社会发展的需要，是“必不能废之物”；（2）轮船航运业的利权，不能“全让外人”，而应收回自办，有着与洋商争利的思想；（3）洋人能办好的事，中国人也一定能办好，洋人之“智”未必“足多”，应该努力勇敢创办并经营好轮船公司。盛宣怀为轮船招商局所拟的第一个章程，乃主张轮船招商局拟“商本商办”，这符合资本主义工商企业经营的要求。尽管这个主张开始并不符合李鸿章“官督商办”的原则，但是随着事态的进展，盛宣怀的许多主张，越来越受到李鸿章与洋务派主要人物的认可，由办轮船招商局开始，从此他就一发而不可收拾，创办起电报、矿务、铁厂、铁路、纺织、银行等一系列关系到国民经济命脉的大型实业，成为李鸿章手下的洋务大将。

八、李鸿章一纸密谕，盛宣怀赶赴广济探煤

李鸿章在追剿太平军、捻军的过程中，十分重视淮军的军事装备建设。1862 年（同治元年）3 月，淮军正式建军。不久，淮军进入上海。李鸿章利用上海富绅的银两引进洋人的机器设备，于 1863 年左右创办了中国第二个近代军工企业：上海洋枪三局（第一个是曾国藩于 1861 年创办的安庆军械所）。淮军到沪未及一年，“尽改（湘军）旧制，更仿夷军”，转变成了装备洋枪洋炮，并雇请外国教练训练的新式军队，大大提高了战斗力。

在上海初步站稳脚跟后，李鸿章开始从“察吏、整军、筹饷、辑夷各事”入手，以进一步巩固自己的地位。在人事上，他罢免了以杨坊为代表的一批媚外过甚的买办官吏，改为起用郭嵩焘、丁日昌等一批务实肯干的洋务派官员，同时建立了不同于湘军幕府，而以务实干练、通晓洋务为基准的淮军幕府。在军费上，李鸿章采用“关厘分途，以厘济饷”的政策，以关税支付常驻军、中外合防局及镇江防军的军需，而以厘金协济淮军，随着军事进展和湘淮军力的壮大，厘卡也层层添设，从而确保了饷源。

1865 年，李鸿章在署理两江总督任上，得到曾国藩的支持，收购了上海虹口美商旗记铁厂，与韩殿甲、丁日昌的两局合并，扩建为江南制造局。与此同时，苏州机器局亦随李鸿章迁往南京，扩建为金陵制造局。

1870 年（同治九年），李鸿章调任直隶总督，接管原由崇厚创办的天津机器局，并扩大生产规模。于是，中国近代早期的四大军工企业中，李鸿章一人就掌控了三个，正如他自己所言，“练兵以制器为先”。

在引进西方设备进行近代化生产的实际操作中，李鸿章又进一步得

出：“中国欲自强，则莫如学习外国利器。欲学习外国利器，则莫如觅制器之器，师其法而不必尽用其人。欲觅制器之器与制器之人，则或专设一科取士，士终身悬以为富贵功名之鹄，则业可成，艺可精，而才亦可集”，反映出其认识的深化。

19 世纪 70 年代出任直隶总督后，责任愈巨，视野愈阔，综观世界各国的发展，李鸿章痛感中国之积弱不振，原因在于“患贫”，得出“富强相因”，“必先富而后能强”的认识，将洋务运动的重点转向“求富”。

李鸿章在加强军事装备建设，加快发展航运业的同时，意识到应该尽快探明煤矿、铁矿等军事与民用急需的矿产，以便尽早开采利用。此时，盛宣怀进入李鸿章幕府已是第四个年头，李鸿章除了对他的为人及办事能力十分赏识之外，特别对他的视野开阔，及他对洋务运动的认识与见解很是称道。于是，李鸿章决定把这一任务交给盛宣怀。

1874 年盛宣怀接到李鸿章密谕：“中国地面多有产煤产铁之区，饬即密禀查复。”李并说：“中土仿用洋法开采煤铁，实为当务之急。”李鸿章的这些说法激发起盛宣怀到湖北去开发矿业的热情。其实，中国矿业分布的地域十分广阔，但是，由于青年时期的盛宣怀曾经随父亲盛康在湖北生活过几年，当时他曾看到过一份《广济县禀禁开挖武穴煤山》的文件，得知当地阳城山煤的蕴藏情况。1867 年，他又曾亲赴广济，考察过那里的煤矿，“乃知其地滨江”，交通比较方便，查看了地方志，“始知该山属官”。尽管当时他曾想开挖阳城山那里的煤矿，然而那时他还年轻，靠自己的力量是无法开采煤矿的。李鸿章的指示与支持，使他“怦怦于中将十年”开发广济煤矿的梦想，终于变成了现实。于是湖北广济成了盛宣怀开发矿业的首选。

要实现在广济采煤的愿望，就要对广济的煤矿有真切的了解，而这又必须请懂行的人出马。盛宣怀得知沈葆桢的幕僚张斯桂（浙江慈溪人，协助沈葆桢创办了福州船政局）曾在台湾基隆查勘过煤铁，有实际经验。1875 年 5 月，盛宣怀密札张斯桂，请他赴湖北勘查煤铁。5 月

18 日，张斯桂到达湖北广济县后，即与县令史醇商议开采武穴等处煤铁事；5 月 23 日张斯桂又在当地乡绅的引导下到山前山后察看情况；张斯桂马不停蹄地行动，6 月上旬，他向盛宣怀报告“阳城山确是官山，煤随处都有，亦易开挖，距江亦近。颇合制造局、招商局轮船之用”。

6 月 27 日，李鸿章在听取了盛宣怀的汇报后，同意开采阳城山煤矿。

在盛宣怀、张斯桂的努力下，李鸿章等人的支持下，1875 年 7 月 24 日，湖北广济武穴煤矿“设厂雇工开挖”，终于又将盛宣怀引回湖北，去实现他青年时代的梦。

从 1874 年盛宣怀接到李鸿章密谕，开始在湖北勘矿，到 1881 年 10 月 28 日，荆门矿局撤销。前后八个年头，盛宣怀的主要精力是在湖北勘查并开采煤矿、铁矿。

九、盛昌颐湖北中举，出任德安知府

我的祖父盛昌颐是盛宣怀与原配夫人董婉贞所生之长子，字揆臣。1863 年（同治二年）12 月出生，1909 年（宣统元年）8 月去世，寿 46 岁。

盛昌颐从小生活在动荡的环境中。太平军攻占老家常州的时候，他还没有出生。为了躲避战乱，1860 年初，盛宣怀与祖父母从苏北盐城亲戚家辗转半年抵达湖北盛康的任处。董夫人以及她家中的老人、弟妹也是举家由常州逃往湖北。就这样，盛宣怀与董婉贞，两个出生地一样，两个家庭背景相似，两个青少年时代经历相仿的年轻人，有缘在湖北相会，结婚成家，紧接着他们在湖北生下了儿子盛昌颐。那时候淮军与太平军的主战场虽然在常州、苏州一带，湖北战事相对平静，然而捻军在湖北的活动仍相当频繁，盛隆老夫妇虽然抱得了重孙子，但是战事没有平息，盛宣怀的功名还没有着落，老夫妇叶落归根的愿望也始终悬在半空，所以，焦急不安的情绪，始终伴随着盛隆老夫妇。

1867 年，盛隆不幸去世，盛康辞官送盛隆棺木回乡，董夫人带着四岁大的盛昌颐回到常州故居定居。1870 年，盛宣怀进入李鸿章幕府，当时盛昌颐才七岁，但是从那个时候起，到盛昌颐自己出外做事那一段时间里，他很少有机会在父亲盛宣怀身边多待一些时间。很可惜的是，1878 年在盛昌颐 15 岁的时候，他的亲生母亲董夫人又去世了。尽管他的后母刁玉蓉夫人对他不错，但内心的关怀做不到亲生母亲那样的体贴入微。

这之后，盛昌颐随后母搬到了苏州，有的时候住在苏州阊门天库前的家里，有的时候住在他祖父盛康的留园里。尽管盛康不强求盛宣怀走科举的路，但是在他的视野里，科举仍然是正道。加上他已经告老还乡，有时间来指导帮助自己的孙子了。所以盛昌颐在苏州那几年中，主要精力还是放在读书应考上。

光绪年间（1884—1894 年）朝鲜政局动荡不定，先有日本驻韩公使竹添进一郎联合亲日的开化党人密谋发动政变，挟持国王李煦，清军在朝方的要求下攻入王宫，击败了开化党人和日军，救出了国王李煦，迫使竹添进一郎焚毁使馆，率部逃亡到仁川的日本领事馆。1894 年（光绪二十年）6 月，朝鲜发生了农民起义，清廷应朝鲜国王之请，派兵三千人赴朝镇压，日本政府也迅速出兵一万多人入朝，占领汉城，幽禁国王，逼迫朝鲜与清朝断绝宗主关系，引起我朝野一致愤慨，终于引发甲午战争爆发。在整个战乱时期，盛氏前辈自告奋勇要求为“平息倭寇侵扰而出征高丽”，先是盛昌颐，在他三十出头、血气方刚的时候，就奔赴朝鲜战场，英勇杀敌，终于凯旋而归并受皇帝加封二品官衔。后是盛宣怀的五弟盛星怀（他的年龄与盛昌颐不相上下），在甲午战争中又奔赴朝鲜，不幸光荣战死沙场。盛昌颐面对敌寇侵略、面对国家需要，义无反顾地奔赴战场，从朝鲜抗日战场凯旋，成了他一生中最值得书写的一笔。

1891 年（光绪辛卯年），盛昌颐已经 28 岁，他回到自己的出生地湖北武汉参加顺天乡试，乡试中举，从一品封典，并以正二品任湖北候补道、湖北德安府知府。在湖北盛昌颐娶正二品候补浙江道原湖州知府、杭嘉湖道、宁波知府及温处兵备道宗源翰次女宗恒宜为妻，当时宗源翰的弟弟宗得福为候补湖北知府。

盛昌颐在德安府任知府期间，对周边地区经济状况做了研究，了解到孝感的工厂手工业“发展颇早”。根据有关资料，当年，该县城关镇即有较大的轧花厂 3 家，每家备有脚踏轧花机 30～40 乘；汉阳县则以陶业发达最早，当时共有大小窑 36 座；同期，随州手工业有 15 个行业 129 户，从业人员 458 人；黄冈县有 29 个手工业行业，计 2433 户，从业人员 10238 人。于是他在安陆创办了织布厂和汉东机器米厂，这在机械化水平与生产规模上，远远超过了周边地区，在当地轰动一时。人们评论“得时代风气之先的盛知府，与当时安陆境内的商人交往频繁”，其对推动德安地区经济的发展起了不少作用。为地方经济尽力办实事，也是值得为盛昌颐书写的一笔。

盛昌颐于 1893 年随盛宣怀受命重建华盛纺织总厂。华盛纺织总厂的前身是于 1878 年由前四川候补道彭汝琮倡议兴办，经李鸿章、沈葆桢奏准设立的上海机器织布局。厂址在上海杨树浦。因筹集资金困难，上海机器织布局于 1880 年进行改组，之后又于 1887 年、1890 年、1891 年数次进行改组，最后由天津商界名人杨宗濂、杨宗翰兄弟主持局务。1890 年投产后在杨氏兄弟经营下，有纺锭 35000 枚，布机 530 台，雇工约 4000 人，营业方始兴盛，每月可获利白银 12000 两。不幸的是，1893 年 10 月 19 日织布局清花厂失火，适值狂风大作，施救不及，损失达 7000 多万两。李鸿章倾 15 年心血一手创办的这家中国最早的棉纺厂，付之一炬。李鸿章毫不犹豫地将杨宗濂、杨宗瀚就地免职。

李鸿章在织布局遭到挫折时没有后退，而是认为中国纺织业一定要做到“所纺之纱与洋纱同，所织之布与洋布同。庶几华棉有销路，华工有生机，华商亦沾余利”。因此，织布局必须立即着手恢复。李鸿章认为盛宣怀“于商务洋务，尚肯苦志研求”，决定委派盛宣怀负责重建织布局。社会上也公认“盛宣怀的身份、势力和财力都适宜于担当此任”。

盛宣怀面对变成一片废墟的织布局，面对痛不欲生、流落街头的工人，面对曾经是自己的恩人，而今却受到重创的朋友杨宗濂兄弟，面对曾经为织布局付出15年心血的老上级李鸿章，他毅然把重建织布局的重任担当了下来。

盛宣怀在接受此重任之后，把已经有一定工作经验的盛昌颐与他的五弟盛星怀，都带到被烧成一片废墟的织布局，一方面让他们做一些最基础的工作，如清理账目，清理织布局以往的档案资料，清点、整理尚存的机器设备，组织工人清理清扫被大火烧毁的厂房等任务；另一方面，也是让他们在困难面前得到一些历练。

盛宣怀在接受重建织布局任务之后，遇到的第一个问题就是结束之前的账目问题。经过盛昌颐他们的清算，织布局官款二十六万五千余两，商股五十五万四千余两，其他股份约二十万两。如何来归还官款与商款，盛宣怀一反通常先官后商的做法，而主张“所欠官款，悉归以后局厂按每出纱一包捐银一两，陆续归缴”。而非官款的损失，将织布局的地产等进行估价，所剩价值十余万两，盛宣怀以此“售以新商”。他把这仅剩的十余万两全摊派给商家，“按旧股一千两先摊得二百两，填新股票，一律取利，其余旧股八百两，等新商获利陆续抽捐归补”。

盛宣怀在结束前账的同时，积极筹备新厂。首先确定筹款百万两，他敦促上海、宁波、苏州三地绅商认购股份六十万两；不足之数由招商局、电报局等企业随时挪补。为此，在这期间他几次返回苏州筹款，这样，不到两个月，百万两资金已经就绪了。

盛宣怀为了照顾商股的情绪，将原来官办性质“织布局”的名称，改为商办性质的企业的名称——华盛纺织总厂。另在上海、镇江、宁波等地设十个分厂。计划纱机三十二万锭、布机四千张。

纺织厂的恢复速度比想象的还要快，不到一年，于 1894 年 9 月 16 日就投产了，工人重新回到了纺纱机、织布机面前，脸上又露出了笑容；商人的损失逐步得到了补偿；李鸿章要把纺织业做大的愿望也实现了。盛昌颐在纺织总厂的表现，得到他父亲盛宣怀的称赞。

张之洞得知盛宣怀署理织布局果敢、得力的消息后，于 1894 年 2 月 17 日，上奏朝廷委派盛筹办湖北纺织局，说将来此厂办成，即委该道兼充总理局务，以资整饬，但盛未就。

1896 年盛宣怀从张之洞手上接办汉阳铁厂后，盛昌颐成为汉阳铁厂的总董之一。

洋务运动兴起后，一批近代工业企业陆续在上海创设。由于经济的不断发展，对资金的需要亦日益殷切，原有的金融机构——钱庄和票号已难以适应。于是，新式银行就应运而生。1897 年（光绪二十三年）5 月 27 日，由盛宣怀创办的中国通商银行首先在上海诞生。这是中国人自办的第一家银行，也是上海最早成立的华资银行；但比第一家外资银行在上海的设立，已整整落后了 50 年。

受盛宣怀创办的中国通商银行的影响，盛昌颐于 1908 年（光绪三十四年）9 月 29 日创办了裕商银行，银行兼办储蓄，盛昌颐自任总经理，这是中国近代最早的新式民营银行之一，特别是裕商银行关于储蓄的条款明确规定为："储蓄专代农工及小本经纪之人收存零星款项，凡有银满一元以上者，不论何项人等，均可来本银行存储，到行立即给以存簿，凭簿往来收付本息。其息长期及半年者周息五厘，不满半年者周息四厘。"这在晚清末年是有开创性意义的，这与同年在常州设立的和慎储蓄公司规定的"凡一元以上皆可存储"的条款基本是一致的，均确定了清末银行储蓄存款 1 元起存的通例。裕商银行此后因主要创办人、盛昌颐总经理的病逝而主动歇业。

祖父盛昌颐在 28 岁之后才娶妻成家，生有二儿六女。长子盛毓常就是我的父亲；次子盛毓宗过继给了二房和颐，不幸早夭。

十、张之洞邀请盛宣怀接办汉阳铁厂

鸦片战争失败，清政府被迫开放国门，此时正值欧洲工业革命之后，质量与成本均占优势的西方钢铁及钢铁制品开始涌入中国，直接导致中国土法炼铁业的衰落。与此同时，以庆亲王奕劻、曾国藩、左宗棠、李鸿章等为代表的洋务派，为维护清政府的统治，推行洋务新政，创办新型的军事工业。1865 年李鸿章创办了江南制造局和金陵制造局。1866 年左宗棠创办了福州船政局、三口通商大臣崇厚创办了天津机器局，分别制造军火、轮船、枪炮等武器。无论是枪炮还是轮船，在生产制造过程中，都离不开钢铁这一主要原材料，于是，1890 年江南制造局与天津机器局先后兴建了炼钢厂，它们成为中国最早用西法炼钢的企业。除军工企业对西方新型方式生产出来的钢铁大量需求之外，民用工业也开始希望获得由新方式生产出来的质量高、成本相对较低的钢铁。

1889 年，洋务派重要人物张之洞被清政府任命为湖广总督。张之洞之前在广东任职，就曾有在广东创办铁厂的设想。张之洞认为“以今日自强之端，首在开辟利源，杜绝外耗。举凡武备所资枪炮、军械、轮船、炮台、火车、电线等项，以及民间日用、农家工作之所需，无一不取资于铁”（见张之洞《筹设炼铁厂折》，光绪十五年）。随着他职务的变动，他把自己创办铁厂的想法，寄希望于在湖北实现。盛宣怀听说张之洞要办铁厂的消息，即电告张说：“湖北煤铁，前请英矿师郭师敦勘得。如果开办，仍请原经手较易（见盛档①，盛宣怀《致张之洞电》，光绪十五年十月初一日）”，对张之洞办铁厂的事十分关心。

当年 12 月，张之洞在赴湖北上任的途中，在上海约见了盛宣怀，商谈关于办铁厂之事，张在给李鸿章的信中，谈到了他与盛宣怀见面的情况，“连日晤谈，详加考究”，得盛之指点殊多（见张之洞《致海署

---

① 盛档，即盛宣怀档案简称，后同。

张之洞（1837—1909）

天津李中堂》，光绪十五年十一月二十九日）。张之洞还答应盛宣怀，在铁厂建成投产后，生产钢铁每吨提银二钱以弥补盛在办湖北煤矿开采时的损失，如以年产六万吨计，岁可一万二千两，如果年产在五万吨以下，“即以岁提万金为断”（见张之洞《致上海盛道台》，光绪十六年四月初八日）。

照理，在办铁厂的问题上，张之洞与盛宣怀是可以很好合作的，但是，在这前后，盛宣怀也拟订了一个办铁厂的章程《筹拟铁矿情形禀》（光绪十五年十一月二十三日），此禀文分责任、择地、筹本、储料四个方面，而着重于商股商办。盛宣怀将他的禀文分别上呈给了李鸿章与张之洞。张之洞当然知道盛宣怀在办实业方面的能力，如果有盛宣怀的合作对办铁厂是很有利的。但是张之洞对盛宣怀“商股商办”的主张是不认可，也不能接受的。张之洞在电告李鸿章的文中，也表明了他这一观点，他说：“盛道前在沪具一禀，所拟办法与鄙见不甚同。商股恐不可恃，且多纠葛。”（见张之洞《致京李中堂》，光绪十六年二月二十六日）张之洞之所以反对商办而坚持官办，实际上可能是考虑到，如果采取“商股商办”，将来铁厂办成之后，自己可能无法完全加以掌控。

盛宣怀对于张之洞办汉阳铁厂之事，十分关注，可以说他对办铁厂有着某种特殊的感情，当年他在湖北广济、荆门、大冶等地办煤铁事时，曾经就提出过“先煤后铁”，“以铁为正宗”的宗旨，办铁厂在当时他就试探与实践过，只是由于种种原因未能继续办下去；而且他对湖北的情况十分熟悉，当时他在对煤铁进行勘探、开采、冶炼的过程中，涉及的地域范围相当广，湖北境内的长江两岸，他几乎都跑遍了，而且他还买下了大冶矿山。因此，对如何选择厂址等问题，他有比较清晰的见解。

盛宣怀虽与张之洞的意见不同，而没有参与汉阳铁厂的筹建工作，但还是一直关注着它的进展情况，不断地让一些人向他通报情况，并作了一旦铁厂办不下去，他如何去接办的思想准备。

1893年春，郑观应从武汉返回后即函告盛宣怀说：张之洞“又奏扩拨七十万，仍恐不敷，势要招商承办”，建议盛宣怀说：“如欲接办”，“宜先寻有好煤矿，可炼焦炭，将化铁炉移于大冶铁矿山左右，可省运费，焦炭价廉方可获利。”（见盛档，郑观应《致招商局盛督办书》，光绪十九年二月）可见盛宣怀、郑观应对承办汉阳铁厂，已经有较充分的酝酿了。

坚持“官本官办”模式来办汉阳铁厂的张之洞，被搞得“心力交困”，于是打算要交“棒”了，盛宣怀则态度鲜明地表明：“铁政属洋商，力大流弊亦远，属华商，力小收效亦远。”表示愿意亲自到湖北参与“通筹决策……熟商办法”（见盛档，盛宣怀《寄江宁恽莘耘观察》，光绪二十二年正月初六日）。

当张之洞下决心请盛宣怀接办汉阳铁厂后，盛再次表示，必尽力而为，会尽快赶赴湖北，并提出自己接办汉阳铁厂后的初步设想，即钢铁必须大办，炼炉必须推广，“而推广炼炉非另筹佳煤无可为力”，准备“调开平矿师偕来细勘煤矿”，优先要解决煤炭的问题（见盛档，盛宣怀《复鄂臬恽松云（指恽莘耘）函》，光绪二十二年正月十九日）。

盛宣怀在叙述做出这决定的过程时，说：“铁政不得法，徒靡费，几为洋人得。右铭、松云讽阻，乃属意宣，督饬华商接办，重整旗鼓。”这表明，盛宣怀接到这根“棒”，还是费了不少周折的。

1896年5月14日，张之洞发出委任盛宣怀为汉阳铁厂“督办”的公文，公文中说：“盛道才猷宏达，综合精详，于中国商务工程制造各事宜，均极熟习，经理商局多年，著有成效。因该道从前曾有承办铁厂原议……”（见张之洞《札委盛道督办汉阳铁厂》，光绪二十二年四月初二日）自然，由盛宣怀来接办汉阳铁厂，是最合适的人了。

盛宣怀从张之洞手中接办汉阳铁厂，意味着他可以按照自己“商股商办”的主张来行事了。但是，他从张之洞手中接过这根“棒”时，也将张之洞已用于铁厂的官款作为铁厂的债务接管了下来，铁厂“所有已用官款五百余万，责成商局承认。所出生铁，每吨提抽银壹两归还官款”（吴伦霓霞、王尔敏：《盛宣怀实业函电稿》，第828页）①。盛宣怀一接办汉阳铁厂，身上就已背负了沉重的债务。

十一、光绪帝一道谕旨，盛宣怀督办铁路

关于修建铁路，自洋务运动开始就是洋务派梦想的事，也是盛宣怀一直想去经办，而又不是轻易可以去承办的事。事实上，其艰难之程度不亚于盛宣怀所承担过的其他任何一件事。除了工程技术及资金筹集等一系列困难之外，还在于朝廷自身对修建铁路的主张举棋不定，再加上西方列强的纷纷争夺，以及朝廷上下官吏从中作梗，使得一般人都不敢去涉足修建铁路的事宜。早在1863年7月20日，上海27家外国商行就联合呈请江苏巡抚李鸿章，要求特许修筑上海至苏州的铁路，就遭到朝廷拒绝。盛宣怀深知朝廷对修建铁路的决定出尔反尔，所以对修铁路的事不敢轻易表态。

1895年中日甲午战争结束后，当年7月19日，即《马关条约》签订后的第94天，光绪皇帝发出一道谕旨，宣称“当此创巨痛深之日，正我群臣卧薪尝胆之时”，并提出救亡图存的六项“力行实政”，把修建铁路置于首位。张之洞响应说：方今时势日急，外患凭陵，日增月盛，富强之计，首以铁路为第一要图（见张之洞《铁厂煤矿招商承办截止用款片》，光绪二十一年八月二十八日）。于是上下一致将修建铁路提到了议事日程。

---

① 完整注释见书后“参考书目”，后同。

"富强之计，首以铁路为第一要图"，但究竟先造哪一条铁路众说纷纭。李鸿章为了扩展和巩固北洋的地盘，力主修建天津至通州的路段，他十分注重有利于战事的沿海的东段；张之洞则主张在中部地区筑路，中部是国家的腹地，可进可退，一旦南北向的铁路建成，与东西向的长江成十字交叉，中国的交通脉络，就发生质的变化了。这时，除了顽固派反对修筑所有的铁路外，多数人主张先造既是主干，分布又适中的卢汉铁路为宜。盛宣怀认为"中国幅员广袤，边疆辽远，必有纵横四境诸大干路，方足以利行政而握中枢"。

张之洞认为，宜先择四达之衢，首建干路以为经营全局之计，以立循序渐进之基的自卢沟桥经河南达湖北汉口的卢汉铁路为宜。张之洞说：这条路是"铁路之枢纽，干路之始基，而中国大利之所萃也"（见张之洞《请缓造津通铁路改建腹省干路折》，光绪十五年三月初三日）。

卢汉铁路（即京汉铁路，由于民国时期，北京称为北平，所以它又被称为平汉铁路）是甲午中日战争后，清政府准备自己修筑的第一条铁路。

当时国库空虚，为了修筑卢汉铁路，清政府曾允诺每年拨款200万两白银作修路之用。每年200万两银子，对于生产铁路所需的钢轨以及修筑铁路这样庞大的工程，无疑是杯水车薪，然而，清政府仅仅拨了一年款，就因东北局势紧张，停止了拨款，下令"移卢汉路款先办关东铁路"。《马关条约》签订后，清政府又决议要兴建卢汉铁路，但是之前所遇到的难题，不仅一个都没有解决，因又增加了对日本的赔款，修筑铁路的困难比起之前，变得更难。

面对这种困难，盛宣怀并没有退缩，因为他清楚地看到，此时朝廷的决心基本已经下了，在这个大前提下，如何去实现，那就事在人为了，应该来说这是修筑铁路的大好时机。但是，他又意识到，朝廷要修筑铁路，第一个遇到的问题是西方列强必然要来争夺修铁路的权利。

于是，1896年4月27日，盛宣怀向直隶总督王文韶陈述办铁路的方针时，强调"权自我操，利不外溢，循序而进，克期成功"，表明了他在办铁路上，中国人应自己掌控利权的立场。同年 7 月 27 日，盛宣怀在给王文韶、张之洞的报告中说："铁路之利远而薄，银行之利近而厚。华商必欲银行、铁路并举，方有把握。"也即"银行铁路应一气呵成"，将铁路、银行通盘考虑，才有利于实现目标。

1896 年 9 月 2 日，张之洞向清廷推荐"由盛宣怀督办铁路最为适当。因盛兼商业、官法、洋务三者之长"。

之前，盛宣怀曾为了不给予"专折奏事特权"，而不愿任铁路督办，也就是说，在他看来，如果要我来督办铁路公司的话，就非得给我与皇帝对话之权不可，不然，事情就难办得通。因为他深知清政府这个官僚机构，办事如何之艰难、曲折。

1896 年 9 月，盛宣怀接到上谕："王文韶、张之洞会奏请设铁路总公司，并保盛宣怀督办一折，直隶津海关道盛宣怀著即饬令来京，以备咨询"，要求盛宣怀随时准备接受皇上召见。10 月 19 日，皇上正式召见，盛宣怀奏对关于南北铁路事。他敷陈大指，皇上深维至计。10 月 20 日，盛宣怀奉命："以四品京堂候补督办铁路总公司事务。"并被授予"专折奏事特权"。

盛宣怀有了"专折奏事特权"，下决心大干一场，他以湖北武汉为中心，想把中国的北方与南方紧紧地连在一起。1896 年 11 月 12 日，盛宣怀电告王文韶、张之洞："今因铁厂不能不办铁路，又因铁路不能不办银行。这就要铁厂、铁路、银行三者一手抓。"11 月 16 日，盛宣怀驰抵天津，与直隶总督王文韶商议，欲设立铁路总公司于上海，天津、汉口设分局，由此开始了他历经十年督办卢汉铁路修筑的历程。

十二、与汉冶萍、卢汉铁路最后的岁月

1907 年 11 月，盛宣怀已经过 63 岁了，尽管疲劳多病，但是他还是放不下湖北的事情，"近一两个月间，遍历鄂、湘、赣勘阅厂矿，复筹商川路定轨及萍乡防营等事，因疲劳和冬寒，旧疾萌发"（见夏东

元：《盛宣怀传》，第527页）。

1908年4月，盛宣怀由北京赴湖北视察汉冶萍，“出都抵汉，赴铁厂考验炼钢、炼铁、拉轨、锤折诸法……均极赞美，谓与欧厂无异而质过之”（见夏东元：《盛宣怀传》，第528页）。

1908年9月2日，盛宣怀向朝廷奏请给假赴日本就医，兼考察钢铁厂矿和银行各业。在日本两个月余，他参观了那里的煤铁厂矿和银行、制币局，乃至文化教育等。此行著有《东游日记》。在日本得知光绪帝、慈禧太后先后去世，11月5日，在日本神户“率同领事馆等举哀成服”。随后即乘轮船回国。11月25日，从日本返抵上海。

盛宣怀从日本回国后，基本围绕着以下这些事在转。

第一，围绕着朝廷转。1910年2月27日，清政府颁发中国红十字会试办章程，派盛宣怀为中国红十字会会长。这样他承担赈灾的任务就更明确了，12月28日，奉旨被任命为徐属及皖南北筹赈大臣；皇上又随时要召见他，8月4日，清廷因事敦促入都，8月17日，赶到北京，被召见三次，博询时局要政，旋奉旨饬令赴邮传部右侍郎本任，并帮办度支部币制事宜。1911年1月6日，又被授为邮传部尚书。5月8日，清内阁改制，“皇族内阁”成立，盛宣怀被留任简授为邮传大臣，所有内阁总协理大臣及各该大臣均为国务大臣。6月，吏部咨开：奏准盛宣怀长孙盛毓常给予正二品荫生。10月26日，由于铁路收归国有，引起了保路风潮，清王朝为平息众怒稳住统治，将盛宣怀作为替罪羊革职，永不叙用。

第二，汉冶萍公司频频向日本借款。1908年11月14日，汉冶萍公司向横滨正金银行借日金50万元，以汉冶萍矿山等作押。1909年3月21日，汉冶萍公司向汉口正金银行借银50万两，以汉冶萍公司汉口地产作押。1910年9月10日，汉冶萍公司向正金银行借日金100万元，以汉冶萍公司矿山等物产作押。11月17日，汉冶萍公司向横滨正金银行借日金61万余元，以汉冶萍公司物产等作押。3月31日，汉冶萍公司向横滨正金银行借日金600万元。从1908年春汉冶萍公司成立后至今三年间，向日本借款共1200万元有余，均附苛刻条件。春夏间，盛宣怀与日本举行汉冶萍公司1200万元借款谈判，以便发展公司生产，并将自己在公司中的大量投资收回一些。为了不受日本过多的苛刻条件限制，盛宣怀做出同时向其他国家借款的姿态。但由于铁路干线国有引起了保路风潮，借款谈判暂搁。

第三，将铁路干线收归国有。1911年5月初，复陈铁路明定干路支路办法，认为其要尤在干路收归国有，支路则仍可由商民量力办理，此为处理铁路之要领。5月9日，上谕：所有宣统三年（1911年）以前各省份设公司办之干路延误已久，应即由国家收回赶紧兴筑，除支路仍准商民量力酌行外，从前批准干路各案一律取消。如何收回之详细办法，着度支部、邮传部凛遵此旨，悉心筹划。盛主张将先收归国有的川汉、粤汉铁路所招各股，改换官办股票，其有不愿换票者，有的给还股本，有的发还六成，其余四成发无息股票；川省路股实用之款，给国家保利股票，余款或附股或兴办实业，另行规定，不得由股东收回。5月20日，遵旨接办粤汉、川汉铁路，接议英、德、法、美各银行600万英镑借款合同。

第四，被逼逃亡日本。1911年12月14日，盛宣怀由青岛抵大连。12月31日，由大连去日本。除日本人高木陆郎等随行外，儿子恩颐、重颐侍从。到日本后，僦居神户之盐屋山。1912年10月间，盛宣怀自日本回到上海。

第五，尽力防止日本等国的掠夺。1910年11月1日，电东三省总督锡良：警惕日本攘夺本溪铁矿。11月6日，电鄂督瑞徵：兴国州银山锰矿很重要，近闻州人欲与锰矿局为难，务祈速饬劝业道严饬州牧晓谕解散，予以保护，勿使滋生事端。

第六，在汉冶萍问题上反对中日合办。1912年1月中旬，南京临时政府财政极为困难，拟以汉冶萍公司财产作抵押，向日本筹借款项，或用中日合办形式，以解燃眉之急。1月26日，日本代表小田切说汉冶萍公司已无财产，不同意贷款，只能华洋合办。日本上海三井洋行与民国政府签订中日合办汉冶萍公司草约（称“宁约”）。1 月 29 日，小田切在神户将中日合办汉冶萍公司合同，交盛宣怀草签（称“神户约”）。3 月 18 日，盛宣怀致杨士琦函：在汉冶萍中日合约上“弟幸未签字盖印”，且于公司草约合同末条声明：俟民国政府核准后，须股东会议决“方能知会日商。舆论哗然早在意中”。3 月 22 日，汉冶萍公司召开股东大会，取消中日合办草约。1915 年 3 月 6 日，正金银行驻北京董事小田切电告盛宣怀：“中日合办”汉冶萍公司，对盛氏来说“所享之益尤大”，力请盛同意。3 月 28 日，盛宣怀复小田切，以股东们反对“中日合办”和“各国效尤”为理由，拒绝名为“中日合办”汉冶萍公司实为吞并的妄图。

十三、指派长孙盛毓常赴汉冶萍出席庆典

1902 年 10 月 24 日，盛康在苏州留园去世，当时盛宣怀已是工部左侍郎，因是朝廷重臣，他不可能在苏州逗留过长的时间。之后，留园成了盛宣怀穿梭于京、津、沪等地途中难得小憩的驿站，也是他在官场、商海中受挫时休养生息的后花园。1906 年他因办汉冶萍公司与张之洞意见相左，就流露出“俟得替人可以接手，即当寻桃源入山，惟恐不深矣”。

随着清廷的摇摇欲坠、宦途的频频浮沉，加之老年丧子的隐隐作痛，使他在治事余暇，除了为筹备“愚斋”图书馆操心之外，多了一点休闲的心境。1911 年辛亥革命起，盛宣怀流亡日本。1912 年回国后在给友人的信中说：“归国后故园独处，书画自娱，如梦初醒，不欲知秦汉以后事。”

盛宣怀从日本回国后，尽管还掌控着轮船招商局与汉冶萍公司，但是他再也没有亲自到湖北去看过他曾经督办过的卢汉铁路，再也没有亲自到湖北、江西汉冶萍下属的厂矿去视察过，他已力不从心，而且还多病。

1914年上半年，他把长孙盛毓常叫到跟前，对他说："汉冶萍公司刚从英国购买了一套新的炼钢设备，他们请我前去剪彩，我年事已高，现在还浑身是病，不能亲自去了，你就代我到湖北走一趟吧。"

盛毓常是我的父亲，生于1897年3月，我父亲出生那年，正逢盛宣怀被朝廷任命为太常寺少卿，所以被起名为毓常，那也是盛宣怀从张之洞手中接办汉阳铁厂的第二个年头。由于我父亲是盛宣怀的长子长孙，因此备受家族的宠爱。在盛宣怀的八儿八女中，真正能够理解盛宣怀为人处世之道，并且成为他事业帮手的，唯有长子盛昌颐一人，现在孙子又诞生了，盛宣怀显然感到他事业的延续有了期望。

尽管我父亲受到宠爱，但是严格的教育并不因此而放弃，从小就受到扎实的基础教育。可惜，好景不长，在他12岁的时候，盛昌颐病逝了。这对盛宣怀来说是一个沉重的打击，少了一个自己最得力的帮手与支柱，这种痛苦是可想而知的。对我父亲而言，无疑也是最痛苦的事。这之后盛宣怀对我父亲更加关爱了。

我父亲14岁的时候，盛宣怀便把他送到英国去求学，与我父亲同去求学的有比他大五岁的四叔公盛恩颐。父亲所读的学校是英国格拉斯哥大学，四叔公则就读于英国伦敦大学。盛宣怀在办洋务实业中，确实体会到培养人才的重要性，希望他们能掌握英语、自然科学、经济管理等方面的知识，同时也想培养子孙独立的能力，让他们从小就远离家门。

盛宣怀尽管公事十分繁忙，但仍惦记着远在海外的子孙，我父亲在英国，曾收到盛宣怀寄给他的五张信笺的长信，勉励他努力学习，对他寄托了很大的希望。父亲17岁的时候，收到国内寄去的信件，得知盛宣怀病重，要他立即回国。于是，他不得不终止学业，回到祖父的身边。

我父亲从英国回国后，几乎一直陪伴在盛宣怀的身边。他奉命到汉冶萍参加庆典，回家后立即向盛宣怀汇报，并随手拿出几张在那里拍的照片，盛宣怀看着那几张照片，十分高兴，仿佛亲自回到汉冶萍一样。

20世纪二三十年代，我父亲在上海南京路上，设立了毓常地产经理处，开发上海闸北乌镇路附近的一大片土地。先后在那片土地上建造了360幢公寓房。所开发的房产从新闸桥开始，范围涉及闸北区5条马路。分为毓常总里、毓常东里、毓常南里、毓常西里、毓常北里。楼与楼之间排列有序，车道与便道都用水泥铺就，每一幢楼的建筑面积虽然远没有今天这样的规模，但在当时的上海，已是显赫一时的房地产项目了。

日本侵华战争的“八·一三”淞沪会战中，我父亲在上海闸北的房产被毁于一旦，仅剩二十几幢；同时我父亲于1937年4月从国内带到日本东京银座，曾在工业俱乐部展出的300余件珍贵文物，也因战争原因，至今仍留存在日本，使我的家族蒙受了巨大的损失。

十四、盛氏家族成员在湖北任职的情况

盛氏家族中在湖北、在汉冶萍公司任职的成员不少，其中比较突出的有盛宇怀、盛春颐、盛渤颐等人。早年他们为汉冶萍的创业、发展作过贡献，但是，当产业传到盛恩颐等人的手上之后，产业的进展可以说是每况愈下（当然后期受到日本侵华战争的影响）。

盛宇怀（1825—1905），柏荪公，盛康长兄盛应的长子。1855年（咸丰乙卯年）学使按临试第一，1861年（咸丰庚午年）以附贡生兼袭云骑尉世职官浙江知县嘉兴府。1876年（光绪丙子）湖广总督李瀚章奏调入鄂办理广济煤铁矿务，盛宣怀即禀翁同爵请调盛宇怀任湖北开采煤铁总局提调兼稽查上海运销事宜。旋以积劳改同知擢知府加三品衔。1878年（光绪戊寅年）因病离开湖北，回常州。

盛春颐（1851—1927），柏荪公长子，盛康长兄盛应的长孙，字观曾，号我彭。附贡生湖北同知账捐赏戴花翎署当阳县知县。海运出力，保准补缺后以知府用账捐议叙，以知府留原省候补办账剿匪出力，先后迭保补缺后以道员仍留原省补用，并加三品衔二品顶戴一品封典兼袭云

骑尉世职诰授资证大夫，诰封荣禄大夫。

盛昌颐（1863—1909），盛宣怀长子。光绪年间，朝鲜政局动荡不定，赴朝鲜战场，英勇杀敌，胜利归来，受皇帝加封二品官衔。光绪辛卯年（1891 年），参加顺天乡试，乡试中举，从一品封典，并以正二品任湖北候补道、湖北德安府知府。1897 年后任汉阳铁厂、汉冶萍煤铁厂矿有限公司总董。光绪三十四年（1908 年）九月初五（9 月 29 日）创办了裕商银行，银行兼办储蓄，任总经理。这是中国近代最早的新式民营银行之一。

盛渤颐（1880—1965），盛康长兄盛应次子盛宪怀的第五个儿子。北洋大学肄业，监生指分浙江试用巡检，由于历次办账、黄河抢险出力，奏保补缺后以知府用，诰授奉政大夫。历任周村、博山、郓城电报局军咨大臣，胶济铁路通信员，山东青岛德华银行经理，鄱乐煤矿矿长，永和煤矿董事，萍乡煤矿事务长，大冶铁厂矿长，汉冶萍煤铁厂矿有限公司人事课课长。农商部一等奖章，江西督军公署咨议省长公署顾问，四等嘉禾章、四等文虎章。

盛慕颐（1892—　），盛康长兄盛应次子盛宪怀的第六个儿子。国学生分发山东候补县丞，历任山东巡抚都督府监印、廖东道尹公署科员，汉冶萍煤铁厂矿有限公司经理处秘书，财政部苏浙区统税总局办事员。

盛善怀（1889—1926），盛康六子，莱荪公，监生分部郎中，汉冶萍煤铁厂矿有限公司财务课职员。

盛铭（1893—1941），盛康长兄盛应的曾孙（盛宇怀三子尚颐的次子），绶臣公，历任汉冶萍煤铁厂矿有限公司大冶铁厂课长、股长、主任、所长等职，豫成煤业公司经理，上海苏浙皖区税务局总稽核。

盛毓琳（1885—1962），盛康弟盛廉长孙盛书颐（我翊公）的三子，英华书馆毕业。先后任盛府总管、汉冶萍煤铁厂矿有限公司秘书、三新纱厂总办、盛恩颐秘书。

盛恩颐（1892—1956），字泽承，盛宣怀四子。留学英国伦敦大学和美国哥伦比亚大学，回国后继承盛宣怀的家业，历任津浦铁路局局长、汉冶萍公司总经理，丰盛实业公司总经理及董事长，三新纱厂和中国通商银行经理。抗日战争时期，在上海设立宏济善堂，并任日本经营的华中水电公司常务董事。

盛恩颐是盛宣怀最宠爱的儿子，当年是慈禧太后给起的名字。盛恩颐的人生起点是相当高的——父亲是洋务实力派，岳父是民国总理孙宝琦，自己留学英美，母亲庄夫人又是盛府的掌门人。按说他本应该成就一番不俗的家业，但是从小被宠爱惯的盛恩颐，最终成为一个挥霍无度、奢侈成性的公子哥。

盛恩颐晚年的生活穷困潦倒，1956 年 6 月 5 日，因脑溢血在苏州留园祠堂留下的房屋里离世。

第二章　以鄂矿起步，大半生涉足勘矿

一、探索富强之路，寄希望于开采煤铁

盛宣怀早期的洋务思想是深受李鸿章影响的。1870 年李鸿章取代曾国藩出任直隶总督后，他的视野更加开阔了。李鸿章痛感中国之积弱不振，原因在于“患贫”，从而得出“富强相因”，“必先富而后能强”的结论。这种思想直接影响着青年盛宣怀，盛宣怀的很多想法与李鸿章的思想是一拍即合的，并且李鸿章的不少思想都变成了盛宣怀的行动。

盛宣怀当时虽然年轻，但是他通过与社会的接触和观察，认识到中国的强盛，最迫切的是要发展实业。最初他向李鸿章建议用建造商船所得的资金，作为军队建造兵舰的费用，这个意见正合李鸿章的意，很快被李采纳。后来他又得知，由于京杭运河淤塞，朝廷南北货物的调运部分改为海路。因此，他建议李鸿章创办中国轮船招商局，把这部分航运权掌握在中国人自己的手里。他的意见又被李采纳，1872 年 4 月，李命盛宣怀策划招商局。为此，盛宣怀草拟了《轮船章程》。

盛宣怀在草拟章程的序言中说：“伏思火轮船自入中国以来，天下商民称便，以是知火轮船为中国必不能废之物。与其听中国之利权全让外人，不如藩篱自固。……今人于古人尚不甘相让，何夷狄之智足多哉!”他在序言中又说：“中国官商久不联络，在官莫顾商情，在商莫筹国计。夫筹国计必先顾商情。倘不能自立，一蹶不可复振。试办之

初，必先为商人设身处地，知其实有把握，不致废弛半途，办通之后，则兵舰商船并造，采商之租，偿兵之费，息息相通，生生不已。务使利不外散，兵可自强。”（见盛档，盛宣怀《上李傅相轮船章程·序言》，同治十一年。）

序言充分表明了盛宣怀对办理轮船航运的认识与主张：（1）创办先进的轮船航运，有利于国计民生，是社会发展进步的需要，是“必不能废之物”；（2）中国轮船航运业的利权，不能“全让外人”，而应收回自办，必须掌握国家航运的自主权；（3）洋人能办好的事，中国人也一定能办好，洋人之“智”未必“足多”，应勇于创办并经营好轮船公司；（4）办好轮船航运之后，可以“采商之租，偿兵之费”，为军队提供充足的经费，可加强国家的军事实力。

1872 年底，李鸿章抓住时机，督办创立了“轮船招商局”。这是中国第一家民营轮船公司，也是中国近代最大的民用企业。它承揽了朝廷“漕粮”运输一半的运量，而其随后开展的客运业竟挤垮了历史悠久、实力强盛的美国旗昌轮船公司。轮船招商局先以朱其昂为总办，后以唐廷枢为总办，徐润、朱其昂、盛宣怀为会办，盛宣怀出任会办时才 28 岁，并由此奠定了轮船招商局“官督商办”政策的基调。

李鸿章在与洋人的交往中清楚地认识到，西方列强侵犯中华，凭借的炮舰轮船、大炮火枪，无不是通过开采煤铁，再制造而成的。随着西方列强的侵入，他们的商人乘机向中国推销工矿业产品，据统计，仅 1875 年国内就进口洋煤 143279 吨，耗费白银 677181 两（见孙毓棠：《中国近代工业史资料》第 1 辑，第 666 页）。李鸿章认为中国人要强盛起来，首先要把自己国土上的煤铁等矿藏勘查清楚，再加以开采利用。1874 年下半年，李鸿章指示盛宣怀：“中国地面多有产煤产铁之区，饬即密禀查复。”

李鸿章在指派盛宣怀到湖北广济勘查煤铁矿的前后，还先后指派唐廷枢等人于 1875 年创办了河北磁州煤铁矿，1876 年创办了江西兴国煤矿，1877 年创办了开平矿务局。李鸿章把中国的富强，寄希望于煤铁的开采利用上。

其实，李鸿章最早看好的是唐廷枢经办的河北磁州煤铁矿。唐廷枢早先是怡和洋行的买办，办事十分干练，1873 年李鸿章对轮船招商局进行改组时，就将唐聘为总办，盛宣怀等人还只是会办。当李鸿章想要尽快勘查清煤铁时，立即想到的是派唐去离天津较近的河北磁州勘矿，希望他在那里能取得好的结果。唐廷枢在磁州采煤的进展也很快，第一个得到朝廷的批准，并委托广隆洋行代购机器，代雇工匠。本以为一切都很顺当，谁知当地老百姓一听说要用外国的机器来采煤，就谣言四起，纷纷起来反对。磁州离京城也很近，李鸿章担心由此“发生民变”，出了什么岔子，不好向朝廷交代，随即决定暂时放弃，并且以“距水道太远，转运不便”为由，决定另择他地。

盛宣怀对李鸿章的指示，可以说是不遗余力。当他把青年时期曾在湖北广济考察过那里的煤山，向李鸿章汇报后，李立即批准他到湖北广济勘矿。为了支持盛宣怀的行动，李鸿章特意将“才识俱优，洵为出色之员”、时任汉黄德道兼江汉关监督的李明墀，介绍给盛宣怀，希望他好好与李明墀合作，借助李明墀在地方上的力量，在湖北广济取得好的结果。

1875 年 5 月，盛宣怀密札张斯桂，请张以招商局的名义赴湖北广济武穴勘查煤铁。由于他已得知唐廷枢在河北磁州的煤铁矿受到当地绅民的反对，李鸿章不得不做出暂时放弃的决定后，盛宣怀在给张斯桂的密札中说：“此举关于富强大局，幸勿诿延。”另密告张斯桂重点考察“如果由官备本，制办器具，雇用民工，该处绅民能否乐从”？

5 月中下旬张斯桂在广济阳城山马不停蹄地行动，6 月上旬，他带着从阳城山采得的煤样向盛宣怀报告，说从所采的煤样看，属于上等松白煤，并说“阳城山确是官山，煤随处都有，亦易开挖，距江亦近。颇合制造局、招商局轮船之用”（见夏东元：《盛宣怀传》，第 462 页）。

对于盛宣怀最为关心的当地“绅民能否乐从”？张斯桂反而有些忽视，因为张斯桂看到“（阳城山）俱是荒山乱石，既少树木，又无坟墓，属官山”。民间私自挖煤的很多，认为“私挖既多，则近山人民之愿挖可知”（见盛档，《张斯桂上盛宣怀禀》，光绪元年五月。）。

可是，当广济当地百姓听说采煤之事，像河北磁州的情况一样，也出来加以阻拦。在绅民吴邦杰的带领下，40人到广济县衙门聚集，借口挖煤必遭火灾，加以反对。盛宣怀得知后，于6月14日即致函广济县令史醇，他说：“阳城多煤，武穴狃于风鉴之说，无论妄诬必欲举办，岂能任其阻挠，拟于月内赴武，熟商办理。”表现了盛宣怀采煤的决心。6月15日广济县令史醇复函：“武穴绅民纷纷禀请停办。”史认为“此事既攸关楚省地势天险，又关民间庐墓所在，拂舆情而勉为办理，大人必不致不计而行”，请暂时搁下。但是盛宣怀仍不为动摇。

6月27日，盛宣怀向李鸿章汇报，李鸿章提出两条对策：一是与地方利益均沾，另一是求助于湖北巡抚翁同爵。并函示：“须先集股本，酌议章程，与汉黄德道兼江汉关监督李明墀会同筹办，以取得地方支持。试办稍有头绪，再行推广。”（见盛档，《李鸿章致盛宣怀函》，光绪元年五月。）

7月7日，湖广总督李瀚章、湖北巡抚翁同爵会同湖北汉黄德道、江汉关监督李明墀督带湖北候补知县史致谟前赴广济县阳城山地方查勘，审度地势，详细绘图禀复。在李瀚章、翁同爵的支持下，7月24日，湖北广济煤矿终于“设厂雇工开挖”。

二、在湖北广济站稳脚跟，再行推广

湖北广济煤矿，同台湾基隆煤矿、河北磁州煤矿一样，是清政府最早开办的三个煤矿之一。之所以开办这些煤矿，是为了满足各制造局与招商局轮船所需的煤的供应，而军工制造对铜、铁、铅等金属矿产的需求也日益增多。盛宣怀对经营煤铁矿务的意图十分明确，他曾说：“煤厂与机器、招商两局相表里。”（见盛档，盛宣怀《湖北煤厂拟改归官办议》，光绪元年十月）他又说：“各省现设船、炮等局及夫民间炊爨等用，与其购买英美各国及日本之煤，利自外流，不若采中土自产之煤，利自我兴……现在台湾与湖北两处先后奏请筹款开采，意在平土煤成本以抑洋煤。”（见李明墀、盛宣怀《上李鸿章详》，光绪二年十二月）即他认为，军工船、炮与民间百姓生火做饭所需的煤，与其购买外国高价的煤，不如开采本土的煤，成本要低得多，可减少国家、百姓的经济损失。

盛宣怀为了办好广济煤矿，他对当时湖北广济与台湾基隆、河北磁州三处的煤矿，作了客观的分析比较。他认为，从地理、运输等条件看，湖北广济优于台湾基隆与河北磁州。他说：“磁州河道行远，煤质累重，转运多艰，大约将来只能舍煤取铁。台湾则重洋运艰资费，尚虑难敌洋煤。似不如先就南省滨江之处择地开采，简便易举。”（见盛档，《盛宣怀代李鸿章、沈葆桢拟会奏稿》，光绪元年十二月十九日。）

他通过调查研究，概括出在湖北广济办矿的几个有利条件：第一，广济煤矿是属于“官矿”，多年来一直未经开采，现在去开挖，不仅不会影响当地百姓的生计，而且，厂矿雇工，还能让当地的一些百姓进矿挖煤，改善他们的生计，这比磁州那里的情况好。第二，当地百姓听说采煤之事，开始虽然有人出来阻拦、散播谣言。但是，通过劝说，动之以利，结之以义，又告诉他们厂矿将聘请“洋匠”，采用从国外购进的机器来进行挖煤，阻拦的情绪就逐渐平息了，与河北磁州那里相比，开采环境也略胜一筹。第三，广济处于长江、湖北的咽喉地段，一旦采用洋法挖煤取得成效，远近采用土法挖煤的煤矿，都会闻风而动，较方便他们到这里来参观察看，推广洋法挖煤，要比台湾基隆便利多了，影响也要大得多了。第四，广济就在长江边上，轮船将煤运至上海，不需要再将煤通过小火轮，或经过陆路车辆装运，更不需要开挖疏浚河道，与河北磁州相比，要强多了（参见盛档，《盛宣怀致李鸿章函》，光绪二年十一月二十二日）。

盛宣怀通过实地考察、调研，再与台湾基隆、河北磁州煤矿进行对比分析，表明他在那个时代，对创办一项新的实业，就有了可行性研究的思想与做法，这是十分难能可贵的。

为了确保在广济的采煤能站稳脚跟，再行推广，盛宣怀根据李鸿章的指示，在采煤的过程中，着重防止当地绅民的反对，避免再发生类似磁州的情况，他与湖北汉黄德道、江汉关监督李明墀商议，采取了以下几项措施。

第一，禁止私人挖煤。由于“（阳城山）该山属官”，盛宣怀强调“现在官山官开，尤应严禁私挖，以杜影射等弊”，为了防止私挖，煤厂给每个工人制作了腰牌，凡“本厂所雇工役均有腰牌，如查无腰牌者，即系私挖，均准捆送，从严重办。其查获私挖煤炭，着即一概充公，幸勿徇纵”（见盛档：《李明墀、盛宣怀谕吕益大等》，光绪元年五月）。1876 年 12 月 17 日，盛宣怀与李明墀一起指示龙兆霖等人，前往铸钱炉等地严密查访私挖煤事（见夏东元：《盛宣怀传》，第 466 页）。

第二，与地方利益均沾。根据李鸿章的指示，盛宣怀决定从煤厂挖煤销售所得中提出一部分，用于地方急需。“查该乡镇堤工、书院系属地方要举，需款孔殷，拟俟开获煤斤，销售得价，每百吨准提钱二十四串文以充堤工、书院经费。”（见盛档，《张福镄致盛宣怀函》，光绪元年六月。）

第三，维护当地百姓正当利益。凡租用民田、开采民山者，须付给租赁及占用的费用。1876 年 8 月 9 日，盛宣怀与李明墀向李鸿章、翁同爵等请示，“请准在兴国、广济租用民田者分别租买；开采民山者酌给钱文，先尽执业民户，其余备拨首士薪资及地方经费”。请示于当年农历六月二十六日获翁同爵批准，八月十五日获李鸿章批准（见夏东元：《盛宣怀传》，第 465 页）。

第四，不许破坏山貌与坟冢。阳城山有不少当地绅民的祖坟。原先私人挖煤时就经常发生破坏山体、损坏坟墓的事情，现在煤厂雇工挖煤，要求工人不再出现此类情况，特别是在开挖到莲花心龙口的地段，发现有百十处坟冢，工头立即叫停，“绅民悦服，始无间言”。

第五，聘用当地有影响的人参与煤厂管理，这样有利于在挖煤过程中减少与地方绅民的矛盾。为此聘用石首县吕益大、郭在岐等人为“首士”，盛宣怀说，“首士等经理贤劳，自应酌提薪水，准即在于前项经费二十四串之内，提出四串，以资办公。如须添人帮办，准由该首士等选择廉明，共同荐举”（见盛档：《李明墀、盛宣怀谕吕益大等》，光绪元年五月）。

为了表示对盛宣怀、李明墀等的支持，1875 年 7 月 30 日，李鸿章命令驻鄂淮军升字营游击赵正元率长龙炮船抵达靠近阳城山的盘塘，并派勇丁轮驻各垅口弹压，在软硬两手的威逼下，阳城山一带显得“地方安静，民无间言”。（见盛档，《张福镄致盛宣怀函》，光绪元年六月）

至 1875 年 11 月，阳城山共试挖十余处，除因为煤质稍差或矿井浸水停工之外，有七处逐渐向煤层深处开挖，共挖煤三万一百余担，其中大部分煤的质量尚佳。

经过一段时间的开挖，广济的做法亦被兴国、大冶等地所采用，兴国的条件更为优厚，“开矿田地价值，按亩数照民间上等田价加倍给赏。挖出煤后，不论多寡年月，照契价按月三分给息，赋从出主完纳。俟煤尽完工，该田地仍归原主”（见《吴念椿拟兴国开矿条款》，光绪元年十一月）。

盛宣怀将广济等处的情况向李鸿章禀报，得到李鸿章的认可，于是 1876 年 1 月 15 日，李鸿章、沈葆桢、翁同爵会奏，拟请委派盛宣怀会同李明墀试办开采鄂省广济、兴国煤铁，售与兵商轮船及制造各局。湖北煤铁开采总局正式成立。当年 2 月 1 日，上谕：鄂省试办开采煤铁，着盛宣怀会同李明墀妥为经理。2 月 17 日，盛宣怀与李明墀携张福镄、李振新即着手在盘塘盖造总局房屋。五月间建成（见夏东元：《盛宣怀传》，第 464 页）。

三、由“官督商办”转为“官本官办”

用土法采煤“无需厚资，得利无多，亏本亦有限”，相对来说简单得多，而用洋法采煤，无论是在资金、人才、管理等问题上，都存在着一个“企业制度”的问题，也就是说，湖北煤铁开采总局究竟是官办、商办还是官督商办，这关系到企业发展的前途，为此盛宣怀费了不少心思。

其实，关于企业制度的问题，在创办轮船招商局的时候，就存在着不同的认识，李鸿章一贯主张“官督商办”或“官办”，而盛宣怀则更多地强调“商本商办”。他认为“筹国计必先顾商情”，在他办实业过程中，始终贯穿着他“为商人设身处地”的思想。因此，当他被任命为湖北煤铁开采总局督办时，在制定企业章程时，他也把这一点放在相当突出的地位。

1875 年 10 月下旬至 11 月初，盛宣怀先在天津拟定了一份“官督商办”性质的《湖北煤厂试办章程八条》，这八条包括：地势宜审也；利权宜共也；用人宜专也；资本宜充也；税则宜定也；贩运宜速也；界址宜定也；销售宜广也等内容，并将章程呈送李鸿章。

在这八条中，盛宣怀特别对第二条“利权宜共也”作了详细的解释，他认为：矿藏资源是天地自然的馈赠，开采煤矿单靠任何一方很难成功，“责之民办，而民无此力；责之商办，而商无此权；责之官办，而官不能积久无弊”。“惟有援照轮船招商局官督商办之一法。商集其费，民费其工，官总其成，而利则商与官、民共之。”（见盛档，盛宣怀拟《湖北煤厂试办章程八条》，光绪元年九月。）

经过一段时间的调查研究后，1876 年 1 月，他与李明墀商量后，向李鸿章呈上了一份“官本官办”的《湖北煤铁开采总局试办开采章程六条》，这六条内容包括：地势宜择要审定；开采宜逐渐扩充；用人宜各专责；官本宜核支用；售款宜缴还资本；官煤宜广开销路。

可以说在两份章程中，盛宣怀将办煤厂应该考虑的问题，都考虑到了。但是在“八条”中，盛宣怀提出的是“官督商办”，而在之后的“六条”中，他又将自己的意见转为“官本官办”了。我们知道，盛宣怀在创办实业时，历来主张“商本商办”，然而在试办湖北煤铁开采总局时，为什么先提出“官督商办”，尔后又主张“官本官办”了呢？这是有他的苦衷与自己的思考的。

因为他在承担试办湖北煤铁开采总局时，已经有了创办轮船招商局的经历，他深知企业的制度关系到企业发展的前途。在天津议办煤厂之初，他认为办煤矿这类企业，适合“官督商办”，按照这个思路，他所拟定章程的“八条”中，将官商、官民间“利权宜共”放在十分突出的地位。他认为必须发挥官、商、民各方之所长，才能办好煤矿。在“利权宜共”的原则下，他还拟定了民、商、官具体的分利办法，即“商以资本获官利，而更有余利六成以及之”；“民以开挖获工食，而更有修堤实惠以及之”；“官则坐取其厘税，而更有余利三成以及之”，“此外有书院、宾兴之费，有首士薪水之资，又本地士绅之利”（见盛档，盛宣怀拟《湖北煤厂试办章程八条》，光绪元年九月）。

然而，时隔不久，他听说湖北煤厂有可能要参照轮船招商局那样去办，而且更有“湖北之煤厂改而归并轮船”的说法。盛宣怀得知后十分着急，他根据自己之前在招商局的经历，清楚办好轮船招商局本身都不是一件容易的事，现在要将湖北煤厂归并给轮船招商局去办，那怎么可能把煤厂搞好。而轮船招商局的大权掌握在唐廷枢、徐润的手中，作为轮船招商局会办的他，在煤厂办理上，同样不可能有真正的发言权。如若不作归并，煤厂可由他独当一面，可以按照他的思路去发展。因此，在决定企业的性质与企业由谁掌权这二者之间，他更看重“掌权”这一点。1876 年初，他做出了非其本意的煤厂采取“官本官办”的决定。

当然，煤厂采取“官本官办”，在当时也有一定的依据，盛宣怀认为“阳城本系官山，似应官为筹本开采，则利益涓滴归公，办理可期远大”（见李明墀、盛宣怀《禀李鸿章》，光绪元年十二月十七日），就这样，李鸿章接受了盛宣怀湖北煤厂“官本官办”的请求。

在解决由“官督商办”转为“官本官办”的同时，盛宣怀抓紧时间积极勘矿、开采、冶炼。由于广济及附近的大冶在历史上就是煤铁分布区，盛宣怀的指导思想是“先煤后铁”，“以铁为正宗”，这得到了李鸿章的赞许，8 月 16 日，李鸿章来函，称许“先煤后铁”的见解甚是，在指出鄂省矿务成败利钝动关大局的同时，告以鄂矿为“立足之地，自应在鄂得手，方为办理有效。专望鄂煤得利，渐次推拓，以为开铁张本”（见盛档，《李鸿章致盛宣怀函》，光绪三年七月八日）。在这样的方针下，盛宣怀一面在广济探煤，一面又派矿师到大冶去勘探铁矿，并决定到国外去购买新机器，用洋法开采和冶炼。一切均按部就班地开展着。

为了选择最佳的煤源进行开采，使煤厂一举成功，盛宣怀先后勘查了广济、大冶等地的煤铁矿。7 月 21 日，他与李明墀等在兴国州属沙村后半壁山一带开采煤铁。8 月 9 日，他向李鸿章报告：本年四月间会同兴国州吴念椿亲赴各山逐细履勘，煤气甚旺。居民颇愿归官开采。在“先煤后铁”的方针下，他决定先在广济开采煤矿，由于当地缺少开矿的熟手，10 月下旬，他派人到湖南衡州等处察访开煤情形，并招募开矿熟手到广济来，期望加快广济的进展。

当年 12 月 9 日，盛宣怀又驰抵盘塘。1877 年 1 月 6 日，盛宣怀向李鸿章报告“矿务舆情尚称宁谧。遍历济属各矿，考究煤质，以新开之寅山为最，阳城次之，阮家山又次之”。又说“误聘洋匠马立师，遂致旷时靡费”。1 月 13 日，又向李鸿章报告：“济属试采煤斤已在盘塘设立总局，亲自驻局督办。”1 月 16 日，盛宣怀亲自议定开矿各事，列人夫章程计 15 条。

1 月 19 日，李复书宽慰盛说，用西法开矿，事系创始，“洋匠高下访询殊难确实，此皆不足引咎”。并指示：开矿伊始，局面不必阔大，必须试办有效，再行逐渐开拓，方为稳妥。

1 月 22 日，盛宣怀上书李鸿章，说：“购买外国之煤，利自外流，不如开采自产之煤，利自我兴。但咸丰年间所定税则不利与我平土煤成本以抑洋煤。欲平我煤价，必先平我税则，要求每吨减为税银一钱。”

2 月 5 日，盛宣怀陈请李鸿章，由湖北煤铁开采总局兼采施南、宜昌铜矿，盛宣怀勘矿的目标与视野更大了。3 月 2 日，李鸿章函复：施、宜一带铜、铅及归州煤矿，俟洋矿师到后遍察矿苗，择要开采，不必拘守兴、济奏案。

四、在广济、兴国积极推行洋法采煤

中国矿业分布的地域十分广阔，中国是世界上发现和利用煤炭最早的国家之一，中国的采煤也有几千年的历史。但是直到清朝晚期，中国的采煤技术大多还在沿用祖先传下的“掏槽”的土方法。工人靠手镐等工具劳作，劳动环境差、劳动强度大，而采煤的效率却很低。随着西方列强的入侵，西方国家采用机器开采的洋煤源源不断地进入中国的市场，中国用土法开采的煤，无论从质量与价格上说，都敌不过洋煤，因此李鸿章向盛宣怀指示：“中土仿用洋法开采煤铁，实为当务之急。”盛宣怀因此急于要将李鸿章的指示在湖北煤铁开采总局得以落实。

湖北煤铁开采总局成立，盛宣怀担任总局督办。他到任后，就紧锣密鼓地开展工作，2 月 17 日就与李明墀一起找矿上人员研究，确定总局的局址设在广济盘塘，并在那里建造总局办公所需的房屋。三个月后，总局的房屋建成，工作开始正常运转。他要抓紧落实李鸿章采用洋法开采煤铁的指示，但是，这在当时的中国是全新的事情，盛宣怀为此采取了一系列办法：

第一，抓紧学习洋法开采煤铁的科技知识。由于开采矿产对盛宣怀来说是一项全新的事业，需要专业知识，因此在聘请张斯桂的同时，盛宣怀抓紧自身对矿务知识的学习，尤其是广济煤矿将采用洋人的机器来采煤，他更知自己是个门外汉，为此，他到处寻觅矿书。通过学习，大致了解了开矿的专业知识与方法，并对矿事提出一些见解。1876 年 9 月上旬他在所著《论矿事书》中主张：“（1）自己培养认矿人才，一面选聪颖子弟随洋人看矿学习，一面选派人才出洋专学开矿本领。……（3）简放矿政大臣，统一领导，遍勘各省矿产，俱归督办。”他还请在福建工作的张鸿禄帮他找一本由斯米德翻译的《五金矿论》一书。10月下旬，当他得到该书的第一卷时，喜出望外，马上学习起来。盛宣怀还十分注意学习报上有关矿学知识的文章，经过学习，他掌握了不少矿学理论与技术（见盛档，《张鸿禄致盛宣怀函》，光绪二年十一月二十二日）。

第二，筹备洋法采煤需要的大量资金。资金问题盛宣怀只能依靠李鸿章来给予解决，李鸿章按盛的请求，提出由直隶军费和湖北地方各拿出部分经费，发直隶练饷钱二十万串，发湖北公款钱十万串，“所采煤铁即以售给兵商轮船及机器制造各局之需，所收价值除应完税厘，酌提局用，并指发本地堤工、书院、宾兴各费外，概令分缴湖北、直隶，陆续提还返本。俟提清后，即以此项余利作为江海筹防经费”（见盛档，《李鸿章致盛宣怀函》，光绪二年正月）。

第三，聘用洋矿师。盛宣怀深知，要真正把湖北煤铁开采总局办好，必须有出色的专业人才。要开矿首先要勘矿，勘矿是否精准对采矿影响很大，而采矿运用国外的技术设备，这些都必须要有专业的矿务人才。为此他不惜重金聘用洋矿师。1876 年 1 月 15 日，经过清政府驻英使馆推荐的矿师马立师到达广济。盛宣怀事先听说马立师为日本达革西马煤矿勘矿大获收益，于是立即与他会晤，但是与马立师见面时，“闻其议论徜恍迷离，迥不如台湾翟萨条理井井，仅定半年之约”（见盛档，《盛宣怀致李鸿章函》，光绪二年十一月）。尽管如此，盛宣怀还是希望马立师能为广济打开局面，请他一起到阳城山去勘矿，并于 2 月 19 日与马立师签订雇用合同，每月佣金 300 两白银。

第四，积极订购洋人机器，实施洋法采煤。1876 年 2 月 26 日，他带着马立师等一起到上海，委托耶松洋厂定造勘矿铁扦，为在广济进行全面勘矿作准备，并迅速委托英国汇丰洋行为广济炼矿购买采煤的机器设备。

第五，寻找适合机器开采的矿源。用机器采煤与用土法采煤最大的不同，在于机器采煤只适合在煤源比较充足的地方进行。但是，1876

年3月3日，盘塘监工赵凤翔报告，挖了六口新井，其中三口“石多难掘”，另三口“尚未见煤”。“新制铁器，所挖整煤无多”，“碎煤质差价廉，每担仅值二十五文”，“不敷工饭”（见盛档，《张福镄、李振新致盛宣怀函》，光绪二年二月）。接着，矿师马立师报告：“曾看过贵局所开各处之煤及山上之灰石所出之煤，质既不佳，且出数微乎其微，故曾禀明，不必加本开采，实因无所利益也。”（见盛档，《马立师致李明墀、盛宣怀函》，光绪二年三月。）

问题就出在矿源这最关键的一点上，对此盛宣怀事先没有充分的认识与思想准备，矿师马立师虽然勘矿的技术水平不佳，但是广济煤矿“煤质欠佳，煤层较薄”，煤矿的藏量有限，不适合用机器进行开采，是不争的事实。随后，在兴国富池口开挖的煤，同样表明不适合用机器来开采，并且两地所产的煤均难合机器局、招商局轮船之用。这与创办煤铁开采总局的初衷相差甚远。

而此时盛宣怀委托英国汇丰洋行购买的机器设备，已运抵上海，寄存在码头货栈，寄存费每年需180两白银（见盛档，《徐黼升致盛宣怀函》，光绪二年十月）。

盛宣怀十分无奈，李鸿章对盛宣怀在广济、兴国遇到的困难，是比较宽容的，他函告盛宣怀说：“中国用西法开矿，事系创举，洋匠高下访询殊难确实，此皆不足引咎。”（见盛档，《李鸿章致盛宣怀函》，光绪二年十二月初六）以安慰和鼓励盛宣怀不必为此而灰心。

五、广济煤矿“官本官办”，以失败告终

盛宣怀自1875年至1877年，将近三年的时间，在湖北广济、大冶等地日夜奔波，十分辛劳，虽然在广济开始采煤了，但是煤的质量不行，不适合机器局、招商局轮船之用，将这种劣质煤用于炼铁，炼出的铁质量也不行，他采取“官本官办”的制度创办湖北煤铁开采总局，以失败告终。

究其原因，第一，应该说是没有经验。用洋法开采煤铁，即用机器设备来替代祖先传下的“掏槽”的方法进行开采，它的前提是那里必须有丰富的矿藏，也就是说事先必须勘探清楚那里的矿藏量的状况，并且弄清是否适合用机器来开采。而恰恰在这最关键的一点上，盛宣怀忽视了。1877年6月28日，盛宣怀接郭师敦函，郭明确告知“龙港一带不产多煤，又不合机器大宗烧用，徒费时日，定不见益，自应舍此而另择他处，冀可早安机器采煤”。这使盛宣怀面临煤矿藏量还没勘探清楚，洋人的机器设备已经到货的尴尬局面，造成了很大的被动。当然，在当时没有先例的情况下，出现这种事情，也是在所难免的。

第二，矿务是一项专业性很强的工作，涉及勘探、开采、冶炼等多个专业领域。中国在开矿之初，对于洋法开采是一窍不通的，而办理这样一个涉及企业、资本、人力、生产、经营、管理，以及一系列相关问题的专业性大项目，对当时的中国来说，也都是全新的事物，与中国以往的办事思路与程序，大相径庭，在办理过程中，不受些挫折是不可能的。

第三，没有合适的专业人才，也是失败的关键因素。科举培养出来的人才，不具备工科的知识与技术，在矿务上派不上用场。只能到国外去聘用，通过驻英使馆聘用到的洋矿师马立师，技术又不行，还自以为是，他将广济的劣质煤误认为优质煤，将劣质煤供给机器局、招商局的轮船使用，当然抵不过外国的优质煤。将劣质煤用于大冶炼铁，结果当然是无法炼出合格的铁，白白浪费了开采与运输费用。

第四，制度本身存在问题。由于湖北煤铁开采总局采取“官本官办”的制度，开采出来的煤，主要供应给军工企业，不面向市场，官办的体制决定了企业往往不计成本。例如，为了能在大冶炼出铁，广济劣质的煤也要用，结果可想而知。此外，官办的体制很难调动管理者与矿工的积极性，企业办得好不好，亏本不亏本，很多人对它并不关心。

第五，投入产出不匹配。湖北煤铁开采总局的目标很大，对煤铁进行勘探、开采、冶炼，涉及的地域范围相当广，湖北境内的长江两岸，几乎都涵盖了。目标大的另一方面就是生产、管理的战线拉得很长，面对这些状况，突出表现为缺少人、缺少资金。缺少人不仅表现为缺合格的矿师，就是开矿熟手也缺，至于生产、管理的其他环节，应该说同样缺少人才。除此之外就是缺少资金，这么大一项工程，盛宣怀在开办之初，才领到官本30万串，这笔钱还不到20万两白银。而在他从广济挖出煤、在大冶炼出铁样时，这笔资金已经用去了过半，后续资金从哪里来，他自己也把握不住，“巧妇难为无米之炊”，他不得不干干停停，生产没有效率。

当然，还有其他的原因。如对于办矿盛宣怀的思想负担比较重，李鸿章对办好矿务寄托了很大的希望，而朝廷上又有不少人嫉妒着，洋人也在觊觎着，盛宣怀想办好企业，急于要取得成绩，然“欲速则不达”，使得在有些环节上跟不上；再如环境条件比较差，在那个时候最难的是交通运输跟不上，从上海、天津到湖北广济交通不便就不说了，就是广济、大冶、武昌之间也十分不方便，信息交流、物资运输不便，约束了企业的发展。

为了挽回损失，7月22日，盛宣怀谕武穴首士郭在岐等：“望广予招徕附近石灰窑等用户，以推销总局不适用于机器、轮船的存煤”，“令就近变价，以归还官本”。但是10月22日，郭在岐向盛报告“售销兴国煤，诸多困难，所售无几”。

对于广济煤矿的失败，盛宣怀认为应该客观地看待，虽然于官不利，于当地百姓“则不为无益”，因为“百姓劳其筋力，取其土货，以易我资财”（见盛档，盛宣怀《禀李鸿章》，光绪七年闰七月）。因此，不能认为广济采买只是有害无益的。

他将广济、兴国与台湾基隆在勘矿上作了比较，认为：“一是台湾等处开挖有年，其煤层不待测量而西人已了如指掌。广济、兴国向未开挖，难免暗中摸索。二是雇用洋匠，亦较制造、轮船为尤难。盖彼既知事非西法不能为功，而每年仅得薪水数千金，意不自足，尤须虑其私自看矿，动彼渔利之心，转滋流弊。三是土法开挖，无需厚资，得利无多，亏本亦有限。西法如运气不佳，历一二年开挖无效者，而西人志量宏远，不惧艰险，必使成功获利而后已。试问华人有此志量否？恐久不见效，便将废然思返”（见姜迎春、余鹏：《李鸿章与近代早期湖北煤铁的开采》，第二届汉冶萍国际学术研讨会论文集）。

六、在勘矿、开矿中，慎用洋矿师

1876 年 9 月上旬，盛宣怀在致李鸿章的《论矿事书》中说：“开矿不难在筹资本，而难在得洋师。盖筹资本于目前，即可获子母于日后，又非同造船制器有耗而无来也；矿事之成败利钝，实以洋师之得人不得人为定，而其本领又不难在开矿，而在认矿也。认矿只须得一二人，便可遍视各省产矿之地。夫以一二人而可揣十余省之地利，亦不妨优给薪资，并当议明开成一矿给赏若干，使其专心为我所用。”

对于洋矿师，也不能盲目相信。盛宣怀在第一次与马立师见面的时候，通过与马的交谈、接触，就发现马与他事先所接触过的台湾基隆煤矿聘的矿师翟萨相比，马远不如翟萨，所以他对马立师聘用合同的年限，只定了半年，并且在合同中有明确的约束：“该洋人既充本局监工，无论大小事体总当听从本道主使，勤慎妥当，诚实办事。礼拜日仍应照常办公，并须随时随事先行禀明本道，斟酌妥当，方准照办，不得擅自主张。”（见盛档，《英矿师马立师合同》，光绪二年正月二十五日。）

为了不受蒙骗，盛宣怀抓紧由外行变为内行，他告诉李鸿章，自己虽然对于“地学化学，格致门类，一名一物，绝无所知，然犹欲勉力考究其近似，冀不为人所蒙蔽”（见盛档，《盛宣怀致李鸿章函》，光绪二年十一月二十二日）。

马立师在履行合同期间，工作不认真，而牢骚却很多。1876 年 6 月 26 日，马立师连续致函盛宣怀，抱怨“经办委员掣肘，凡事不能做主”。而在勘矿上，马立师的技术根本过不了关，将广济的劣质煤认定为优质煤。9 月 7 日，徐寿的报告中对马立师评价很低，说马很不称职未能完成任务。盛宣怀发现马立师在技术上也不行之后，毫不犹豫地予以辞退。马立师面对辞退的决定，向盛宣怀“函请另行择地”，再行勘矿。对此，盛宣怀坚决予以拒绝。

盛宣怀在广济受到的挫折，使他下决心另行物色称职的矿师。9 月中旬，盛宣怀“在烟台面托总税务司赫德聘雇英国矿师一名及匠目二人”，请赫德帮忙推荐。1877 年 4 月 16 日，赫德来函：“代延之矿师郭师敦及机器匠人，业于二月初二日由英国起程，约在三月十五日（均指阴历）前后即可到沪。”

5 月 6 日，新聘的矿师郭师敦以及两位工程技术人员谭克、派克，先于盛宣怀抵达广济盘塘总局。他们开始着手勘矿，6 月 24 日，盛宣怀从天津抵达盘塘总局，了解郭师敦等勘探的结果。6 月 29 日，盛宣怀针对郭师敦所称“（广济）龙港一带不多产煤，又不合机器大宗烧用，徒费时日，定不见益”，回函致郭师敦，明确对龙港一带“自应舍此而另择他处，冀可早安机器采煤”。

8 月 17 日，不到三个月，郭师敦向盛宣怀提交了一份长达数万字的勘矿报告，报告对广济盘塘的 7 处煤矿逐一进行了点评：“阳关杜矿碎煤尤多；阳城山矿强半煤屑，不合烧用；兰山矿煤层过深，日久浩费……”对于盛宣怀原先最寄予希望的寅山矿，郭师敦的评价是：“一是易于开采，如果挖工开法尽善，出煤之数当必倍于他矿；二是煤质相对较好，其上等火气尚可代薪……若坚硬不碎，价值较昂”，但是也不宜开采，因为积水严重，“抽水之费较大于挖煤之费”。来自寅山矿负责人向盛宣怀报告：“寅山矿内之水……旋吸旋长，刻不容缓，仍难挖煤。春间雨水稍多，已如此光景，若交夏令，更不可为。”郭师敦的意见很明确：“查此等煤矿，层既太薄，又太参差，质亦下等，且在灰石之间，石形曲折，并无阔大平直之层堪以出入，挖之无益。”“兴国煤矿也是如此，煤无佳质，层不整齐，既不合气炉熔铁等用，又无阔大矿形以供采择。机器开挖，均无庸议。”郭师敦的勘查与报告，做出了广济、兴国煤矿不适合采用机器挖煤的结论。（见姜迎春、余鹏：《李鸿章与近代早期湖北煤铁的开采》，第二届汉冶萍国际学术研讨会论文集。）

郭师敦勘查的结论，对盛宣怀来说，当然是一个坏消息，但是，不久又传来了令人振奋的好消息，即郭师敦在勘探过程中确认大冶储藏着优质的铁矿，他通过对该地铁渣的化验，得知“铁质净六十一分八八之多，矿之佳者推此为最。以熔生铁，洵称上等”（见盛档，《郭师敦化验矿质报告》，光绪三年八月）。李鸿章在得知这一消息后，于 1877 年 10 月 16 日指示：“大冶铁矿据郭师敦化验一百分内有铁质六十二分，可请开办。”

新聘的矿师郭师敦工作认真，成绩卓著，盛宣怀发现郭师敦具备数学、物理学、化学、地质学等较为全面的知识，他为人也很谦虚。盛宣怀对他评价一直较高，也很尊重他。1878 年 9 月 15 日，盛宣怀在函中称赞郭师敦“视公事一如己事，忠诚在抱，必能妥速成功”。1880 年 1 月，他在给郭师敦出的证明中说：“该矿师于矿务、化学、绘图一切甚为熟谙，办事亦颇认真。”（见夏东元：《盛宣怀传》，第 472 页）而盛宣怀对马立师的评价，不仅工作态度不行，而且“不谙地学、化学”。

盛宣怀始终认为，对于洋矿师在于“使其专心为我所用”，而不能长期依赖洋矿师。因此，要派自己的子弟跟随洋矿师学习，培养自己的人才。在聘请洋矿师之初，他就确定在同文馆及福建、上海的制造局中，挑选算学基础较好、聪颖的子弟一二十人，随同洋矿师实地学习，学习用科学方法分析矿石，并购买外国博物馆所藏矿石标本以备参证；同时决定送一二十人出国，专学开矿本领，确保这些学生二三年后即可回国，派上用场。

盛宣怀在矿务实践中建立起来的人才观，为他以后在矿务及其他实业中取得成功，奠定了基础。

七、盛宣怀率郭师敦等马不停蹄地勘矿

湖北采煤未达预期设想，但是郭师敦对大冶铁矿的化验报告，提升了盛宣怀的信心，他积极向李鸿章建议在继续探煤的同时，筹款兼办铁厂，1877 年 10 月 16 日李鸿章允诺“可请开办”。

然而，此时唐廷枢在“另择他地”的开平勘煤取得了实质性进展，1877 年 9 月 29 日，唐廷枢向李鸿章申请开办开平煤矿，报告称开平矿储量大，“已开采一格，尚有煤六百万吨，则将来探有别格，其数更巨矣”。预计“每年采煤十五万吨，便可获利银七万五千两”（见孙毓棠：《中国近代工业史资料》第 1 辑，第 618、620 页）。

但是，事实上开平煤矿并不像唐廷枢所称的获利那么大，那里“煤质中等”且“陆运价昂”，经测算，“开平之矿陆运一百数十里，骡价车脚每吨需银二三两，又出芦台下船来津，统计约四两之谱，津口出口税亦重，经过计算利益无多”，更忌讳的是，开平临近京师，“第二煤层到达房县境内，为西陵龙脉来源，若用洋法，必骇物听”（见盛档，《李鸿章致盛宣怀函》，光绪三年九月）。

李鸿章原先期望盛宣怀在湖北能有所突破，为开平提供经验，然而时间过去几年，湖北广济受挫，李鸿章不可能再将宝全押在湖北这一方的身上了，只能寄希望让湖北与开平相互竞争。于是，李鸿章一方面为唐廷枢在开平煤矿的开采提供支持，另一方面仍希望盛宣怀在湖北能迅速取得成效，他勉励盛宣怀：“惟冀守以定力，持以恒心，处处踏实，颠扑不破。”为了激起盛宣怀的斗志，李鸿章激将盛宣怀道：“若鄂中无可开采，尊处所有洋师、机器并欲移办开平。”（见姜迎春、余鹏：《李鸿章与近代早期湖北煤铁的开采》，第二届汉冶萍国际学术研讨会论文集。）

盛宣怀在李鸿章的勉励下，全力以赴，专心致志地在湖北办矿。他带领郭师敦等一支人马，“于（1877 年）10 月 23 日从宜昌起程，（26

日）行抵沙市。即赴观音寺，会同地方官，向绅民说明延雇洋匠查勘矿务本旨，以免疑阻而生事端。部署既定，即回沙市”。11 月 7 日郭师敦即向盛宣怀提交了一份宜昌的《勘矿报告》，报告称：“当阳煤质乃上等白煤，甚合熔炉之用，质内炭灰尚少，硫黄全无。若以少许烟煤与此和匀，又可合气炉等用。”同时对大冶铁矿给予了进一步的肯定：“铁质分化极净……洵称上等佳铁，足与英、美各国所产之上等铁矿相提并论。”“铁层铁脉约有五百万吨之数，若以两座熔炉化之，足供一百余年之用。”而且“地近长江，转运较便”。但是郭师敦亦强调，必须要煤铁同时开采，化铁煤斤需求巨大，“非并开煤矿不可”。而采煤最佳的地区是荆州与襄阳（见盛档，《郭师敦勘矿报告》，光绪三年十月初三日）。

盛宣怀接着马不停蹄地行动，11 月 11 日“亲率矿师乘舟溯沙江，入漳河，水竭滩多，日行二三十里，十三日始获行抵寺”；11 月 17 日，盛宣怀“同矿师等抵观音寺勘矿。郭师敦报称，窝子沟煤窿层齐质坚，可以开签试探，至明春进行”；11 月 23 日，盛宣怀又“率矿师自观音寺起程，赴大冶履勘铁矿”；12 月 15 日，盛宣怀“率同郭师敦等由武昌起程，（17 日）抵大冶黄石港，会同知县林佐，连日详勘铁矿，履察水道”；12 月 27 日，回黄石港，周历大冶县属沿江一带寻觅安炉基地；1878 年 1 月 2 日，盛宣怀“同大冶林令赴樊口，会同武昌凌令、黄冈恒令，督率矿师履勘武昌、黄冈所属南北两岸，上下百余里”。

盛宣怀一方面积极做好煤铁同采的准备，1878 年 2 月，他“以湖北煤铁开采总局名义买得大冶铁矿山”，并开始订购机器设备；另一方面竭力向李鸿章建议煤铁同采。5 月中旬，盛宣怀禀李鸿章说：“据面禀武、冶铁质之佳，矿产之旺，确有把握。”“请先开生铁炉一座，逐渐推广；荆当煤质坚好，一无硫黄夹杂，尤为所宜，虽运费较多，但以此煤能和美国白煤比，一吨足以抵两吨之用，开挖尚可合算，请先探签试办。”（见盛档，《盛宣怀致李鸿章函》，光绪四年四月中旬。）

但是，此时李鸿章深陷广济煤矿债务危机之中，30 万串官款，亏损近10万串，朝廷对他与盛宣怀的指责不绝入耳，而且他更担心煤铁开采计划半途而废，徒费巨款而无寸功，甚至影响其政治地位。他一方面推荐周令锐到荆州“先行探签，一见煤层便须开井。大冶铁矿亦须筹股招商，次第举办”。部分同意了盛宣怀的湖北煤铁开采计划，仍希望盛有所突破，另一方面，表示了无力承担煤铁同时开采所需的巨额资金，要盛宣怀通过招商来解决。如果无法解决资金，“此项机器气炉需款甚巨，目前商股既未能召集，练饷亦无可添拨，只可暂作缓图”（见姜迎春、余鹏：《李鸿章与近代早期湖北煤铁的开采》，第二届汉冶萍国际学术研讨会论文集）。

八、划清官本，招商集股，专采荆煤

大冶铁矿在郭师敦等的反复勘查下，查明县北40里之铁山，“铁层平厚，一如煤层……且邻境俱属富有铁矿”，荆门当阳的煤质亦好，“能与美国白煤相埒”（见盛档，盛宣怀《致翁同爵函》，光绪三年六月二十二日）。于是，盛宣怀决定选择荆门窝子沟作为主要采煤点，又经郭师敦反复探签，确认煤质俱佳，矿藏量达二百多万吨，足够开采十余年。郭师敦催促盛宣怀速将上海机器设备运至荆门，尽早开工挖井，约三个月后即可出煤。李鸿章鉴于盛宣怀与郭师敦的信心，以及期望盛宣怀兼顾轮船、矿务、赈灾等事项，1878年9月9日，对荆门煤矿的人事作了一些安排，指示，“批准所请委派李金镛为矿局总办，周锐为提调”，盛宣怀表示“自己因时有别项差委，不能专顾矿务，但仍随时会督妥商办理”。

1879年2月，李鸿章又派买办李秋亭到荆门帮助招股筹办。但李鸿章内心仍疑虑重重，他致函盛宣怀说：“荆煤单炼生铁恐无销路，兼炼熟铁难筹巨本……煤铁相去过远，水脚成本既重，未必获利，将来或专办煤矿，或兼办铁冶，或煤铁均难如愿……”李鸿章更担心收益，因为前期广济挖煤，借官本30万串，此时仅余14万2千串，“所难者官本不可亏耳”（见盛档，《李鸿章致盛宣怀函》，光绪三年七月）。

1879 年 4 月下旬，郭师敦在经过全面勘矿的基础上，对开采、冶炼的规模，所需的机器设备、人力资本、运输成本，包括管理经营费用等，作了全面的预算，给出了两种方案：开矿加建筑铁路约需资金五十万两以上；不筑铁路而煤铁并办，约需二十万两以上。资金成了大问题，本来总局资金已经捉襟见肘了，现在面对这么大数字的预算，怎么办？

而此时唐廷枢在开平的煤矿又有了新的进展，他利用其在上海金融界的关系筹集到二十万两白银，于是立即向李鸿章请求开办开平矿务局，并说：“大约己卯光绪五年春末开井，秋末工完，冬间将抽水提煤机器布置齐全；光绪六年春季方可取煤。创始则旷日经营，克成则事半功倍。……至于购办一切经费，及两年辛工，约需资本二十余万两，现经将次招齐。”（见孙毓棠：《中国近代工业史资料》第 1 辑，第 637、638 页）不需要再投官本，又能操之在手，李鸿章对唐廷枢的请求，欣然同意。

盛宣怀与总局李金镛等人反复讨论，于 1879 年 5 月上旬，向李鸿章与李瀚章作了检讨，并提出了两种对策：一是仍然官办，请李鸿章从制造、海防项下每年拨款；另一是由“官本官办”改为招商股，专办煤矿。1879 年 5 月 27 日，李鸿章对于盛宣怀所提的前一对策，即由制造、海防项下拨款的提议，给予了“所请各拨一万五千两，均毋庸议”的批示，并指出：“若因经费不继，中道而辍，未免可惜。应照所拟招商开办之一法，较为便捷。”责成盛宣怀招商筹办。5 月 27 日，李鸿章批准同意成立荆门、大冶矿商办，撤销盘塘总局。6 月，正式结束湖北煤铁开采总局，另设荆门矿务总局、大冶矿商办。6 月上中旬，接李鸿章批复后，盛宣怀与李金镛共同拟定《湖北荆门矿务招股简明章程》十六条，并决定招集商股十万两。

然而，招商股并不如预期，李秋亭的招商集股的能力有限，荆门矿务总局原计划招集十万两股本，但是，实际只招到五百股，总计五万两，真正到账的只有一万九千二百两，这与实际需求的资金相差甚远。由此，盛宣怀决定只能先用土法采煤、洋法炼铁，规模由小而大。1880年12月，荆门矿务总局再次招股，应者寥寥无几。结果是，荆门煤矿未能扩充，大冶熔铁炉没有开办。

此时天津电报局的筹办进入关键时刻，在李鸿章的一再催促下，盛宣怀不得不将荆门矿务总局的管理事务委托给江苏人金德鸿全权处理。金按照李鸿章、盛宣怀的指示，抓紧在窝子沟采煤。但是，很快发现开采出来的煤，不仅运输困难、路途长，而且运费远远高于开采费。每吨煤的开采费才七钱一分，而运费却为三两九钱，再加上关税、局用、利息等项，成本显然过高。李鸿章、盛宣怀建议金德鸿疏浚河道，通过船运可适当降低成本，但是，这又需要大笔资金，只能放弃；于是他们督促金德鸿千方百计要使荆门矿务总局有盈利。金德鸿心里清楚，当地人挖的煤，运到沙市尚有薄利，若运到上海、天津，将高于市价，荆门矿务总局用土法采的煤，成本比私煤还贵。于是，金德鸿就将矿务总局产的次煤就地销售，同时收购当地优质白煤，转运至上海、天津，牟取薄利。

资金不足，加上荆门矿务总局内部管理不善，具体经办人不抓生产，通过收购老百姓挖的煤，再转售出去，引起了地方的不满，荆门府蒋铭勋率先发难，状告矿务总局“盖矿局所收之煤运赴下游，而近地用煤仍归附近居民采运也。其业此为生者不下数千户。今春闻矿局堆存沙市之煤零星出卖，当民煤连樯而至，骤落其价。乡民本小利微，何能久待？只能随之减价，折本以售。一俟民煤销尽，官煤复长价居奇。迨民船又集，则煤价又低。乡民深受其累，行户亦以为苦”。蒋铭勋毫不留情地批评道：“行一政而利于公家，不利于庶姓，已非善政。”1881年8月上旬，湖广总督李瀚章据蒋铭勋的告发后，建议将矿务总局裁撤停办，李瀚章在给李鸿章的信中说：“荆煤本小民素有之生计，官家攘夺，已非设本局之本意，况又垄断以罔利乎！”指责荆门矿务总局的存在“上损国税，下碍民生，而于洋煤无毫末之损，于公亏无涓滴之益”

（见《李瀚章致李鸿章函》，光绪七年七月）。李鸿章根据实际情况，给予盛宣怀“实属办理荒谬”的训斥（见盛档，李鸿章《札盛宣怀》，光绪七年七月二十七日）。为此，盛宣怀于 9 月 2 日禀报李鸿章，“湖北矿务开局以来，收支尚不敷钱六千四百二串二百六十七文，统由盛尽数垫赔，历经造具清册详报在案”。1881 年 10 月 28 日荆门矿务总局正式被撤销，盛宣怀在湖北的矿务告一段落。

尽管盛宣怀在广济、荆门、大冶办矿，遇到了挫折，但是并未泯灭他办矿务、办实业的信心。

九、荆门办矿，以受指责和赔钱而告终

荆门府蒋铭勋当初曾积极支持荆门矿务总局采矿，如今却反而状告荆门矿务总局，对此，盛宣怀竭力为自己辩解，“溯查光绪元年以迄于兹，在湖北开矿，糜钱十数万缗，除制办机器，洋人薪水外，皆散之于百姓。该地绅民相告曰：‘年来自设官局收采，本处添开煤隆甚多，养活穷民不少。’蒋太守亦言：‘自矿务局在观音寺收买，开采日广……’可见该处煤矿虽素所开采，而实自设矿务局后始称繁盛。”针对荆煤就地销售，与民争利之事，盛宣怀为金德鸿开脱道：“从前派员试办时，悉皆运赴下游，虽沙市煤贵时，亦不在彼售卖，查阅金德鸿所呈去年账目，沙市亦无销煤。”金德鸿也为自己越级向李鸿章上书，诉说煤价涨跌的原因，并解释矿务总局与荆门官府产生矛盾的缘由是“惟董素性憨直，不善联络官场，与官中声气隔绝，即墨之毁言，谅所难免”。金德鸿委屈地说：“局之应裁与否，姑且勿论，必先将沙市冤诬辨明。”（见盛档，《金德鸿致盛宣怀函》，光绪七年八月。）

然而正当荆门矿务总局深陷危机之时，唐廷枢在开平以解决运煤困难的名义，开始修建从胥各庄到天津芦台的铁路，虽然眼前的回报很有限，但是它的长远利益已不是可望而不可即的了。毕竟开平煤矿能为李鸿章的煤铁计划，画一个句号了。至于荆门矿务总局的困境，李鸿章已

不愿再越陷越深，徒费资金与时间了，于是，他一改以往鼓励与支持的态度，采取断然了结的方式。（见姜迎春、余鹏：《李鸿章与近代早期湖北煤铁的开采》，第二届汉冶萍国际学术研讨会论文集）。他首先将责任归咎于金德鸿：“该董经办荆煤两年，并未照章每吨提银八分，按年呈缴，弥补官本。成效未睹，流弊滋多，无怪人言啧啧”，并且评价其“能力不及，不肯认过，辄复长篇累牍，晓晓置辩，实负责任。矿务公家之事，应与地方官和衷共济，岂得任意率行！既称不善联络官场，即不必办理此事”（见盛档，《李鸿章批》，光绪七年八月）。

李鸿章在批评金德鸿的同时，对盛宣怀的批评也没有轻描淡写，1881 年 8 月 21 日，李鸿章批评盛“试办武穴煤矿数年，既无丝毫成效，反多累官帑。开采荆煤，未几交金董接手，官气太重，事不躬亲，一任司事含混滋弊。所运之煤竟买自民间，运赴下游各口出售，攘夺民利……荆煤既无可采，应即将该局裁撤”。9 月 2 日，盛宣怀向李鸿章申述试办武穴煤矿不成的原因：“误听矿匠马立师之言，土法开采百余处，见煤者亦四五十处，而煤质碎劣，煤层薄散。”但他认为“开煤窿甚多，养活穷民不少，颇得人心。在官在商，尚未能收成效，而于民则不为无益”。盛宣怀并再次向李鸿章禀：“湖北矿务开局以来，收支尚不敷钱六千四百二串二百六十七文，统由盛尽数垫赔，历经造具清册详报在案。”盛宣怀个人承担起了湖北矿务所造成的亏损。

盛宣怀从个人所付出的努力与所得的评价上看，当然会感到十分委屈，但是，李鸿章毕竟是从他的煤铁计划宏图上思考问题，他的视野更宽，站的角度更高，因此 9 月 19 日，李鸿章进一步对盛宣怀办理荆门矿不善的狡辩批评道：“该道等尚谓办理不谬，于事有益，人言冤诬，何其昧昧若此！……何其好为大言。……业经批饬，酌筹裁撤。”10 月 28 日，李鸿章札盛，令赶速裁撤，勿得借词宕缓，煤运完立即禀销关防。荆门矿务总局随即撤销。

事实上，李鸿章对盛宣怀的忠心与干练，是十分看重的，早在 1877 年 4 月 7 日，赴部引见时，李鸿章推荐盛宣怀时就说，该员“心地忠实，才识宏通，于中外交涉机宜能见其大，其所经办各事皆国家富强要政，心精力果，措置裕如，加以历练，必能干济时艰”。

朝廷上很多官员或与之共事者，都对盛宣怀办矿务有正面的评价。如，1877 年 6 月，盛宣怀向沈葆桢报告，请求同意他辞去轮船招商局的职务，可专心致志地从事矿务工作时，沈批示道：“该道明敏干练，才识兼优，湖北开采，与招商局务两事，尽可兼顾”，“即使李伯相准另派大员，亦须该道为之引翼”。再如，1878 年 8 月 31 日，湖北当地的官员李兴锐、郑藻如致函称盛“绸缪全局，力创其难，江汉数千里躬亲履勘，冒涉炎暑，一切调停筹划，费尽苦心，凡属同志孰不拜服倒地。这是符合实情的”。

事实上，那几年盛宣怀除了轮船招商局及赈灾等事项，可以说全身心扑在湖北矿务上，连家眷、孩子都顾不上。董夫人操持家务，身患重病，盛宣怀也没有回去照顾。1878 年 11 月 16 日，他从天津请假回老家，21 日回到苏州，很快又赶到湖北盘塘，不久，又传来了董夫人病危的噩耗，董夫人在临走前，总算见到了盛宣怀一面，12 月，董夫人因病去世。

当然，反对、批评湖北矿务的声音，可以说始终没有停止过。1879 年 6 月 15 日，苏抚署江督吴元炳批评湖北矿务旷日持久，巨款虚糜，官本愈亏，商更裹足，中国需用煤铁依然仰给外洋，而徒多内地开矿之费，“实属无益而有损，转不如暂议停止之为愈”。1881 年 8 月上旬，李瀚章据人告发：“盛赴鄂省开矿以来，扦煤武穴，成效未睹，亏累已多。继复设局于荆门，始而收买运售，既又集股开采。迄今三载，局务既无起色，亏项亦毫无弥补，而徒屡禀求公家减免税厘。”这些批评与指责，有的是不了解实际情况，有的是道听途说，也有的是政治上的对立面，从根本上就反对办洋务实业的。

面对这些批评与指责，盛宣怀尽管十分委屈，但是他仍认真地总结经验教训。1881 年下半年他总结出办矿经验有七条：（1）首勘矿苗。（2）次辨矿质。（3）次查运道。（4）次计人工。（5）次募炉头。（6）

次集资本。(7) 次议税厘。

1882 年春，盛宣怀乞假赴苏探视父亲盛康，并往来沪、苏、常间，料理家事。盛回忆过去对办矿亏损甚感委屈，他与人书云："五年艰苦，屡濒于危，十万巨亏，专责莫诿。地利亿万年，暂置之犹可望梅止渴，竟舍之则泼水难收。天理人心，昭昭如揭。原拟俟东海得手，分资派员，先办荆矿，俟煤可供用，而冶炉反掌可成矣。"

1884 年 4 月下旬，李鸿章札转致户部咨文内称：湖北开矿亏折直隶练饷钱十万串，应责成盛一人赔偿，不得以官款生息弥补；又盛经手苏典练钱生息有两笔，一笔减息二厘，一笔不减。

1884 年 7 月上旬，盛宣怀向李鸿章诉说，中国以西法试办矿务，断非巨资积久不能为功。开平煤矿用商款二百万，八年未能获利；台湾基隆煤矿用官款数十万，九载未能归本。奉委办理湖北矿务不幸失败，议将"余剩矿本生息弥补，原为以公济公，免致开销正项"。以此，对户部四月上旬亏损全要盛赔，不准以息保本的指示，表示不同意。

与此同时，盛宣怀写信给阎敬铭诉说试办湖北煤矿被指控，系无中生有之事，并说："侄自李傅相奏调十四年，差缺赔累，祖遗田房变卖将罄，众皆知之。今再被此重累，恐欲求吃饭而不能。父年古稀，无田可归。从此，出为负官债之员，入为不肖毁家之子。"

1885 年 2 月 4 日，关于湖北煤矿亏款，盛宣怀自认损失赔钱一万串，这样连同垫用制钱六千四百二串二百六十七文，共赔一万六千四百二串二百六十七文。

十、金州等处办矿，因被弹劾而放弃

荆门矿务总局试图通过招集商股，来改变局面，然而事与愿违，由于资金不足，加上内部管理不善，1881 年 10 月 28 日李鸿章决定裁撤停办。为此，盛宣怀还赔垫了资金一万六千余串。盛宣怀在广济、荆门、大冶办矿，遇到了挫折，但是这并未泯灭他办矿务的信心。

19世纪80年代初，在国内掀起了一股投资办矿的热潮，其中尤以采煤和金属矿的开采与冶炼更受关注。首先，一大批开矿公司在全国各地设立，如在福建长乐、湖北鹤峰、湖北荆门、安徽池州、辽宁金州、河北开平（唐山）、河北平泉、河北承德、江苏徐州等地都先后出现了这种情况。其次，办矿热潮还表现在集股上，据1882年6月9日《申报》报道："每一新公司起，千百人争购之，以得股为幸。"这种抢购股票的情景，比比皆是，而以上海为甚。开矿公司如"长乐、鹤峰、池州、金州、荆门、承德、徐州等处，一经禀准招商集股，无不争先恐后，数十万巨款，一旦可齐"（见1882年2月2日《申报》），不少人因抢买到了股票而感到幸运。最后，绝大部分的开矿公司，虽然尚未开工投产，而股票的价格却持续上涨，几乎所有股票的价格都超过了票面值。有的竟达到票面值的百分之二百以上（参见夏东元：《盛宣怀传》，第66、67页）。

1882年7月，郑观应写信给盛宣怀，及时反映了这种情况，他说："近日欲开矿者甚多，因开采平泉、长乐、鹤峰股票大涨"，并劝告盛宣怀"亟宜趁此机会集股开办"这个"利人利己"的矿业。盛宣怀确是抓紧了这个机会，又一次涉足全国各省的矿产开采。

之所以出现这种局面，究其原因，首先是军工产业的发展，迫切需要廉价的煤炭、钢铁、铜、铅等金属原材料，与从国外采购相比，显然是自己开采、冶炼要便宜得多；其次，国内早期的工业体系正在逐步形成，除了航运之外，纺织、食品、缫丝等工业企业的兴办，有关百姓日常生活的手工作坊也明显增多，增加了对煤铁等原材料的需求；再次，社会上一部分人手中的资金比较充足，为外国企业服务的买办，以及一部分商人、地主、官僚都积累了一些财富，他们有投资的意愿；最后，外国势力尽管对中国的矿产虎视眈眈，但是毕竟受到清政府的制约，而由中国人自己集资兴办矿业，反倒受到追捧。

19世纪80年代初，盛宣怀已经受命办理中国的电报，但是，面对国内出现的投资办矿热潮，他像以往一样，十分关注。开始他主要关注福建长乐、湖北鹤峰的铜铅矿的开采与冶炼，这首先是因为他深知铜铅这些金属材料在军事、民用工业中的重要性。此外根据自己在广济、荆门等地几年开采煤铁的实践，他清楚铜铅的开采、运输成本与采煤相比，要低得多，而它们在市场上的价格却比煤高出很多。为此，他还研究了如何采取土洋结合的办法，来开采铜铅等矿，提出了“首勘矿苗、辨矿质、查运道、计人工、募炉头、集资本、议税厘”等程序（参见夏东元：《盛宣怀传》，第66~68页）。盛宣怀虽然关注长乐、鹤峰的铜铅等矿，而且获得了那里的矿样，但是，他并没有条件亲自去那里办矿。他亲自创办的是山东登州的金属矿与辽宁金州的煤矿。

1882年6月，盛宣怀受北洋大臣张树声的委托，率矿师池贞铨和委员冯庆镛赴烟台查勘铅矿，以备制造铅弹。八九月，他率池贞铨、冯庆镛勘得登州府属之宁海州栖霞县、招远县俱产铅矿。随即将宁海矿石送天津制造局化验，招远矿石送外洋化验，并拟定了《试办山东滨海各铅矿章程》十条，对用人、招商股等均有明确规定。李鸿章给予“亦尚周妥”的批示。

随后，他又派办矿务有经验的冯颂南、张逸卿、池贞铨、林日章以及英国矿师马利生等人一起到辽宁金州骆马山等地去勘查，在金州勘查的结果是苏家屯的铁质较好，而骆马山的煤质较差。盛宣怀与矿师对于在金州采取何种方案进行开采、冶炼，虽然存在着不同的意见，但是在勘矿的同时，他仍积极着手筹办成立矿务局。1882年9月，金州矿务总局正式成立，盛宣怀任督办，并聘郑观应为总办，负责招集股份。招股预定的目标是二十万两，没有多少天，就完成了目标。

当时盛宣怀的主要精力放在电报这一件大事上。1883年春夏间，由于中法战争爆发，而架设福建至浙江的电报线，十分迫切，事关大局。面对这种情况，朝廷却拿不出资金，一时又难以筹到，架设电报线差一点成了一句空话。盛宣怀考虑到金州矿暂时还未全面开工，就将金州矿的股资十几万两，挪用于电报线的项目上去，并将矿股改为电股。按照盛宣怀的设想，“矿电商股，皆盛所招募，以矿易电，商所乐从，股本无虑亏耗”。为了防止节外生枝，在办理过程中盛宣怀“均经详咨有案”，向政府部门打过招呼。

但是，很快就有人向朝廷控告，朝廷却不问青红皂白，做出对盛宣怀的弹劾，理由是“办理含混，铺张失实，科以降级调用的处分”。这种做法，连与李鸿章并不和谐的左宗棠也看不下去了，他站出来为盛宣怀说话，“奏保盛才堪大用，奉旨以海关道、出使大臣交军机处存记。事下南北两洋，会同查覆”。旋经曾国荃、李鸿章奏办，有“苏、浙、闽、粤电线所以速成者，皆该道移缓就急之功，于军务裨益尤大”等语。盛宣怀得以从轻发落，“旋得旨宽免降调分处，改为降二级留任”。而山东登州与辽宁金州的矿务均未达到预想的目标，盛宣怀只得暂时放弃。

十一、坚决反对西方列强侵占国家矿权

1883 年盛宣怀因挪用金州矿的股资，用于架设福建至浙江的电报线，而受到弹劾，降二级留任。尽管他又一次受到打击，并且之后数年一直忙于电报、内河航运等实业，但是，他对勘查中国的矿产仍十分关注，他认为，“中国财产莫大于矿”。1888 年 9 月 27 日，盛宣怀致电李鸿章，再次表示勘矿的心愿，并提出“拟到外洋请一头等矿师，打算大举勘查和开采五金矿藏”。

1894 年 7 月 25 日中日甲午战争爆发，当年 9 月平壤之役，盛宣怀的五弟盛星怀在前敌阵亡。1895 年 4 月 17 日，中日《马关条约》签订，盛宣怀在“病榻拊膺长叹”。他清醒地意识到，甲午战争失败后，帝国主义列强将进一步加紧对中国的侵略与掠夺。

盛宣怀认为，外国列强虎视眈眈想要侵占的首先是中国的矿藏，而中国要想增强工业、军事的实力，也离不开矿藏，因而他将办矿看做“转贫弱为富强实有关系”（见盛档，盛宣怀《寄总署总局》，光绪二十四年二月十三日）的关键一着。

盛宣怀对矿的概念是全面的，不局限于煤铁，他认为金属矿中的金、银、铜、铅等矿，都是工业极有用的原材料，都要注意勘查、保护，从地域上讲，全国各地的矿藏，都应列入勘查、保护的范围。

盛宣怀对外国入侵者侵占我国矿业的举动十分警惕，其中，他特别关注沙俄在我国北方的举动。1895 年，沙俄急于侵占我国东北的金矿，12 月 27 日，他电告直隶总督王文韶，提醒王说：（黑龙江省）观音山的“矿苗胜于漠河，如家有窖藏，强邻觊觎，建议宜速抢挖，归漠河矿厂并办”（见盛档，盛宣怀《寄直督王夔帅》，光绪二十一年十一月十二日）。后来，他就黑龙江漠河的金矿，又提醒王文韶，说：“此矿久必归俄！自以速办为是。”（见盛档，盛宣怀：《津督王夔帅》，光绪二十四年三月五日）1901 年 9 月 7 日《辛丑条约》签订后，盛宣怀担心沙俄抢占漠河，建议：力争漠河、观音山等金矿“仍归华商自办”（见盛档，盛宣怀《寄京王中堂》，光绪二十八年二月二十日）。

1896 年，盛宣怀接任铁路总公司督办，看到帝国主义列强瓜分中国的局面时，他即提出大规模引进机器设备和使用洋股以开采矿藏的建议。当他得知“北方直、晋、豫全矿皆与俄、意、英订约，余利归外人七十五分，限期六十年”的消息后，愤慨而担忧地说：“北方无尽利权均属人。”由此他判断“湘矿不久必属英、法”了。为此，他提议将湘矿“归并（铁路）总公司”，借美款开采，以抵制外国势力的进犯（参见夏东元：《盛宣怀传》，第 239 页）。

针对西方列强瓜分中国的态势，1896 年，郑观应向盛宣怀提议：“今我国势将瓜裂，恐难挽回。拟设立一公司附于商局，急遣矿师四出将各处好矿凡属官山及廉价之民产尽行购定，并禀请地方官批示存案，免为外人所夺。”郑观应又说，在各省“凡铁路经过百里之内有矿产者，应归铁路公司招股开采”。他敦促盛宣怀抓紧购买，“迟恐好省份又为捷足者为先登，大权落于人手，铁路无以生色”（见盛档，《郑观应致盛宣怀函》，光绪二十二年四月二十日）。

1898 年，盛宣怀得知英国福公司在山西几乎侵占了整个省矿产的开采权，而且还想在山西境内筑路便于矿石运输，甚至还想就近建炼铁厂，将铁矿石炼成铁。他感觉福公司的胃口太大，不仅要在中国掠夺原材料，还要将它们变成“制成品”，再运回国去。当年 3 月 15 日，盛宣怀在发至总署总局的信中指出：“若照山西、四川一纸合同，即以全省六十年无限地利悉归外人，名曰华股，实皆洋股，且恐借开矿而渐及派兵保护，占利竟致占地，恐贻后悔。”（见盛档，盛宣怀《寄总署总局》，光绪二十四年二月十三日）反对英国在山西既占路权又占矿权。针对英国福公司的做法，盛宣怀针锋相对地与英国福公司对抗，提出：“一是只能给予某一矿，‘就矿言矿’，绝不能给予全省矿权；二是矿与路不能兼营；三是不准把原材料制成成品。”（参见夏东元：《盛宣怀传》，第 237 页）表明要约束与限制福公司的行为。盛宣怀并指出，之所以仍同意英国在山西办矿，目的是要弱化沙俄在我国北方的势力。针对盛宣怀的主张，4 月 30 日，张之洞给盛宣怀来电，“同意盛的使英办晋路开晋矿，可借分俄势的策略”。

1899 年，盛宣怀正式上奏清廷，说：“仿照通商银行速立矿务总公司，选举商董招集商股附搭官本，延聘著名地学化学之矿师二人，选派专员分赴三江两湖以及各省，凡未为洋人所得者，周历查勘，将各种矿地逐一勘明绘图贴说，分别等差，先行买归总公司执业。酌定地租数目，造册呈送，统辖总局存案。”面对西方列强的侵犯，盛宣怀提出了针锋相对的对策，并积极采取行动。

1899 年 11 月 22 日，盛宣怀在给总署文中说：“中国矿产至富，大利未收，烟煤焦炭用途最广，而东南各省多待济于日本，致使汉阳铁厂、轮船、纺织各厂局，成本加重。各国讲求商务，总以出口之货抵入口之货为第一义。故宜大力自办煤矿，用先进技术开采。”他在加紧勘查全国矿产的同时，仍念念不忘，要运用先进技术装备，大力开采煤矿。

十二、由湖北发展至全国的勘矿总公司

1901年9月7日《辛丑条约》签订后，西方列强侵占我国矿产的形势更加严峻，面对这一状况，1902年10月，盛宣怀向清政府奏请在上海设立勘矿总公司。他在《请设勘矿总公司折》中说："中国所有者，产矿之基地也；外国所有者，开矿之资本也。我能守我之地，不为他人所夺，将来以我矿地，或作资本，或采租息，皆当权自我操。总之，矿商之利，外人不妨共之；而地主之权，中国当自守之。亡羊补牢，尚未为晚；曲突徙新，岂容再误!"针对列强群起抢占我国矿利，而国家的财力和矿业人才缺乏，不允许大规模办厂开矿，盛宣怀在奏折中又说："欲思一补救之法，断非空言大言所能济事，而必先量我权力财力所能办到，惟有将民间产矿之地，由国家筹款自购，力争先着而已矣。"

为此，他提议在国内筹集百万两资本，在上海设立勘矿总公司，派矿师勘查全国各类矿产资源，以便购买。此外，他还建议各省也"筹款分延矿师勘觅，以免外人再占"（见盛档，盛宣怀《上振贝子书》，光绪二十九年闰五月二十九日）。

1903年中国勘矿总公司在上海设立。盛宣怀聘请英国布鲁特为矿师、李御为副矿师，迅速派人在全国各地勘查、争购矿产。先后购得江苏利国铁矿、唐山至林西沿途煤矿、山西平定州煤矿等矿权。他对自己的行为向山西巡抚张曾扬解释说："一则留为自办，彼不能夺；一则合办，可作股本，庶不致空言无补。"他还提醒张曾扬，在山西迅速筹划华商"自开各矿"（见盛档，盛宣怀《寄张帆中函》，光绪三十一年五月初一日）。

自1903年开始，盛宣怀因积劳成疾，经常生病。6月6日他"扶病出京。到上海后即延医诊治。行动即喘，医云须调治月余，方能出门治事”。但他还是担心英国福公司在山西的行动，针对其在山西既计划筑路，又计划炼铁一事，6 月，盛宣怀“为争山西福公司路矿事，与彼（福公司）代理人哲美森执议多次”，在此期间，他“与外务部、晋豫方面往返函电甚多”，反复向朝廷阐明他对福公司行动的关注。10 月 22 日，盛宣怀又致电外务部，说：“查福公司造路，从前只言运矿，现闻意在设厂炼铁，于中国铁政影响甚大，必须设法补救，否则中国用巨款代造运矿之路，转使其腾出路款速成煤铁矿，以夺我铁厂权利。晋豫公司原合同条款内并无准其内地设厂字义，惟合同题目有制铁二字，殊属含混。自应趁此议借款之时，与彼订明只准开矿不准设厂，倘不能禁阻，亦必须限定路成开车之后，至少缓办铁厂十五年，内地利源方不致为外人吸尽。”三天之后，他又致电外务部及商部，说：“窃思晋、豫合同，凭空给以无数矿利，已大失算。兹因其求我国家出予泽道铁路借票……索我借票，俾腾出福公司资本全力开矿……英国公司独受开矿无穷之大利。彼既欲因矿而及路，我即欲因路而及矿。一曰此路运矿车价须比他项客货酌加两倍，以备修养及票债本利。一曰国家应得红股若干，分沾矿利。一曰只准开矿不准制铁，以符条约始终未准洋商在内地设厂之义。”（见盛宣怀《寄外务部、商部》，光绪二十九年九月六日）针锋相对地提出了限制福公司的措施。之后，他又给外务部去函，提出了抵制英国福公司的意见。

盛宣怀抵制英国福公司的意见，并未得到清政府的完全支持，这时，他只得又想出一个妥协的办法，1904 年 2 月，他电告外务部：“宣怀不敢畏难，思得一策。晋铁断无不办之理，既许英攘办，势亦不能不准化炼，然若无一限制，亦断难只准英国不准别国，路矿利权所在，若一迁就……现与哲（美森）议，晋省出铁之所，或就近铁路之所，中国国家自设熔化厂，允许福公司铁砂交由国家熔化厂炼成铁砖，以便易于火车装运。似此定议，只许彼攘开矿之利，我尚可自保制铁之权，内地设厂亦不致自此开端。至自炼厂迟速大小，权皆在我。”盛宣怀又致函山西巡抚张曾扬，请张限制福公司在山西的矿权。张曾扬经过密查后告知盛宣怀，福公司未将山西铁矿全部购去。1904 年 3 月，盛宣怀在致电外务部的函中说："……晋省铁山并未买动。现拟派雇矿师先收产铁矿山，虽不能如大冶尽数收买，或不致悉为彼得，则仍可自炼自铁……倘能办到如此，铁利尚可挽回。"（见盛档，盛宣怀《寄外务部》，光绪三十年二月十六日。）

中国勘矿总公司成立三年之后，1906 年 4 月盛宣怀向清廷奏请将公司撤销。盛宣怀在奏折中说："伏查勘矿之举，原议重在收买矿地，免为外人占夺，实赖各省地方官联络一气，方能办理。臣奉准设立勘矿总公司后，即撤销商务大臣差使，势难以上海一隅之局，参与各省之事。况近年风气大开，各省多已次第设局开办，自应将总公司即行裁撤，所延矿师布鲁特以及副矿师李御三年合同期满，已撤回国。"（见盛档，盛宣怀《密陈裁撤勘矿公司拨款专办晋矿折》，光绪三十二年三月）经过清政府批准后，中国勘矿总公司正式撤销。

大冶铁矿狮子山矿旧貌

尽管中国勘矿总公司已经正式撤销，但是，盛宣怀维护国家矿权、关注矿业发展的思想和信念却是矢志不移的。1910 年他得知兴国州银山锰矿出现事端，11 月 6 日，即“电鄂督瑞徵：兴国州银山锰矿很重要，近闻州人欲与锰矿局为难，务祈速饬劝业道严饬州牧晓谕解散，予以保护，勿使滋生事端”，充分表明了盛宣怀一生关注矿产事业的情怀。

第三章　从汉阳铁厂到“汉冶萍”

一、汉阳铁厂在选址上的一场争议

1889年张之洞任职两广总督期间，已经开始在广东筹建铁厂，不久他调任湖广总督，于是便决定将铁厂改在湖北兴建。当年12月，他赴湖北上任的途中，在上海约见了盛宣怀，商谈关于办铁厂之事。所商谈的议题一是铁厂是采取“官办”，还是采取“商办”；二是铁厂的选址问题。前一个问题因为意见不一致，就没有进一步深入下去，后一个问题，源于清政府已经准备修建卢汉铁路，当时商议提出的设厂地址是“在湖北大冶和当阳，江苏徐州利国、贵州青溪等煤铁产地选择一处开办”（见吴剑杰：《张之洞年谱长编》，第263页）。

张之洞在湖北上任后积极推行“湖北新政”，同时决定在湖北筹建铁厂，1890年6月他在湖北武昌设立了湖北铁政局。煤矿最早选定的矿址在当阳和大冶的王山石，铁矿的矿址定在大冶，铁厂定在总督衙门的所在地省城汉阳的大别山脚下。其实，早在1877年10月，盛宣怀所聘的矿师郭师敦在勘矿中已经确认大冶储藏着优质的铁矿，1878年2月，盛宣怀又“以湖北煤铁开采总局名义买得大冶铁矿山”，所以张之洞决定在湖北设厂是很自然的事。

然而“钢铁厂的规模大、设备多，各种机器安装下来不容易随便拆卸迁移，所以建厂之前，必须首先选定合适的地方。……张之洞在广东倡设铁厂时，并没有详细勘察两广地区的铁矿和煤矿蕴藏量，只因看见洋铁充斥市面，严重打击土铁销路，便决定选择水运便利、地势平广的珠江南岸凤凰冈建厂。他这种决定，显示出他对钢铁厂的建设认识不足。张之洞对工业化的认识，主要在出任山西巡抚时，受（英国传教士）李提摩太的影响。他在广东筹办铁厂，关于煤铁的工作多依赖蔡锡勇和粤督方耀。蔡锡勇的经验不少，他在同治六年（1867年）毕业于广东同文馆，后入总理衙门天文算学馆学习……然后才在广东助张之洞办洋务，包括处理银元局、水陆师学堂、鱼雷局、海图馆等。不过，现代钢铁厂在中国属于首创，蔡锡勇所知有限，而设厂有关的决定，最终亦须张之洞决定。所以张之洞选在煤、铁都不丰富的广东来办厂，便是单凭热心和干劲，欠缺知识和详细计划，自然会疏忽了很多重要事情”（见郑润培：《汉阳铁厂的选址与经营》，第一届汉冶萍国际学术研讨会论文集）。

自从张之洞在湖北筹办铁厂开始，一场有关铁厂选址的争议，就随着开始了，煤矿和铁厂之间的选址以谁为主？李鸿章在1890年2月初曾致电张之洞：“西洋都以铁石就煤，无运煤就铁者，炉厂似宜择煤矿处安设。”张之洞为此询问洋矿师，洋矿师告知：“外洋有移煤就铁者。”（见吴剑杰：《张之洞年谱长编》，第272页）通过调查研究，张之洞致电李鸿章，提出湖北“铁聚而煤散，铁近而煤远。铁逆水而煤顺水，且煤在鄂省上游及湘省内河。若运铁石往炼，炼好又须运下武汉，是煤一次而铁两次矣，故鄂事以运煤就铁为宜。且距省城近，经理较便”（见薛毅：《关于汉冶萍公司研究的若干问题》，第一届汉冶萍国际学术研讨会论文集）。盛宣怀对张之洞“运煤就铁”的计划并不反对，只是主张小心行事，提议先派矿师在（黄石港）大冶附近详细勘察清楚，确定区内的铁矿和煤矿情况，然后才选择合适的地方做厂址（见郑润培：《汉阳铁厂的选址与经营》，第一届汉冶萍国际学术研讨会论文集）。

不过，张之洞并不同意铁厂设在黄石港，为了强化自己的主张，他举出洋矿师白乃富的观点来支持自己，他在给盛宣怀的电文中提出七大理由进行陈述，表明铁厂不宜设在黄石港。之后，张之洞在《勘定炼铁厂基筹办暨开采煤铁事宜折》中（光绪十六年十一月初六日）提出自己在汉阳大别山建厂的六个理由，其中两个理由是从经济角度着眼的，一个理由是从技术人才方面来看的，另外三个是有关经营管理方面的。“他的考虑，其实十分符合当时（官场的）社会环境。很多地方官员，甚至中央大员……他们着眼的多是费用开支，张之洞要顺利建设，必须要取得他们的信任和支持，所以他从管理着眼是有实际上的需要。而且很多官员以种种理由安插自己人任职汉阳铁厂……为了增加对这些人的监控，管理的考虑便成为一个必然的选厂址因素。最大的问题……(是）管理方面仍然百病丛生……厂务都是采取官场中的方法来处理，极力铺张，不重实际”；而“从经济学角度来说……他说节约运费，也显出其对钢铁生产不了解，把原料、燃料和制成品的运输费用混为一谈，全以同一单位价值来计算，十分错误”；“关于人才方面，因为……人才难求……张之洞这才兴起‘通融任便’的想法，但各厂需求的人才有异，各洋匠的专长技术不同，通融使用……只会使厂方受到损失。”(参见郑润培：《汉阳铁厂的选址与经营》，第一届汉冶萍国际学术研讨会论文集)。总之，张之洞的考虑，尽管有他合理的方面，但是确实存在不少问题，因而遭到很多人的质疑和反对。

应该说，在众多反对者中除了盛宣怀与郭师敦之外，其余均未实地勘查过黄石港，对实际情况并不了解，大多是根据西方经验来判断的。盛宣怀在获知张之洞拟将铁厂设在汉阳后，立即致电表示反对，主张应设在黄石港，但是没有被张所采纳。在此情况下，他向李鸿章禀报，希望李能对张之洞施加影响。此外，他还致函张之洞的政治庇护人庆亲王奕劻。盛宣怀认为炼铁厂与原材料、燃料距离太远，他说这样做是“舍近图远……运远本重”，必将增加产品的成本，“必不能敌洋料”(见盛档，盛宣怀《禀庆邸》，光绪十六年十一月十六日)。盛宣怀认为张之洞之所以这样做，是与官本官办有关的，他说：“如果及早改归商办，就大冶江边设炉开炼，以就煤铁”，必能做到“轻运费而敌洋产”(见盛档，盛宣怀《禀庆邸》，光绪十六年十月)。盛宣怀为了实现自己的主张，又提出了一个折中方案，即如果大别山下的厂址不变，那就“以大别山为炮厂，以大冶为铁厂，则无论官办商办，均能百世不移”。为了表明决心，他说：“将来综计运费成本孰糜孰省，当以刍献为谬也!”(见盛档，盛宣怀《禀庆邸》，光绪十六年十一月十六日)。这场在铁厂选址上的争议，并未动摇张之洞的决心。张之洞急切地致电海关总署与李鸿章，希望尽快拨款建厂，提出“事体繁重，开办宜速，早一年有一年之利，早一月有一月之利，机器不久即到，不能漏置，以致锈坏，造厂断难再缓”(见吴剑杰:《张之洞年谱长编》，第278页)。

但是随着建厂的推进，这些问题暴露得越来越明显，特别是铁厂的经济效益在日后大受影响。

1890年，张之洞创办的铁厂在湖北龟山脚下正式动工兴建，铁厂正式定名为“汉阳铁厂”，经过三年的努力，1893年9月，汉阳铁厂正式建成投产。全厂包括生铁厂、贝色麻钢厂、西门士钢厂、钢轨厂、铁货厂、熟铁厂共六个大厂和机器厂、铸铁厂、打铁厂、造鱼片钩钉厂四个小厂。汉阳铁厂创办时，经费预定为246万余两，1892年清政府增拨42万两，到建成时，实际支出500万两左右。

尽管在选址等问题上有不同看法，但是，汉阳铁厂的建成与投产，事实上为中国近代工业史翻开了新的一页，其历史意义与影响十分深远，汉阳铁厂的创办与张之洞的努力是密不可分的，可以说没有张之洞就没有汉阳铁厂。

二、崭新的机器设备，企业却在亏蚀

张之洞创办的“汉阳铁厂不但是当时中国规模最大的现代化钢铁厂，也是亚洲最现代化的钢铁厂。可是汉阳铁厂自开始生产，无论在生产过程和生产质量上都出现种种问题，引起严重亏蚀”(见郑润培:

张之洞察看兴办的汉阳铁厂

《汉阳铁厂的选址与经营》，第一届汉冶萍国际学术研讨会论文集）。

首先，汉阳铁厂在人力资源管理方面存在不少问题，这又涉及华匠与洋匠两个部分。

在华匠方面，官办时期的汉阳铁厂，工人的聘用采用包工制形式。这种制度的好处是，一可方便管理，工人的事由包工头负责，不用雇主操心；二是工资的预算清楚，开支可借此减低。包工制最先被外国企业采用，接着便在中国的矿业、营造、码头等流行起来。包工制也有多种形式，汉阳铁厂采用的是支付费用的包工形式。但是汉阳铁厂的工人，在包工制下，工作并不积极。原因是厂方的管理阶层，没有严格考查承包工作表现。承包者也没有用心指导工人，把工人正确地组织起来，只是虚报工人数目，从中骗取工资渔利。例如马鞍山煤矿，据官办时期的报道，井中出煤由洋匠包与工头，按每一煤车二百四十文算，包工头以少报多，半车算一车，随意混报，洋匠却不查点，使开支增加。物料储存库没有设立稽考制度，各匠可随意领取物料，很多工匠便把物料领取来转卖赚钱。晚上，工人可以在工厂范围随便出入，有些工人在晚上偷取工厂物料图利，故此物料常常失窃。

华匠的工作散漫，和管理组织松弛有密切关系。建厂初期，事务繁多，大量的机器、物料先后运来，洋匠也相继到达。“1890 年，张之洞在武昌设立铁政局，委派布政使邓华熙，按察使罗允成，盐法道瞿廷韶，督粮道恽祖翼及湖北候补道蔡锡勇等总办局务，蔡锡勇为总办，赵渭清、徐建寅为会办，主持一切。又派王廷珍和蔡国桢为总监工，协助厂务。下设委员分司各职，负责各部门管理的工作，主要有稽查勤惰、会计收支、考核物料，收管外国机器和调和在厂洋匠各部。厂内以总办为最高负责人，下设会办与提调多人，原意是协助总办，减轻总办的压力，可是会办与提调的聘用与否并不是由总办决定，而是直属湖广总督。换言之，会办与提调名义上是总办之下，可实际权力并不受总办控制，变成与总办互相牵制。其下虽然设有委员、司事分理各务，但这些职位，都是由一些现职官员担任或兼任。虽然他们在厂内的组织上，职责与地位都低于总办与会办，但来自民间的总办与会办却不想太责难这些委员，以免委员日后利用官员的身份来找自己麻烦。”

官办时期的汉阳铁厂，“一切的决定权，最终握在张之洞手中，职员全部都是经他委派出任。他往往把官场的一套方法，用在管理汉阳铁厂的行政上。一般的职位，多是由湖北省内官员升任。他们大多缺乏明确的工作范围和权限，每定一事，必定十位、八位同时进行，以致事权不一。这些人对汉阳铁厂的工作并不了解，又缺乏有关的知识和工作热情”。

在洋匠方面，设立铁厂之初，张之洞通过驻外使节，聘请洋匠来华，负责技术方面的工作，并与汉阳铁厂签订合同。“洋匠除了月薪外，还有房屋、医疗、旅费津贴及回国川资，假如因工伤亡，还有赔偿，条件十分优厚。不过，良好的待遇并不能为汉阳铁厂招来出色的洋匠，他们的表现常令人失望。例如任职洋总管的德培，连生产成本也估计不出，并且与化铁炉和熟铁炉的洋匠不和，弄至熟铁炉停工。”

洋匠表现欠佳的原因是：没有严格挑选，以致洋匠担任不称职之位；洋总管的任期短，发挥不了领导洋匠的作用；洋匠的国籍不同，工作互不协调；管理制度的流弊。“洋匠在汉阳铁厂工作，为了显示自己的才能，表示自己的地位重要性，常常多雇员工，多购机器。有些把机器拆改或者以各种借口，推搪自己办事不力之处。例如堪纳第名为改造新式炒熟铁炉，却只将旧炉拆改重装，式样照旧，花费二千余两，并没有实际改造。卜聂造轧，初时以受洋总管掣肘为理由，不能竭尽所长，使产品不精。当他总揽全权，升任总管时，出品反不如前，产品更多不合规格。”

其次，燃料问题一直未解决，成了汉阳铁厂前进的羁绊。在燃料方面涉及动力煤和焦炭两类。动力煤的要求较宽，多数用于各厂的汽炉燃料；焦炭是化铁、炼钢必需的燃料，它虽由煤提炼而成，但并不是所有的煤都适合炼焦的。汉阳铁厂的焦炭供应最多者是开平，占总数的51.15%，其次是萍乡占16.01%，西洋焦炭占14.93%，居第三位。“汉阳铁厂成立之初，本没有炼焦部门，内设焦炭炉五十座，以及炼焦之各种机器，准备利用各处运来之煤，自行炼焦应用。但汉阳铁厂购入之焦炭炉，生产的焦炭很少。一方面是焦炭炉的款式旧，生产力低。另一方面是汉阳铁厂本身所在地并没有煤出产，要依赖其他地方输入煤来炼焦。张之洞设立汉阳铁厂之初，本打算利用湖南出产的煤来炼焦，后来由于运输成本高、煤质杂而改变主意，改在大冶附近一带勘查合适煤矿。可是，经过勘查后，并没有足够的煤，供应汉阳铁厂炼焦。”

最为重要的是生产的产量与质量无法得到保障。张之洞的汉阳铁厂包括生铁厂等六个大厂和机器厂等四个小厂。其中重要的是炼生铁、炼熟铁、炼贝色麻钢和西门士马丁钢四个厂，其余各厂的设施，都是分别待这四个厂生产后，才进行加工，制作合适的产品。这四个厂中，又以炼铁厂最为重要。因为炼生铁是钢铁工业的根本，一切钢铁产品，都是先由炼生铁开始，然后通过炼钢和其他制作产品的工序，才把用品生产出来。“在官办汉阳铁厂时期，生铁的产量少，质量不稳定；熟铁厂的产品缺乏销路，一是成本重，二是厂方只生产出大批熟铁条，未能依照市面流行的铁货锻制。没有迎合消费者的要求，产品自然卖不出去。贝色麻钢，主要用来铸造钢轨，可是由于初期对钢轨的使用情况未能掌握，厂内只准备了生产60磅和70磅重钢轨的钢轴模子，数量方面不足以应付大批量生产，而且损坏之后，也没有技术人员修理；西门士马丁钢，主要为生产枪炮用的钢料，它本可以利用各种成分不同的废钢铁为原料，又可以用劣质焦炭冶炼。但是汉阳铁厂的马丁钢炉，主要利用贝色麻钢制炼钢轨时的废料来做原料，其次利用生铁，可是贝色麻钢的开炼既少，制炼钢轨也不多，而生铁的产量也不足够，所以马丁炉的原料也成了问题。”（以上参见郑润培、李航：《郑观应与汉阳铁厂的营运》，第二届汉冶萍国际学术研讨会论文集。）

一个在当时来说崭新的现代化钢铁企业，在僵硬的官办思维指挥下，人力资源管理出了问题，又没有充足的燃料供应，崭新的设备只能不饱和地运转着，产品质量也无法得到保证，最终，它只能是亏本，逼得张之洞放弃原有的办法，寻找新的出路。

三、张之洞交棒，盛宣怀接棒

张之洞创办汉阳铁厂时，盛宣怀虽与他的意见不同，没有参与汉阳铁厂的筹建工作，但还是一直在关注着汉阳铁厂的进展情况，张之洞与盛宣怀也一直保持着联系。1892年12月3日（光绪十八年十月十五日）张之洞因铁厂“亟须筹定常年成本，计每年需银一百万两”，写信向李鸿章求援，特地派了盛宣怀的侄子盛春颐，去找盛宣怀与李鸿章，点名要盛宣怀赴湖北招商承办，盛宣怀也有意邀集华商和洋工程师“赴汉冶各厂、各矿复阅一遍，以便将出货成本详细核算”，后因李鸿章未允诺，盛宣怀“须炼成钢铁后始能承领”，致使谈判搁浅（见鄂档，《张之洞奏铁厂拟开两炉请饬广东借拨经费折》，《汉冶萍公司档案史料选编》上册，第120页）。

之后，盛宣怀不断地通过一些人打听汉阳铁厂的情况，并作了一旦铁厂办不下去，他如何去接办的思想准备。1893 年 2 月 3 日（光绪十八年十二月十七日），江南制造局翻译钟天纬向盛宣怀函告：铁厂“此种局面，如归商办，亦断难得利。唯为国家大局计，为香帅门面计，非吾师无人能解此围。……如能先订立合同，将全盘交出，旧主人绝不与闻，方能得其要领也”（见盛档，《汉冶萍公司（一）》，第 46 页）。1893 年 3 月，曾在自强学堂讲学、编书的杨楷也向盛宣怀通报铁厂的情况，指出了铁厂的要害和必然的趋势：“惟本地苦无佳煤，即有亦不能足用。……尊议官督商办之说，此时虽尚迟回，窃料经费既罄，久后终必出此计。”（见盛档，《汉冶萍公司（一）》，第 48、49 页。）

1893 年春，郑观应以招商局帮办的身份巡查长江各分局，路过武汉时，从湖北藩司王之春那里得知，汉阳铁厂已花掉四百万两银子，随即函告盛宣怀说：张之洞“又奏扩拨七十万，仍恐不敷，势要招商承办”。他建议盛宣怀：“如欲接办”，“宜先寻有好煤矿，可炼焦炭，将化铁炉移于大冶铁矿山左右，可省运费，焦炭价廉方可获利”（见盛档，郑观应《致招商局盛督办书》，光绪十九年二月）。郑观应是盛宣怀的知己和得力帮手，从郑观应给盛宣怀的信中可看出，他们要承办汉阳铁厂，已经有较充分的酝酿了（参见夏东元：《盛宣怀传》，第 187～190 页）。

汉阳铁厂因为计划不周，所购设备不适于炼制大冶矿石提供的含磷较高的矿砂，所炼钢料不符合铁路钢轨的要求，钢铁生产陷入了困境。尽管如此，张之洞仍然硬撑了两年多。甲午战败之后，汉阳铁厂的资金更加困窘，已到山穷水尽的地步。坚持“官本官办”模式来办汉阳铁厂的张之洞，被搞得“心力交困”，再也无力将汉阳铁厂继续办下去了，于是下决心要交“棒”了，这根棒究竟是交给洋商呢，还是交给盛宣怀来接？

朝廷指令通过招南洋华商来承办，预定的对象是“南洋各岛暨新旧金山等处”的华侨富商，并责成闽浙总督边宝泉、两广总督谭锺麟、广东巡抚马丕瑶等派人去招商；而张之洞则认为铁厂投资多，工程大，南洋华商无力承担，他首先想到的仍然是盛宣怀。1895 年 9 月 16 日（光绪二十一年七月二十八日），湖北铁政局总办蔡锡勇，应张之洞之召到达南京，致电盛春颐重提旧事：“弟意令叔前三年本有承办之意……较之三年前难易迥不相同，阁下所目击。况朝廷决意开办铁路，将有成议，所需钢轨铁货，惟患出货不多，不患销路不畅。令叔盘才硕画，承办此厂，必能日见兴盛。……帅意颇以为然。惟三年来添置机炉工料甚多，成本益巨，似须量筹宽缓之法，议请阁下电商令叔，有无接办之意，速复再行详议。”

盛宣怀从盛春颐那里得知张之洞的想法，他一方面私下里对接办铁厂之事进行认真的策划；另一方面又积极考虑如何将铁路与铁厂这两项事关国计民生的大事业，都掌握在自己的手中。为此他与张之洞身边的亲信幕僚，自己的武进同乡、世交恽祖翼（湖北按察使）、恽祖祁（负责办理湖北唐心口筑堤工程）兄弟频繁地接触。1896 年 2 月 17 日、18 日（光绪二十二年正月初五、初六），在南京的恽祖祁两次致电盛宣怀，转达张之洞邀请盛宣怀去湖北考察和商谈接办事宜，盛宣怀面对朝廷与张之洞两种不同的打算，态度鲜明地说：“铁政属洋商，力大流弊亦远，属华商，力小收效亦远。”表示愿意亲自到湖北参与“通筹决策……熟商办法”（见盛档，盛宣怀《寄江宁恽莘耘观察祖翼》，光绪二十二年正月初六日）。

紧接着当他收到张之洞委托恽莘耘（即恽祖翼）发来的“决意不招洋商矣，今已决计与吾兄商办”的电报后，立即表态说：“如帅（指张之洞）意坚定，必当竭力为国家筹计远大，决不存丝毫私见。”（见盛档，盛宣怀《寄武昌恽莘耘观察祖翼》，光绪二十二年正月十一日）接着，恽莘耘传话让盛宣怀到湖北商议，盛宣怀再次表示，必尽力而为，会尽快赶赴湖北，并提出自己接办汉阳铁厂后的初步设想，即钢铁必须大办，炼炉必须推广，“而推广炼炉非另筹佳煤无可为力”，准备“调开平矿师偕来细勘煤矿”，优先要解决煤炭的问题（见盛档，盛宣怀：《复鄂臬恽松云（指恽莘耘）函》，光绪二十二年正月十九日）。

不久，张之洞做出了汉阳铁厂交盛宣怀接办的决定。1896 年 4 月 27 日，盛宣怀发电致直隶总督王文韶：“沿江察各招商分局，今日到汉。鄂厂已糜五百万，但可设法补救”，“宣系创始得矿之人，颇愿为之区画”。4 月 30 日，盛宣怀亲自赴汉阳看铁厂。

盛宣怀在叙述作这决定的过程时，说：“铁政不得法，徒靡费，几为洋人得。右铭、松云讽阻，乃属意宣，督饬华商接办，重整旗鼓。”这表明，盛宣怀接到这根“棒”，还是费了不少周折的。

1896 年 5 月 14 日，张之洞发出委任盛宣怀为汉阳铁厂“督办”的公文，公文中说：“盛道才猷宏达，综合精详，于中国商务工程制造各事宜，均极熟习，经理商局多年，著有成效。”（见张之洞《札委盛道督办汉阳铁厂》，光绪二十二年四月初二日）自然，由盛宣怀来接办汉阳铁厂，是最合适的了。

盛宣怀在接到张之洞的公文后十天，即 1896 年 5 月 24 日，就正式接办了汉阳铁厂。

盛宣怀从张之洞手中接办汉阳铁厂，意味着他可以改变张之洞“官本官办”的办厂体制，按照自己“商股商办”的主张来行事了。但是，他从张之洞手中接过这根“棒”，同时，也将张之洞已用于铁厂的官款作为铁厂的债务接管了下来，铁厂“所有已用官款五百余万，责成商局承认。所出生铁，每吨提抽银壹两归还官款”（见吴伦霓霞、王尔敏：《盛宣怀实业函电稿》（下），第 828 页）。盛宣怀一接办汉阳铁厂，身上就已背负了沉重的债务。

四、郑观应以新的经营理念整顿铁厂

1896 年 5 月 14 日，张之洞正式委任盛宣怀为汉阳铁厂“督办”，汉阳铁厂改归商办。盛宣怀立即决定聘任郑观应兼任总办。5 月 24 日，郑观应正式到任。

郑观应上任后发现汉阳铁厂要解决的问题很多，例如缺乏焦炭，生铁厂产量、质量都不行，钢轨厂不能生产所需要的钢轨等。要解决这些问题，并非在短时间内可以做到的。比较容易进行的，便是改善厂内管理，提高工人的工作效率，减少人为的错误和浪费。盛宣怀十分支持他从这些方面对汉阳铁厂开展整顿。

首先，在管理方面，郑观应从整顿华匠入手，裁减工作表现欠佳的工人，以节省厂方的管理费用和工资开支。当时华工匠头都依附于洋匠势力，华匠的表现一直是由洋匠来给出评价的，为了顺利进行裁减工作，郑观应请盛宣怀直接向洋匠总监工德培布置，要求其给予配合，这得到了德培的配合，不但同意协助裁减工作，而且表示一旦华匠技术成熟时，可再裁减洋匠，节省汉阳铁厂经费。对于仍然留职，没有被辞退的工人，郑观应则加强考核，改变以往组织松弛、工作散漫的状况，以提高工作效率。

为了加强对厂内的管理，郑观应在盛宣怀的支持下，把厂内事务分为总银钱所、支应所、煤炭所、钢铁所、翻译所、监工所、材料所、案牍所、转运所、砖石所、工程所、巡查所共 12 个部门，各部门负有专责，初步建立了一个管理系统。

对铁厂以往所聘的洋匠，采取以岗选人的办法进行调整，盛宣怀、郑观应对这些外籍技术人员，既不认为他们都货真价实，也不认为他们都一无是处。如发现总监工德培没有本领、不会计划，还不能与生铁炉的技术人员合作共事。“总监工不得其人，全厂为之受累。”（见盛档，盛宣怀《致鄂藩王爵棠函》，光绪二十二年六月十四日）盛宣怀认为“此厂用洋人三十六名，不务实。可知其整顿之难，更难于当年之招商局”（见盛档，盛宣怀《寄王夔帅》，光绪二十二年四月初四日）。他根据调查所掌握的实际情况，决定汉阳铁厂只需聘用 14 名外籍技术人员，将应需聘用人员岗位的清单交总办郑观应，请郑对现有的人员进行甄别考核，可用者尽可能留下。最终汉阳铁厂聘用的外籍高级技术人员，减少为 14 名，为汉阳铁厂节省了一大笔经费。与此同时，汉阳铁厂千方百计寻觅有能力的国内技术人才，积极培养自己的人才。

其次，针对燃料是汉阳铁厂急需解决的一个问题，郑观应对汉阳铁厂所需的煤和焦炭，分别作了计算。得出煤的供应与质量基本能得到保证，关键是焦炭的问题。于是，他对焦炭的需求与供应作了认真的调查，从需求看，化铁炉需6175吨、贝色麻钢厂需1050吨，总计需7225吨；而从供应看，厂内存有3000吨，预计能交货的为2370吨，预计能筹到的2000吨，总计可供应7370吨，供应比需求还多了145吨，似乎焦炭的需求与供应不成问题。但事实上，厂内存有的焦炭只有3000吨，其余的4370吨，都只是预计之数，不一定可靠，特别是准备预筹的2000吨，更无法保障。可见焦炭的缺乏十分严重。

与此同时，郑观应对汉阳铁厂焦炭的来源，作了认真调查，得出供应汉阳铁厂焦炭最多的是距离较远的开平与萍乡，占比为67.16%，距离较近的马鞍山、郴州与厂内砖窑的，只占17.91%，西洋焦炭占了14.93%。从生产成本来看，无论开平、萍乡或西洋焦炭，运输的费用都很大。其中开平焦炭的质量较合适，但是，长久使用它，终究不适宜，因为价钱贵且运输困难。至于西洋焦炭与日本焦炭，路远价昂，也不是长久之计。

针对汉阳铁厂之前建造的一批焦炭炉，已形同废物，郑观应主张将萍乡的煤运至马鞍山，与那里的煤混合起来炼焦炭，提出“萍七马三”和“萍马各半”的设想，希望不让焦炭炉闲置。结果，炼出来的焦炭仍然不适合化铁炉所用，焦炭炉只能停用，山上开采的煤，专供机器使用。

为了解决焦炭问题，郑观应听取了德培的意见，将其他地方的煤运到汉阳铁厂来炼焦，这一可节省运费，二不易碰碎成屑，保证焦炭的质量，三是将炼焦所产生的余气，用于锅炉，提高利用率。于是，郑观应决定利用萍乡的煤来炼焦，把汉阳铁厂的焦炭炉加以改造，以增加出焦数量。但当时萍乡的生产条件有限，郑观应派矿师前去勘查，以增加煤的供应。尽管当时没有立即见效，但为日后的发展作了准备。

最后，在生产方面采取积极有效的措施。针对原先生铁产量少、质量不稳定，郑观应从资金能力实际出发，添加部分设备，提高原有化铁炉的效能，增加了生铁的产量，并使质量得到提高，但是生铁成本仍不理想。

为了维持熟铁厂的经营，他决定生产市场上流行的熟铁货和铁钉，并计划在上海销售。针对生产中存在的问题，郑观应组织工匠对熟铁炉进行改造，节省用煤将近40%，大大减轻了成本。后来熟铁厂又改为承包经营，通过减少华匠、降低成本、加强管理，将原先生产熟铁条的成本由每吨115.88两，降至60.26两，最终降为50.25两，较原先减少了57%。

生产合适的钢轨，必须有足够的轨轴，郑观应先后向英国梯山厂订购多对轨轴，以应需要，并且聘请洋匠负责管理，确保生产。1897年3月，汉阳铁厂开始可以接受卢汉铁路的订单，轧造六十磅钢轨一千吨，并着手承造吴淞铁路所需的钢轨、鱼尾钢片、螺丝钉、枕木钉等。炼钢亦随之由每日八九炉增至十炉。（以上参见郑润培、李航：《郑观应与汉阳铁厂的营运》，第二届汉冶萍国际学术研讨会论文集。）

郑观应自1896年5月上任，至1897年7月离职，时间只有一年多，凭着他在洋务运营中的经验，加上对汉阳铁厂问题研究的深入，已经把握住了汉阳铁厂问题的所在。针对厂内存在的主要问题，他做出了应变改革，使盛宣怀接办的汉阳铁厂取得了明显的成效。

郑观应离开总办的职位，总办改由盛宣怀的侄子盛春颐接任，然而人们之后总是感到有些惋惜，要是郑观应任职的时间再长一些，汉阳铁厂经营的成效一定会更加可观。

五、萍乡煤矿解决了铁厂的难关

盛宣怀接办汉阳铁厂后抓的第一件大事，就是要寻找煤矿。他很清楚，如果自己不能解决焦炭这个关键的原材料，“必致厂购洋焦，路购洋轨，大负初心”。如果大购洋焦，必致“亏累不堪”（见盛档，盛宣怀《寄张香帅》，光绪二十二年十月二十九日)，而“路购洋轨”，这将使铁厂产品的销路成为问题。

1896 年盛宣怀聘请了两位德国高级矿师，一位叫赖伦，另一位叫马科斯，他在两位矿师的陪同下，亲自到江西、湖南等地寻觅煤矿。他还不断委派有关官员，陪同两位矿师到湖北、江西、安徽等省进行勘矿，这两位矿师工作很认真，也有真才实学，他们在江西萍乡四处实地勘查，先后勘查测量了安源天滋山、锡坑、紫家冲、高坑、王家源、大屏山、胡家坊和青山马岭等处的煤田。

当时外国矿师勘矿，经常遇到当地百姓的敌视和抵制，那年赖伦在萍乡勘探，正值宜春、萍乡两县的县试，应试的童生们从《汉报》上得知此事，而“萍民素畏机器，谓能使山崩地陷，田园庐墓悉被震伤，而借煤为业之人又恐官招新股，夺其现成之利”（见《恽积勋致郑观应函》，光绪二十二年九月)。因此童生们撰写揭帖，号召乡民反对洋人入萍。这使得赖伦的萍乡之行屡屡遇险，依靠军队的保护才得以安全到达矿山。

1896 年 10 月，矿师向盛宣怀呈报勘查结果，马科斯估计煤储量为 2 亿吨，30°以下的倾斜煤层，可供炼焦的煤甚多；赖伦估计煤储量为 5 亿吨，做出了萍乡煤田“脉旺质佳，迥非他处所可及”，“如每年采用一百万吨，可供五百年之用”的预测报告。

1897 年 6 月，为了尽快核实萍乡煤田的情况，盛宣怀委派得力助手张赞宸（1862—1907 年，字韶甄，江苏武进人，湖北省候补知县）赴萍乡复查煤务。张与盛是武进同乡，早年就追随盛宣怀，自 1896 年 7 月到汉阳铁厂后，先后任铁厂会办银钱股事、提调兼稽核、总董等职。张深知此事的重要，毅然接受盛宣怀的任务。他随即跋山涉水赶赴萍乡，与先期已在那里的赖伦、马科斯会合。为了便于找矿，并协调与铁厂之间的关系，他们成立了“煤”、“矿”、“钢”三合一的萍宜矿务利和有限公司。

张赞宸与矿师一起徒步赴山区探矿，进行实地考察，在萍乡境内进行了一次全面深入的勘查，1898 年终于在萍乡东南一带发现了一个大煤田，该煤田位于天子山之支脉安源山，其脉来自莲花县之马迹岭。当地乡民采用土法采煤，已有大小土井 300 余口，赖伦、马科斯从土井中认真采取煤样，并对煤质进行分析，表明那里的煤质适合炼焦。他们发现“内含煤矿甚富，属于古生代煤炭纪，色黑如漆，且甚光泽，挥发分少，黏结性富，是制造焦煤的上品。其煤层有十层，主要以小底板层、大底板层、夹槽、老夹槽、大槽板层五层为主”。

勘探结束后，经过矿师的鉴定，萍乡煤田的煤质适用于炼焦，于是他们就确定在萍乡试挖煤井，经过研究选择了两个地方，一个是安源，一个是高坑。当时这两个地方的小井很多，民间挖煤人不少。两位矿师进行分工，赖伦在安源，马科斯在高坑。各作一个方案进行比较，马科斯认为应该在高坑挖煤，提出在井的上端修筑一座水库，从高坑到芦溪开挖一条运河，煤通过船从运河中运出去，先到袁河，再到九江，由九江运到湖北；赖伦则提出在安源挖煤，从安源到宋家坊修一条铁路，然后上船通过水运，将煤运出。

两个方案相比较，在高坑开井的方案费用太大，负担不起。因而决定采用赖伦在萍乡县城偏南 6 公里的安源挖煤的方案，即主矿选址确定为安源，此后也将它称为安源山机矿。

方案经盛宣怀确定之后，张赞宸在盛宣怀的支持下，协调各方关系，积极收购煤田区域的土地土井。1897 年冬，张赞宸以优惠价格收购了“广泰福”商号设在紫家冲的 7 个厂 18 口井，作为建矿的基础。

1898 年 3 月 22 日，经清政府批准，汉阳铁厂在萍乡设立“汉阳铁厂驻萍乡煤务局”。盛宣怀任督办，张赞宸为萍乡煤矿首任总办，下设机矿、煤务、材料三大处，并聘请文廷式以地方首绅地位，协同照料。翌年聘任德国矿师赖伦为总矿师。

张赞宸为了大举开采萍乡煤矿，致电盛宣怀，提出五个方面的设想：一是筹集巨款，二是修建轨道，三是开造浅水驳轮运煤，四是设立官钱号、仿行钱洋纸币，五是派兵筹防，并提出了许多具体办法。设想很快都得到盛宣怀的认可和赞同。经过多方周折，萍乡煤矿先后购得宋家山、桐梓坡、大冲尾、蟹形嘴、罗家坡、栎树下等处土地1700余亩，收购土煤井276口，使安源周围数十里内的煤井均为萍乡煤矿所有，并设有机焦炉、土焦炉以及辅助设备等厂。

1898年安源矿正式开始开矿，为了加速萍乡煤矿的建设，1899年2月28日，盛宣怀以招商局房产作为担保，向德国礼和洋行借款400万马克，合白银110余万两。其中300万马克用于购买成套设备，100万马克用于修建铁路和置办驳轮。1899年修通了从安源到萍乡的铁路，解决了煤的运输问题。1901年为造铁路，运萍乡的煤，招商局向铁厂又搭股一百万两。这样，初步解决了煤矿的资金问题。

1898年7月26日，萍乡煤矿局选择在安源以北一个地势较平的地方，开始向山腹挖掘，建设萍乡煤矿的第一座矿井"东平巷"，从而拉开了萍乡煤矿基本建设工程的序幕。此后，基建项目如雨后春笋般拔地而起。同年9月，委托赖伦订购的首批欧洲机器到齐，矿井建设全面展开。

1899年1月，朝廷开始修建安源到萍乡县城西门宋家坊的铁路，11月30日铁路竣工，路长7.23公里，称为萍安铁路，为株萍铁路之开端。1903年8月，由詹天佑参与和领导的萍醴铁路竣工通车，路长38公里。1905年12月13日，醴陵至株洲铁路建成通车，至此耗时6年多、耗资450万两白银的株萍铁路全线竣工通车，全长90.29公里。由此，萍乡成为江南地区最主要的能源供应基地。

1907年10月15日，盛宣怀亲临萍乡验矿，历时10年的萍乡煤矿宣告正式建成。萍乡煤矿总耗银676.8万两，生产能力达到日产煤1300吨，日洗原煤3400吨，日产焦炭600吨，年产煤砖5万吨。萍乡煤矿建成后当年产煤40万吨，焦炭11.9万吨。（以上参见黄领：《张赞宸开创萍乡煤矿的伟大实践及意义》，第二届汉冶萍国际学术研讨会论文集。）

萍乡煤矿开办时，已有1.3万多位工人，工人的组成，湖南占

70%，湖北占 20%，萍乡只占 10%，全矿分为 46 个单位，即处、段，井下称段，有洋炉炼焦和土炉炼焦，发电厂、机修厂、制造厂、锅炉房等齐备，烟筒林立，工人生活比较艰苦，没有任何劳保福利。

萍乡煤矿的开挖，彻底解决了铁厂缺煤的问题。

六、大冶与萍乡：新铁厂厂址的争议

盛宣怀接办汉阳铁厂后，由于燃料问题尚未解决，加之产品质量有问题，因此铁厂一直处于亏损状态。为了摆脱这一困境，铁厂内部要求在大冶设厂的呼声高涨起来。鉴于此，盛宣怀将勘查煤矿的重点放在大冶周边，1896 年 6 月发现宿松、宁乡两处煤矿“皆属佳煤”，而且“与大冶一水可通”。因此“拟在大冶江边另添生铁炉数座，就近化铁，以省运费”（见盛档，《招集湖北铁厂股东公告》，《汉冶萍公司（一）》，第 77 页）。铁厂会办赵锡年认为“化铁炉本宜设于大冶”，即使大冶不免多费人工和多占土地，毕竟“究少险象”；“万一有损，亦尚不碍大局”（见盛档，《赵锡年致盛宣怀函》，光绪二十二年六月二十一日）。铁厂总办郑观应认为，在大冶设厂炼铁，只需储备两个月的焦炭即可；他还根据洋矿师勘察的报告，提出“大冶可供建厂的地方有七个，其中最善者有菜子湾、小牧养、袁家场、周家巷四处”（见盛档，《郑观应致盛宣怀函》，光绪二十二年七月二十七日）。

正当铁厂主事者踌躇满志，打算在大冶设厂之际，1896 年 10 月江西萍乡发现了大煤田，1898 年安源煤矿正式开矿，洋矿师马科斯提出在萍乡设炉炼铁的建议。铁厂翻译李维格和铁厂总办盛春颐先后提出在萍乡设厂的主张。盛宣怀鉴于以往自己在湖北勘矿的经验，以及“以煤就铁”的观念，没有支持他们的主张，1899 年 1 月，他又亲自赴大冶查勘铁矿，希望找到根据。

随后，矿师们在萍乡附近之湘东又发现了铁矿，盛、李二人以赖伦的报告为依据，联名向盛宣怀提出在萍乡设厂的请求，提出“今若以原拟添置汉阳铁厂机器之款就萍乡设生铁炉一座、马丁炉一座、熟铁炉约二十座”，则“炼铁厂聚于一处，必获巨利”（见盛档，《盛春颐、李维格致盛宣怀函》，光绪二十七年八月二十七日）。

此时，萍乡是否有合适的铁矿成为设厂的关键。为此，盛宣怀又委派矿师布卢特对湘东铁矿进行勘探，但前景并不乐观，只有上竹岭铁矿情况稍好一些。尽管如此，布卢特仍认为，萍乡不仅有优质的煤和众多的铁矿石，而且，那里有炼铁所必需的充足的淡水、粉石和尚佳的火砖泥，条件优越，“实堪以开设一大铁厂”（见盛档，《布卢特：勘察萍乡矿务报告》，光绪二十九年正月十四日）。矿师鲁培亦赞同在萍乡设厂，他认为在萍乡建炉，生铁成本每吨约十七八两，与目前铁厂生铁成本为三十余两相比，减少可观。

当时情况下，多数人主张在萍乡设炉炼铁，就盛宣怀本人而言，亦有些倾向于改在萍乡设厂了。1903 年 4 月 24 日，盛在自拟的方案中称，“准将醴潭路款移缓就急，先办萍一炉炼熟铁。另借日款设大冶一炉，专化生铁售日本，汉二炉专炼贝钢，则厂矿皆活”（见盛档，《萍乡张道去电》，光绪二十九年四月二十日）。

然而，此时盛宣怀又请赖伦将萍乡与大冶两地各自的优势与问题，作了一次综合比较分析。赖伦分析后认为，就炼钢铁成本来说，总体而言，大冶比萍乡略高。但是，萍乡生产的钢铁，运至汉口的话，运输费用明显比大冶运至汉口高出不少。将生产成本与运输费用合在一起算，显然，在大冶设厂的综合成本更低。再加上大冶还有这样几个优势：一是靠近长江，水路四处可通；二是现有铁路已解决运输问题，无需再投资建铁路；三是大冶社会稳定，这一条件更容易筹借到洋款；四是大冶地方风气早开，无虑阻闹，比萍乡更容易聘用到好的工匠。赖伦的结论是：“铁厂以大冶设厂为是。”（见盛档，《赖伦致盛宣怀函》，光绪二十九年五月二十一日）这无疑对盛宣怀的决策提供了重要依据且产生了重大影响。

当初主张在萍乡设厂的人主要是因为萍乡有铁矿作为支撑，但是，

“萍乡铁矿难恃，又须接展铁路四十里，需款过巨”（见盛档，《李维格呈出洋采办机器禀》，光绪三十年十二月十二日）。因此，大冶成为新铁厂厂址的唯一选择。

李维格担任汉阳铁厂总办后，分析铁厂的现状，指出铁厂成本过高的原因：一是生铁炉用焦太多；二是炼钢炉出钢不多，难造钢板；三因铁路未成，焦煤价贵；四因股本太少，欠款过重。因此，举借巨款添建新厂为“定倾扶危出奇制胜，目前实此一着”（见盛档，《盛宣怀致张之洞函》，光绪二十九年八月初六日）。

由于各种原因，新厂的建设一直进展有限。1908 年 11 月 7 日，清政府正式批准“汉冶萍煤铁厂矿有限公司”成立，确定公司设在上海，由盛宣怀负总责，李维格任汉冶萍公司经理兼汉阳铁厂坐办。汉冶萍公司的生铁、钢材的订单越来越多，国际国内的形势，对加快发展钢铁的呼声越来越大，因此“新厂急宜赶成，不可一失再失也”（见盛档，《李维格致盛宣怀函》，光绪三十一年正月初八日）。1909 年，盛宣怀在第一次股东大会上宣称“要在大冶江边造四个化铁炉，专炼生铁”。1910 年，汉冶萍公司向日本横滨正金银行借款，其中兴办新铁厂成为当时盛宣怀主要的目的（见盛档，《盛宣怀在汉冶萍公司第一次股东大会上的报告》，宣统元年三月二十七日）。

1913 年盛宣怀重新掌握汉冶萍公司的大权，兴建新铁厂计划再次被提上日程。5 月汉冶萍公司在上海召开股东大会，通过了借款议案和扩建计划，在大冶建设新厂一事被正式确定下来。

1913 年 5 月，李维格赴汉阳、大冶、萍乡等地考察，与各厂矿工程师筹划新厂建设方案。7 月，李维格向汉冶萍公司董事会呈报“筹建汉冶萍厂矿事宜清折”，提出大冶铁厂的建厂方案：（1）炉两座，连附属品，约银 350 万两；（2）厂基 2000 亩，每亩 50 两，约银 10 万两；（3）填土 500 亩 15 万方，每方 1 两，约银 15 万两；（4）铁路车辆、挂线、趸船、修理厂、栈房、房屋驳岸等，约银 75 万两，总计需银 450 万两。董事会批准了建设大冶新厂的计划和其他扩充方案。

1913年12月，汉冶萍公司与日本制铁所、日本横滨正金银行签订了1500万日元的借款合同，合同约定其中900万日元用于“湖北大冶地方新设熔铁炉两座，且扩充改良湖北汉阳铁厂、大冶铁路、电厂并江西萍乡煤矿电厂、洗煤所等项”。合同约定聘请日本最高工程顾问大岛道太郎于1914年到任。(以上参见左世元：《汉冶萍公司铁厂厂址调整与大冶铁厂的建设》，第一届汉冶萍国际学术研讨会论文集。)

至此，历时将近18年的有关新铁厂厂址的争议，正式结束。大冶铁厂建设计划也于1914年9月开始实施。

七、盛宣怀接办汉阳铁厂后的资金筹集

盛宣怀接办汉阳铁厂后，首当其冲的是要解决资金筹集的问题。他寄希望于得到社会上的支持，因此在招商章程中着重强调对早期投资者的优惠。章程提出：“拟先招商股银一百万两，仍以一百两为一股。自入本之日起，第一年至第四年按年提息八厘，第五年起提息一分。此系本厂老商，必须永远格外优待。办无成效，额息必不短欠；办有成效，余利加倍多派。嗣后气局丰盛，股价增价，其时推广加股，必先尽老商承认，有旧票呈验，方准其纳入新股，以示鼓励旧商而杜新商趋巧之习。”(见盛档，《张之洞奏铁厂招商承办议定章程折》，光绪二十二年五月。)

但是，官办时期汉阳铁厂成效不显，同时在民间留下了不佳印象，甲午战败后，江南民间对投资工矿企业已存疑虑。此时上海资本市场大量流动资金投向外汇及金银买卖，对工矿投资更是停滞不前。盛接办时仍然因为“化铁无煤”，生产不正常，半年后便亏本二十余万两，至1897年底亏空已达七十余万两（见盛档，《盛宣怀致张之洞函》，光绪二十五年十二月初六日）。因此，招股受到冷遇。

为解决汉阳铁厂的资金困难，盛宣怀在多方筹措无效的情况下，只得调动他所控制的轮船招商局、电报局、中国通商银行等企业的资金，

投资入股汉阳铁厂，以解决汉阳铁厂的运营困境。

官督商办初期，民间资金没有大量进入汉阳铁厂，汉阳铁厂的资本构成中，95%左右来自盛宣怀掌控的洋务企业，只有5%左右的资本集自民间，见下表。

官督商办汉阳铁厂初期资本构成

投资者	数额（库平银，两）	占比（%）
轮船招商局	250000	25.0
电报局	220000	22.0
中国通商银行	328500	32.8
萍乡煤矿	100000	10.0
钢铁学堂	39000	3.9
南洋公学	6000	0.6
古陵记	36500	3.7
上海广仁堂	20000	2.0
总计	1000000	100.0

原注：古陵记是盛宣怀家族化名；

广仁堂是盛宣怀所办慈善单位。

资料来源：汪敬虞主编：《中国近代经济史1895—1927》，人民出版社2000年版，第1716页。

1906年，盛宣怀向张之洞追述汉阳铁厂官督商办时期集资情况时称，自己从前敢于冒昧承办汉阳铁厂，后路和仗恃的底牌就是“招商、电报、铁路、银行皆属笼罩之中，不必真有商股，自可统筹兼顾”（见盛档，《盛宣怀致张之洞函》，光绪三十二年正月初六日）。

盛宣怀接办汉阳铁厂后，1896年8月22日，张之洞批示将大冶县属铁矿划归汉阳铁厂，盛宣怀将汉阳铁厂改为总厂，大冶铁矿隶属总厂。这样大冶铁矿同样要筹集资金，才能得以开采。盛宣怀采取与日本方面以铁矿换煤焦的办法来予以解决。1899 年 11 月 22 日，盛宣怀在给朝廷文中称："中国矿产至富，大利未收，烟煤焦炭用途最广，而东南各省多待济于日本。致使汉阳铁厂、轮船、纺织各厂局，成本加重。各国讲求商务，总以出口之货抵入口之货为第一义。""大冶铁矿虽取用不竭，苦于煤焦缺少，未能多设冶炉，故炼出钢铁视中国官民需用之数，不及万一。日本丰于煤而歉于铁。上年侯爵伊藤博文来华游历，与湖广总督张之洞和本大臣面商，以彼煤炭易我铁石。"张之洞与盛宣怀商量，认为，"此等事原为欧亚两洲通行之事。大冶铁石足供数百年之采炼，岁取五万吨易东洋煤炭，于汉阳铁厂炼铁，无损毫末"。

于是，盛宣怀与日本制铁所长和田订立合同，以十五年为限，日本每年至少购大冶铁矿石含铁百分之六十五以上者五万吨……中国汉阳铁厂及别项局厂，每年需煤或间需焦炭之额数，须先订定妥……每年分两次，按照时值议定各种价目，焦炭用否，随时酌定（参见台湾"中央研究院"近代史研究所：《矿务档》）。通过"以货易货"的方式，盛宣怀解决了汉阳铁厂部分焦炭的困难，实际上缓解了资金筹集的难题。

萍乡煤矿采用机器开挖煤炭，资金不足同样成为严重的问题。创办之初，商股未集，仅轮船招商局、电报局两局及零星附股，收得库平银一百万两。实际上，萍乡煤矿初期的开发资金除向十多家银行钱庄借贷外，主要依靠盛宣怀掌控的几家企业的入股和挪借，这些企业的入股分为首次和二次两种，见下表。

投资者	数额（库平银，两）		占比（%）
	首次入股	二次入股	
汉阳铁厂	200000	0	20.0
轮船招商局	150000	80000	23.0
铁路总公司	150000	0	15.0
电报局	0	220000	22.0

续表

投资者	数额（库平银，两）		占比（%）
香记等商户	100000	100000	20.0
总计	600000	400000	100.0

资料来源：张赞宸：《奏报萍乡煤矿历年办法及矿内已成工程》，转引自《汉冶萍公司档案史料选编》上册，第204页。

当时，中国自己的银行只有寥寥一两家，证券市场尚未成立，资本市场还处在萌芽时期，除了盛宣怀创办的中国通商银行之外，汉阳铁厂无法从银行界筹集到更多的资金，主要只能靠盛宣怀所掌控的企业相互调拨资金来救济和维持汉阳铁厂、萍乡煤矿的生存发展。

八、李维格领衔，闯过钢材质量关

盛宣怀从张之洞手中接过汉阳铁厂之后，遇到的另一个大的问题是产品的质量问题。当时汉阳铁厂已经正式生产出钢材来了，但是这种钢材样子好看，质量不行，材质发脆，容易断裂。他弄不明白，为什么同样是煤和铁，同样是洋人的技术和进口设备，洋人生产出来的钢材，质量好得很，而汉阳铁厂生产出来的钢材，质量就不行呢？国内聘请的洋人技师也讲不出个所以然来，那只有派人到国外炼钢厂去，在炼钢生产的现场，一个环节、一个环节地仔细去考察，找出我们问题的所在。

盛宣怀面对汉阳铁厂生产的钢材的质量问题，很想亲自赴国外考察，弄个明白，但是这不可能，只能派人出去弄个究竟。那究竟派谁去方能承担此重任，思考再三，只有请他的莫逆之交、汉阳铁厂的总翻译、苏州才子李维格出马。1902年，盛宣怀在给朝廷的报告中写道，“……制造必取法于人，耳闻不如目见，臣久思亲赴各国一观其布置而不得其暇，只得遴派妥员代往考察。兹查有总办湖北铁厂三品衔候选郎中李维格，心精力果，体用兼赅，本来谙熟方言，近复留心工学，臣与李维格坚明约束，铁厂之成败利钝，悉以付中……臣已代筹资斧派令该员带同洋工程师一名，克日驰赴日本，先阅其新开铁厂，即由日本放洋赴泰西各国，游历各厂，究其工作精奥之大端，彼何以良？我何以楛？彼何以精？我何以粗？他山之石，可以攻错”（见盛档，《铁厂派员出洋片》，光绪二十八年九月）。1902 年 10 月，盛宣怀正式派李维格偕同在厂工作的英国工程师彭脱、德国矿师赖伦赴欧洲实地考察。

李维格（1867—1929），字一琴，祖籍江苏吴县，1867 年生于上海南市区，幼时家境贫寒。他的父亲是昆曲旦角演员。李维格年幼时随其父半工半读，后受洋务运动思潮影响，立志效法西学以救国，入英租界格致书院学习，在校学习期间，耳濡目染西方文化，更加产生了赴欧洲留学的志愿。之后在亲友的资助下赴英国留学。因学费昂贵而未竟其业，即留居清朝驻英参赞李经芳的行邸，学习法文，不久随驻英公使许景澄回国。因其精通英、法两国文字，对西方世界有实地了解，回国后受到清廷一些洋务派人士赏识。遂于 19 世纪 80 年代末、90 年代初进入仕途，担任候选郎中之职。之后他又随翰林院侍讲崔惠人出访美国，随李伯行侍郎、汪芝房太守出访日本，在此期间，他通过实地考察，进一步了解了西方及东邻日本的发展，搜集各国工业科学进展的信息。那时国人学习西方，多注重政治制度及思想，李维格却与众不同，他注重格致之学（即物理学等自然科学），称得上博学多才。

1898 年夏，李维格应聘于由盛宣怀创建的南洋公学任教授。当时，学校设立了师范院、外院、中院和上院四所分院，李维格于师范院教授英文。尽管执教时间不长，但是李维格在此期间以专业水平卓越、教学水准一流、认真执教、诲人不倦的高尚品行令广大师生敬佩。盛宣怀对其的人品、学识早有所知。盛宣怀认为，某人既有贤才，就应任之专，任之久，充分发挥其作用。盛宣怀说：“李维格工程本领，系在汉阳铁厂历练而成……铁厂之成败利钝，悉以付之。用人之道，必当用其所长，尤当久于其任。若用之不专，或朝令暮改，皆不足尽其才。”（见盛档，盛宣怀《寄张宫保》，光绪三十二年八月二十日）不久他就被盛宣怀聘为汉阳铁厂总翻译。

李维格果真不负厚望，经过出国实地考察，他找到了汉阳铁厂生产出来钢材质量不佳的关键所在，即矿石含磷过高，导致钢轨易脆、易裂。他发现汉阳铁厂所采用的炼钢设备与炼钢方法，不适宜炼矿石含磷过高的钢轨。

关于“矿石”含磷过高的问题，盛宣怀在给李维格出国考察的指令《札李维格文》，第一项就是“考验矿质”，即“大冶铁矿含质如何，用萍焦能否相配，其磷轻者可制贝色麻钢，其磷重者能否制马丁钢，又能制何等翻砂生铁”，李维格在《出洋采办机器禀》中，实际上把考察“生料”（即原料）作为第一项，强调“铁厂命根，全在铁石、焦炭”。事实上，铁矿石磷多是常见的重要因素，但不是唯一因素……焦炭也可能磷多（萍乡焦炭磷重有史料为证），因此导致汉阳铁厂钢轨质量问题的矿石磷多的原因，既涉及大冶铁矿石，又包括萍乡的焦炭；不仅如此，还涉及用人和技术的因素（参见张泰山：《原料与技术：清末汉阳铁厂废弃贝炉浅议》，第二届汉冶萍国际学术研讨会论文集）。

李维格回国之后，针对矿石含磷过高的原因，立即向盛宣怀建议，购置新设备，改造旧式炼钢炉，放弃原用的贝色麻转炉，改用马丁碱法炼钢炉，同时改进工艺，去除磷质。盛宣怀对这一建议颇为称许，并指示照办。这样，就使“十余年未解之难题，一朝涣然冰释”。李维格说：“在洋考察，既有把握，于是绘图贴说，广招英、美、德专门名厂投标，并与同行之萍乡矿师赖伦，及新雇之工师等，一再讨论，剔破疑团，然后分别订定。归国后激励同人，勇往从事，胼手胝足，四年苦工，于去冬（1907 年）十月告成出钢。”（见李维格：《记汉冶萍》，光绪三十四年七月。）

从李维格回国，购置新设备，再到炼出第一炉真正合格的钢材，又花去了整整五年的时间。这为“西法炼铁，事非素习，无以得其窍要，计穷力竭，欲罢不能”（见李维格：《记汉冶萍》，光绪三十四年七月）

的盛宣怀，解决了又一个阻碍前进的拦路虎。

新炼出了合格的钢材，不几天，盛宣怀就赶赴湖北“来鄂验视新钢”，为“居然媲美欧洲”而自豪，为“东西人来阅者，皆称中国亦能做到如此”而高兴。

九、中国第一个钢铁托拉斯

汉阳铁厂在盛宣怀的主持下，找到了萍乡煤矿，解决了煤炭这个关键的原材料，接着，又由李维格领衔，闯过了钢材质量关。这时“正值各省兴筑铁路，经邮传部通行各省，一律购用”汉阳铁厂的钢轨和其他有关部件，销路也不成问题了。

此时，为了降低成本、增强竞争能力，盛宣怀又在考虑如何减少汉阳铁厂的税收负担的问题。他在 1901 年铁厂续免税厘五年的情况下，于 1906 年请求政府再减免十年。这样，汉阳铁厂的免税特权就受到种种非议。对此，盛宣怀愤慨地予以驳斥，他在给商部的信中说，汉阳铁厂“几经挫折，近甫转机，若自运中国口岸，先为税厘所困，出运他国口岸，又为彼国进口重税所困，势必各省尽销洋铁而后已，势必汉阳铁厂商力告竭即日倾覆而后已！如中国何？如大局何？”（见盛档，盛宣怀：《致商部税务大臣》，光绪三十二年八月初二日）经过盛宣怀的努力，续免税厘的请求亦获得批准。

所有有利因素的汇合，使得汉阳铁厂大有起色。盛宣怀认为，汉阳铁厂不仅站稳了脚跟，且有大发展的可能，具备了煤铁厂矿联合起来的条件，可以实现盛宣怀多年煤铁“合为一家”的宿愿了。

1907 年“汉冶萍煤铁厂矿公司”正式挂牌宣告成立，盛宣怀出任第一任总理，李维格出任协理。经过近一年的酝酿与准备，1908 年春，盛宣怀赴清政府农工商部注册，奏请朝廷批准，将汉阳铁厂（汉）、大冶铁矿（冶）、萍乡煤矿（萍）合并为一，成立“汉冶萍煤铁厂矿有限公司”。其中汉阳铁厂和大冶铁矿由张之洞始创于 1890 年，大冶铁矿不是一个独立的经济实体，隶属于汉阳铁厂，经济管理形式上，张之洞采用官办体制。1896年，盛宣怀接办之后，改为官督商办体制，张之洞则成了铁厂合法的官方监督，并写进了铁厂官督商办章程中。萍乡煤矿采用近代化的大机器生产开发始于1898年，由盛宣怀主持，并采用官督商办体制。在1898年至1908年3月间，汉阳铁厂和萍乡煤矿是两个独立的实体，现在，盛宣怀下决心要将它们合二为一了。

盛宣怀在奏折中说：“臣去秋由汉而萍，验收汉阳新钢厂，履勘萍乡大煤槽，风声所播，商情踊跃，沪汉等处华商拟议加集巨股大举合办。先是臣已函商前督臣张之洞，力筹保守之策，拟将汉冶萍煤铁合成一大公司，新旧股份招足二千万元，一面拨还华洋债款，一面扩充炼铁……以商办已见实效，自应循照成案，以期保全中国厂矿挽回中国权利。”（见盛档，盛宣怀《汉冶萍煤铁厂矿现筹合并扩充办法折》，光绪三十四年二月。）

盛宣怀之所以要将汉阳铁厂、大冶铁矿与萍乡煤矿合起来办，原因是多方面的。首先，是为扩充招股募集资本与还洋债。“因本厂所用商本已七百数十万两”，“尚需添本二百万两”，“而本厂实在商股只有一百万两，萍乡商股亦只有一百五十万两，其余皆属重息借贷之款，认利息不认盈亏，断非正办，尤非久计”（见盛档，盛宣怀《汉冶萍煤铁厂矿现筹合并扩充办法折》，光绪三十四年二月）。盛宣怀认为只有通过合办，招集商股来解决。其次，是为抵制日本觊觎，挽回国家利权。盛宣怀认为“外势日重，觊觎日险，汉冶滨江，尤难保护，明示中外此厂矿为全国商力团结而成，自较官办为稳慎。倘势孤力弱，遍求不应，何敢再事游移，坐误大局”（见《盛宣怀致吕海寰函》，《汉冶萍公司（二）》，第615页）。他在这里所指的，就是日本对大冶铁矿的野心。盛宣怀认为汉冶萍的合并商办，有利于抵制日本的野心，维护国家利权。再次，是从煤铁关系角度考虑的。盛宣怀说：“若将铁厂、煤矿分招，则萍煤招足甚易，汉阳铁厂人皆震惊于旧亏太巨，成本过重，虽老股亦不肯加本，新股更裹足不前，是以十年之久，屡招屡辍，竟致无从提起。”他又说：“现因铁厂、煤矿相依为命，若仍前分作两公司，难免畛域。”（见《盛宣怀致张之洞电》，《汉冶萍公司档案史料选编》上册，第204页）。盛宣怀是从招股及解决汉阳铁厂萍乡煤矿内部的关系考虑的。最后，是从张之洞调离湖广总督后，对汉冶萍可能产生的影响而考虑的。当时，张之洞即将调离湖广总督，盛宣怀很担心如同轮船招商局、电报局当年被袁世凯抢夺那样，由于张之洞的离任，给汉冶萍带来某些不测，为了便于掌控，他需要尽早合并商办。（参见李玉勤：《对盛宣怀合并商办汉冶萍公司决定性原因的考察》，第一届汉冶萍国际学术研讨会论文集。）

1908年11月7日，清政府正式批准“汉冶萍煤铁厂矿有限公司”成立，确定公司设在上海，由盛宣怀负总责。“汉冶萍”堪称“中国钢铁工业的摇篮”，也是当时亚洲最大的钢铁联合企业，“汉冶萍”堪称中国的第一个钢铁托拉斯。

盛宣怀早在1874年，就奉李鸿章之命，在湖北找煤勘铁，筹备炼钢铁，几经努力，几次失败，心中的酸甜苦辣，一般人是难以理解的。1896年，他再次从张之洞手中接办汉阳铁厂，至1907年新炉出钢为止，又度过了11年的光阴，可以说，超过了他人生五分之二的光阴，都与“汉冶萍”密切相关。这期间，他当然还创办了许多其他的实业、承担了许多其他的任务。但是不能不说，办钢铁花去了他一生太多的心血与精力。

李维格之后十余年一直投身于“汉冶萍”，1908年至1911年任汉冶萍公司协理兼汉阳铁厂总办；1912年至1913年任汉冶萍公司经理兼汉阳铁厂坐办；1913年至1916年任汉冶萍公司高级顾问；1916年至1917年任大冶铁厂厂长；1917年任汉冶萍公司高级顾问。

十、汉冶萍公司重视对西方钢铁技术的引进

汉冶萍公司对西方钢铁技术的引进，首先是构建了企业自身的技术

能力，其次为我国近代钢铁技术体系的建构奠定了基础。汉冶萍公司对西方钢铁技术的引进，主要反映在以下几个层面，即设备层面、人员层面与制度层面（以下主要涉及张之洞官办汉阳铁厂时期，与盛宣怀接办汉阳铁厂以及督办汉冶萍公司时期的情况）。

从设备层面来看，技术引进大致可分为两个阶段。

（1）从1890年张之洞创办汉阳铁厂，到1896年盛宣怀接办汉阳铁厂，再到盛宣怀派铁厂总翻译李维格等赴日本、西方各国考察回国，找出钢材质量不行的原因，这一时期，将近15年，可看成汉冶萍公司的第一阶段。主要技术引进是设备及其建设、投产，技术来自英国、比利时。首先，这一阶段的技术引进是政府行为，技术引进的决策者是张之洞与驻英大使刘瑞芬等政府官员，而且是在没有本土技术基础情况下进行的，张之洞获得技术信息的渠道依赖于驻外使馆官员咨询的结果，可以想象那些使馆官员是不可能熟悉钢铁技术的，依靠这种途径所作的选择，本身就存在很大的风险，而风险还来自决策者自身对相关知识的缺乏，这也是导致铁厂一投产就遇到焦炭供应不上，以及钢轨质量不合格等诸多问题的主要原因。其次，从技术引进的方式看，技术传递只能单方面全方位地依赖技术输出方英国和比利时两国，由英方设计规划铁厂、提供设备、负责建造，负责技术引进的技术人员是英国、比利时、卢森堡等国的工程师，在此情况下输出方的态度对技术引进的效果至关重要。而当时张之洞与刘瑞芬从沟通到做出决策，显得十分仓促，在这种情况下，技术引进的效果只能单纯建立在外国技术人员的个人水平和工作态度上，这就更增大了风险。最后，这种技术引进直接跨越了两种不同的社会文化体系，由于这是技术引进的最初阶段，技术的传递者是来到中国不久的外国技术人员，而中方职员是晚清政府官员、传统文人、地方乡绅，即来自欧洲工业社会的外国工程师要与中方这些职员直接共事，双方在价值取向、办事方式上存在很大的差异，极易产生矛盾。而技术引进带来的煤铁矿大规模开采，势必对当地传统生产生活带来影响，这是该阶段中西方与东方社会的文化冲突。

（2）从1907年至1913年，由汉阳铁厂转为汉冶萍公司，这可算作第二阶段。主要技术引进是设备引进和改扩建；技术来自德国、英国、美国。首先，该阶段的铁厂已经为商办企业，且管理者已经有了一定的钢铁技术常识和经验，决策者是铁厂督办盛宣怀、总办李维格、萍乡煤矿总矿师等，他们十分重视对技术信息的调查，派遣在企业任职多年且精通英文的李维格以及外籍工程师赖伦、彭脱等赴美国、欧洲进行调研，并携带了铁厂的矿石、生铁等产品去进行检验，对症下药，获得的技术信息准确，并且符合铁厂的实际情况。其次，在技术引进的决策方式上，采用的是招标方式，设备来自多家企业。而高炉的设计由在厂工作多年的吕柏负责，根据其设计再订购设备。可以说，这一阶段引进的设备是符合铁厂的矿石资源条件和生产目标的，是相对合理的。最后，从效果来看，由于所引进的设备与铁厂的资源相匹配，引进的技术比较合理，因此解决了铁厂的产品质量问题。当然，不能不看到，产品的生产成本还比较高，一定程度上影响了技术引进的效果。但是，应该肯定这是在本土技术能力欠缺的情况下，一次相对合理和成功的技术引进。

从人员层面来看，技术引进表现为以下三个方面。（1）技术工人方面。企业获得技术工人的途径，一是雇用发达地区，如广州、香港、上海等地的技术工人；二是出资向国外送培工匠，但人数相对有限；三是"干中学"模式，这是主要的途径。（2）工程师方面。一是早期聘请外籍工程师；二是出资送培，公司送培的留学生逐步代替了外籍工程师；三是聘用回国的留学生与国内院校的毕业生。（3）从技术能力看，技术人员在高炉等设备的建造和投产等方面基本能胜任，但是在高炉等设备的设计方面，依旧需要聘请外国公司来完成。

从制度层面来看，企业制度层面的技术能力，如企业为实现技术的持续发展所建立的一系列组织、规范和制度保障等，其突出表现为汉冶萍公司制定和实施了我国第一部钢轨制造和验收的标准，这是很了不起的。但是，辛亥革命的爆发，使得这部标准失去了"部颁标准"的地位。一般来说，在一个新兴行业创办初期，率先进入的企业往往会替代政府或有关部门来制定行业技术标准，但是企业不能完全替代政府，企业制定的标准应该经过政府的认可，并正式批准颁布，可惜汉冶萍公司与政府之间没有建立此类制度建设的合作机制。再如，汉冶萍公司在企业的研发活动以及企业研发组织的建立等方面的作为，都还是很有限的。(参见方一兵：《汉冶萍公司与中国近代钢铁技术移植》，第95~100页。)

十一、第一部钢轨制造标准的制定与实施

汉冶萍公司生产的钢制品，主要是铁路钢轨，因为铁厂兴办的主要目的就是为了修建卢汉铁路（即京汉铁路）。作为中国最早的钢轨制造企业，汉冶萍公司先后承造了京汉、津浦、正太、陇海、沪杭甬、粤汉、株萍、南浔、广九等铁路的钢轨。据统计，截至1922年底，中国已通车铁路约19961.56里，其中，采用汉冶萍公司生产的钢轨铺设的铁路里程约6695.9里。

从京汉铁路开始，中国进入了第一个铁路建设的高潮时期，但是铁路建设的巨额资金难以筹集。1897年为解决京汉铁路建设的资金问题，盛宣怀创办了中国铁路总公司，采取官股、商股和外债并用的办法。但是由于官股与商股难以筹集，至1911年之前，铁路修建的资金基本依赖举借外债来解决。1897年，盛宣怀与比利时银行在汉口签订了京汉铁路借款合同17款，其中有“比公司举荐总工程师监修路工”这一款，以京汉铁路借款合同为蓝本，以后各路借款合同中均确定由债权方举荐工程师监修铁路。由于中国尚无钢轨制造标准，各国工程师依照本国钢轨样式来设计和修建铁路，各条铁路钢轨轨式各不相同，美国、英国、法国、比利时等国钢轨样式五花八门，使得汉冶萍公司无法进行规模化生产，对未来铁路通行也带来不少后患，为此，汉冶萍公司将钢轨制造标准的制定，提到了议事日程上来。

集中和连续生产是提高轧钢效率的关键，而集中和连续生产的前提

是标准化，如钢轨的标准化。20 世纪初，英国和其他欧洲国家正是通过产品的标准化，从而提高生产效率和降低成本的。

1911 年 4 月，盛宣怀与英、法、德、美四国银团签订《湖北湖南两省境内粤汉铁路湖北境内川汉铁路借款合同》，合同约定选用英国人为湘鄂段总工程师，英国人格林森受聘担任了该职。格林森待在中国已经有好多年，曾经参与津浦铁路的设计，担任过沪宁铁路总工程师。格林森与汉冶萍公司总办李维格的交情很好（见盛档，《李维格致盛宣怀函》，宣统三年五月初五日），而粤汉、川汉铁路当时是汉冶萍公司最大的客户："厂中钢轨现已拉完，日盼部饬议订川粤汉购轨合同，即可开拉。"（见盛档，《李维格致盛宣怀函》，宣统三年五月二十八日）在李维格的推荐下，盛宣怀选定格林森作为钢轨制造验收章程的议定者。

1911 年 7 月，汉冶萍公司在李维格的主持下，以英国通行章程为蓝本，拟定了《奏定八十五磅钢轨及附属品制造验收通行章程》。该标准以英式 85 磅轨为标准，详细规定了 85 磅钢轨及附属品的样板、制造法、化验、剪裁、整齐、长度、钻孔、标志、试验法、试验器具、出钢号数及日期登记、试验费、剔退钢轨记号等规范，并附有样板图纸和计算方法（见方一兵：《汉冶萍公司与中国近代钢铁技术移植》，第 90 页）。7 月 13 日，该章程与湘鄂段总工程师格林森商议后正式确定，李维格在给盛宣怀的信中说："验收钢轨等件规则已与格林森议定，兹特具禀呈部，务乞即日具奏颁行，愈速愈好，此事与厂甚有关系也。"（见盛档，《李维格致盛宣怀函》，宣统三年六月十八日）他并通过盛宣怀以邮传部名义上奏清政府。1911 年 8 月，清政府准奏，由邮传部颁布该标准。我国第一部钢轨制造技术标准由此产生，它统一了中国干线铁路钢轨样式规格以及制造、验收标准。

由于辛亥革命爆发，该标准还未来得及实施，就随着清政府的覆灭而失效了。

辛亥革命之后，由于标准失去了官方地位，铁路工程的修建仍然未能统一，汉冶萍公司只能依靠自己的力量与客户再三磋商，将钢轨纳入标准之内。

1913年李维格在《时报》上发表文章《中国钢铁实业之将来》，总结中国铁业不能发达的两个原因：一无国家保护，二无统一标准，呼吁政府加以重视。

同时汉冶萍公司致函交通部，希望借助交通部的力量推行这一标准，并恳请早日颁布轨制标准，但是，新建立的民国政府无暇顾及于此。

1915年，政府颁布民业铁路法，规定铁路的建筑方法及车辆构造，应依交通部核定之工程方法及车辆图式说明书办理。此时汉冶萍公司的钢轨制造标准仍然没有官方地位，于是公司希望借助铁路法的颁布，再次说服交通部，将公司先前制定85磅及之后又改定的60磅钢轨标准，予以正式颁布。但是，交通部始终没有正式回应汉冶萍公司的请求。

1914年，新成立的中华工程师会在第四期会报上全文登载了《规定八十五磅钢轨及附属品制造验收通行章程》，只是将原先标题中的“奏定”二字，改成了“规定”二字。中华工程师会会报将此标准刊出，表示此标准已得到铁路工程师团体以及业内的认可，由于汉冶萍公司是国内当时唯一的钢轨制造商，该标准实际上起到了临时统一中国钢轨标准的作用，得以在国内实施。

十二、汉冶萍公司重视对钢铁专业人才的培养

由于煤铁的勘探、钢铁的冶炼与生产，在晚清时期的中国，是一项全新的事业，从事钢铁生产与管理的，应该是专业的技术人才，以及具备专业知识、训练有素的技术工人。因此，从张之洞创办汉阳铁厂之初，到盛宣怀接办铁厂，之后又发展为汉冶萍公司，他们都十分重视人才及人才的培养。可惜，在科举制度下，国内没有可供任用的技术人才，更谈不上技术工人。最初只能聘用外籍技术人员，以及雇用从事过相关产业的工匠。因此，他们想到要派年轻的子弟、工人出国学习，与

在国内办学堂培养人才，以逐步解决这个问题。

1890年，张之洞在购置设备时，就通过晚清驻英大使薛福成询问，提供设备的英国工厂能否培训工匠，但是，并没有得到结果。于是，张之洞又转而通过汉阳铁厂聘用的总工、比利时人白乃富的介绍，于1892年2月15日，第一批“派翻译俞忠沅带工匠十名赴比国郭克里尔厂学炼钢铁”；同年7月，第二批“派华匠十二名”赴比国郭克里尔厂，由翻译沈鉴带去。正是因为郭克里尔厂答应帮助培训工匠，汉阳铁厂建设后期的设备材料，也就从郭克里尔厂购入。第一批工匠大部分是广东人，他们在比利时郭克里尔厂学习了一年九个月，于1893年11月启程回国，回国之后，参与了铁厂早期高炉安装风管、高炉生产等工作。

盛宣怀在主持汉阳铁厂之后，首先，调整了聘用外籍技术人员的办法，他对外籍技术人员的要求趋于严格。他在刚接办汉阳铁厂时，铁厂原先聘用了36名外籍高级技术人员，盛宣怀提出采用以岗选人的办法，经过甄别考核，只留用了14名人员。根据工作需要，盛宣怀又先后聘用德国人德培、美国人堪纳第为铁厂总工程师，1905年李维格出国考察回来之后，为铁厂选定了新的总工程师卢森堡人吕柏。与此同时，盛宣怀根据找煤的需要，聘用了两位德国矿师赖伦与马科斯，他们工作认真，有真才实学，在江西萍乡找到了大煤田，特别是赖伦，后来被盛宣怀聘为萍乡煤矿的总矿师。应该说，盛宣怀在主持汉冶萍公司时期，更注重外籍技术人员是否有真才实学，工作态度是否认真，是否能较好地与他人合作。当时，主要技术岗位，仍然依靠的是外籍技术人员。

汉冶萍公司为了改变主要技术岗位过分依赖外籍技术人员的状况，一直努力寻觅和任用国内掌握勘矿、冶炼等方面科技知识的技术人员。这些人大多是早期的出国留学人员，在张之洞时期主要是福州船政局的留学生和早期留美幼童等；盛宣怀接办后，主要是聘用归国留学生，如帮助盛宣怀解决钢材质量问题，后来任汉冶萍公司经理的李维格，留美幼童、湘矿矿师邝荣光，留学生、炼钢厂分董徐庆沅，留日学生、化铁股股长严恩棫，汉冶萍送英委培学生、制钢股股长卢成章等一批技术人员，他们为铁厂做出了较大的贡献。

特别要提到的是，1902 年，由盛宣怀亲自从南洋公学挑选、由汉阳铁厂送到英国谢菲尔德大学委托培养的留学生吴健，他是该校首批获得冶金专业学士学位和硕士学位的学生之一。1908 年底，吴健从英国回来，就回到汉阳铁厂，成为汉阳铁厂的第一位中国工程师，正是这一年，汉阳铁厂与大冶铁矿、萍乡煤矿合并成立汉冶萍煤铁厂矿有限公司。吴健挑起了汉冶萍公司的重任，1912 年 2 月他被委任为总工程师并先后任汉阳铁厂与大冶铁厂的厂长。此外，1914 年留美学生王宠佑被委任为大冶铁矿矿长、留美学生黄锡赓被委任为萍乡煤矿总矿师，一批归国留学生担任了汉冶萍公司的要职，逐步替代了外籍技术人员。

汉冶萍公司十分重视对技术工人的培养，从张之洞创办汉阳铁厂开始，就计划开办学堂，培养化学、矿务方面的学生。1890 年 12 月 20 日，张之洞在“估筹办煤铁用款”的奏折中，单列了一项“学堂经费”：“矿学学堂两年经费约银一万两。化学学堂两年经费约银一万两。购买洋书图画仪器约银五千两。化学馆常用药料器具约银五千两。共约银三万两。”1896 年张之洞改造自强学堂，他决定将铁厂所设化学学堂并入自强学堂。

盛宣怀接办铁厂后，铁厂设有专门学堂。1897 年，李维格曾拟了一份《汉阳钢铁厂学堂章程》，规划设立化学、炼铁、炼钢、机器四所学堂。但由于当时经费困难，正规学堂没有办成。然而，汉冶萍公司通过化验室和各车间招收学徒的方式，培养了一批技术工人、化验员和绘图员，解决了企业缺乏技术工人的困难，外籍技术人员对汉冶萍公司自己培养的这一批技术工人，几乎一致地给予了好评。

1909 年《东方时报》转载了美国一钢铁公司经理马而根的一篇文章，文中讲述了铁厂的外籍机械工程师杜耳君对华匠和学生的钦佩：“杜耳君，颇赞许华人机械之技能。所用之辘轴，俱华人所自造，唯聘欧洲人一，为之布置而已。……杜君将一亲历之事告余，以证华人之灵敏。前汉阳铁厂由美国购到火车头一部，到厂后尚须一小分装配，以成一体。然当时细图尚未到华，某华匠目不知，杜君也未提及，乃不久车头已装成，而在厂中之铁道上行驶，系该匠目之功。杜君甚为诧异。余问杜君云，此非奇能乎。杜君云，若细图未到，余亦不能装配。杜君又述及华人做事之准确详细，只观绘图房学习绘图之少年，当摹仿图样时，见原稿上有偶然之墨迹污点，即仿抄之。”

十三、汉冶萍公司推动了武汉的产业聚集与城市化

钢铁工业是近代工业中牵动和波及功能最广的基础工业，它的布局和发展往往能带动一系列相关企业的产生与发展。

汉阳铁厂创办之初，就不是将铁厂的经营范围仅仅局限于熔炼钢铁上的，1889 年 6 月 8 日，张之洞在给清廷驻伦敦公使刘瑞芬的电文中说：“洋铁针及一切通用钢铁料件，如各种农具、锚缆、钉链、铁线、铁管，各种螺丝用处行销最多，拟兼造。此次所订机器能否兼造以上各物？如不能，即望添订全备。此等制造铁器厂和熔炼铁料厂合为一所，较省费，便经理。”（见鄂档，张之洞《致伦敦刘钦差》，光绪十五年五月初十日发。）

刘瑞芬回电说：“此次所订专为熔炼生熟铁钢，不能兼造各器。……至制造各种器具料物，另是一厂，未便兼办。”（见鄂档，《刘钦差来电》，光绪十五年五月十六日到）张之洞仍请刘瑞芬询问制造铁器之机器价格，表示“当另设一厂”。1889 年 9 月 22 日，张之洞《筹设炼铁厂折》提出，为了“开辟利源，杜绝外耗”，“必须自行设厂，购置机器，用洋法精炼，足杜外铁之来”。他还表示：“倘物力稍纾，尚拟将民间需用各铁器，及煤油、火柴等物，悉行自造。”（见鄂档，张之洞《筹设炼铁厂折》，光绪十五年八月二十六日）这表明张之洞当时已考虑将钢铁熔炼要与制造业结合起来，一并发展。

1893 年 9 月，汉阳铁厂建成投产时，全厂除了包括熔炼钢铁的生

铁厂、贝色麻钢厂、西门士钢厂、钢轨厂、铁货厂、熟铁厂六个大厂外，还包括了发展制造业而设置的机器厂、铸铁厂、打铁厂、造鱼片钩钉厂共四个小厂，已经初步形成了钢铁与制造业的结合。

盛宣怀接办汉阳铁厂之后，首先着眼于企业自身的扩张，随着萍乡煤矿的正式投产开挖，铁路建设高潮的出现，铁厂的生产规模逐渐扩大。自 1905 年起，铁厂陆续建造第三、第四化铁大炉，并废弃原来的贝色麻转炉，改用马丁碱法炼钢炉，建设新钢厂。至 1907 年，铁厂就形成“目前两炉改良添机后，日出生铁二百吨，新置马丁钢炉三座，只用两座，炼钢称是。并已开造第三座化铁火炉，明年（指 1908 年）竣工，可日出三百吨，连前每日共出五百吨，足供各省路轨及在华各厂船械之用”的规模，大大提升了铁厂的供给能力。

铁厂的兴建原本是为卢汉铁路铸造钢轨的，产品自然以钢轨为主，然而，由于受政治风潮及资金筹措的影响，铁路建造的进度时快时慢，这就造成对钢轨需求的不稳定。铁厂为了自身的生存，只得想方设法生产一些市场需要的产品，如电线、电杆、铁钉、铁皮等。反过来，随着武汉及国内其他地区生产的发展，市场的需求也促进了铁厂生产项目与品种的扩展。铁厂先后接到来自武汉、广东、南京等地自来水厂制造过水铁管的订单，以及各地桥梁建设所需的各式钢材的订单。为了适应这些订单的需求，铁厂内部也逐渐形成了一系列下属小厂，如烘钢厂、钢条厂、轧钢厂、锅炉厂、打铁厂、钩钉厂、小铁货厂、翻砂厂等。

此外，与铁厂关联的厂矿、企业也相继出现，并呈现聚集形态。首先，由于萍乡煤矿的建设，大冶铁矿的开采逐渐走上正常，以及为铁厂和其他厂矿建设提供建筑材料的火砖厂、官砖厂、水泥厂等的建成，形成了以钢铁生产为中心的关联企业的聚集；其次，形成了利用铁厂的产品或技术力量衍生发展的一系列工厂的聚集，除了铁厂内部附属的小厂之外，还建成了湖北枪炮厂、车辆厂、扬子机器制造公司、兵工厂、钢药厂等。

汉阳铁厂的发展壮大还带动、促进了其他行业的产生与发展。如武汉纺织四局，它分布在武昌城外沿江地区，它与汉阳铁厂有着较为密切的关系。在资金方面，经常相互拆借、互通有无；在能源方面，纺织四局也是使用汉冶萍公司所属的萍乡煤矿的煤炭为燃料的。类似的还有造币厂，它也是用萍乡煤矿的煤炭为燃料的。在人口布局方面，不同工种、不同年龄、不同性别，互相补充，显得更加合理。此外，还有武昌皮革厂，它所生产的皮革，主要供给枪炮厂制造的枪支做皮带和枪套。

以汉阳铁厂为龙头的城市工业体系的初步形成，带动了武汉城市工业的迅猛发展。在晚清末期，武汉地区工业发展的水平，已经超过了天津，成为国内仅次于上海的第二大工业中心，也成为中国的第二大港口，被誉为"东方芝加哥"。

由汉阳铁厂到汉冶萍公司，这不仅使铁厂自身的规模和实力得以壮大，而且带动和促进了相关产业的发展与聚集。伴随着近代工业的发展，它大大加快了武汉城市化的发展水平。

首先，汉阳铁厂的发展，促进了武汉及相关地区交通的改善。盛宣怀经营萍乡煤矿之后，大力修筑铁路，至光绪三十一年（1905年），已先后筑成"自萍乡至湘潭县之株洲铁路一百九十四公里，直达湘江"，后又将铁路由株洲延伸至昭山。水运交通同样得到重视，张之洞曾下令炸毁资江河道礁石，严禁沿河豪民滥占河道，从南京等地租借挖泥船疏浚河道。盛宣怀在张之洞的基础上又大力建筑码头、栈房，大量添置轮船。这些建设和措施，不仅保证了汉冶萍公司的运营，同时对武汉地区发展对外交通起了很大的推动作用。

其次，推动了城市基础设施的建设，拓展了城市空间。汉阳铁厂厂址濒临汉江，"地形稍低，襄河每年盛涨高于地面。向有民埝，皆卑薄不足以御"。建厂之初，张之洞就投入很大力量修筑江堤。1896年10月10日，总办郑观应向盛宣怀报告："襄水盛涨，天气阴晴不定，再涨三尺恐泛堤。"盛立即回电表示："已据来电转请院司道派员会同营官带队备料驻堤防护，望兄与刘太守会筹备料，以破麻袋装煤屑，可备扼险。"（见《铁厂来往电报钞存》，《汉冶萍公司（一），第817页）

1905年9月，李维格向盛宣怀报告：“督宪批札修筑襄堤，善后局拨款委张道云锦及格会同勘估监修。张道系随使日本旧同事，格拟趁此切实修筑，一劳永逸。”盛回电表示：“筑堤必须一劳永逸。”（见《汉阳铁厂、萍冶煤铁两矿往来电报钞存》，《汉冶萍公司（二），第1085页）汉阳铁厂所产生的废弃物资，如煤屑、铁渣，是防洪筑堤的好材料，它们为武汉三镇的堤防建设做出了贡献，从而拓展了城市的发展空间。

再次，提供非农就业，吸引人口聚集，促进郊区城市化。汉阳铁厂的建立，使“一望平坦，毫无庐墓”的一片荒郊，变成为一片烟囱林立、厂房众多的重工业区。汉阳铁厂吸纳了约6000名工人，这些工人大多是附近农村的农民，逐渐成为城市人口。铁厂为了安置员工、工匠和洋匠，先后在汉阳建造了大量住宅，如兴仁里、怀德里、辅德里专为工人而设的住宅区，并为外国技术人员盖了不少洋房。自1861年汉口开埠至1911年，武汉三镇从不到20平方公里扩展到60平方公里，城市人口也从20万人发展到80万人左右。

最后，推动了当地的文化教育事业发展，初步普及了工业文明。汉阳铁厂于1890年在厂内开设了矿学堂与化学堂各一所，并购置西书、图画、仪器及试验材料供学员使用。1892年又分别派两批精工、工匠赴比利时学习，这是中国近代史上第一起派遣工人出国学习生产技术之举。原先武汉地区的士绅和民众，对近代工业充满疑虑、一片反对，由于汉阳铁厂的一系列得力举措，经过不到20年的时间，使武汉地区成为湖北乃至全国发展洋务实业的中心城市之一，民众对待近代工业文明的接受与认识，发生了根本性的改变。（以上参见袁为鹏：《清末汉阳铁厂与武汉地区早期城市化》，第一届汉冶萍国际学术研讨会论文集。）

十四、汉冶萍公司发行的三次股票

汉冶萍公司为解决资金严重匮乏的困难局面，维持企业生存，谋求企业发展，曾以发行股票的方式融通社会资金。汉冶萍公司的股票真实地反映了公司资本运作与生产经营的基本情况，浓缩了公司由官办、官督商办再到商办的历史演变过程，从一个侧面反映了当时中国的社会经济状况。

汉冶萍公司第一次发行的股票是公司的前身汉阳铁厂发行的。1896年汉阳铁厂已经投入了官银500万两，厂矿虽已粗具规模，但因官力不逮、经营不善而决定由盛宣怀招商承办。为维持企业运转，改良生产技术，扩大生产规模，在获得朝廷的许可下，汉阳铁厂督办盛宣怀发布了招商集股章程，提出：汉阳铁厂“拟先招商股银一百万两，仍以一百两为一股。自入本之日起，第一年至第四年按年提息八厘，第五年起提息一分。此系本厂老商，必须永远格外优待。办无成效，额息必不短欠；办有成效，余利加倍多派。嗣后气局丰盛，股价增价，其时推广加股，必先尽老商承认，有旧票呈验，方准其纳入新股，以示鼓励旧商而杜新商趋巧之习”（见盛档，《张之洞奏铁厂招商承办议定章程折》，光绪二十二年五月）。

具体发行方式为，凡认购者“即将股银一月内送至各省招商局、电报局代收，即由该局书明股商记号，先发印股，再由各局将银汇至湖北铁厂置换股票息折”（见盛档，盛宣怀：《招集湖北铁厂股东公告》，光绪二十二年五月初一日）。

湖北档案馆保留的此次发行的《汉阳铁厂铁山煤矿公司股票存根》包括了以下文字内容：

光绪二十九年七月初一日。

湖北汉阳铁厂大冶、兴国等处铁山煤矿公司，为给发股票存根事。光绪二十二年五月，奉湖广总督部堂张奏明汉阳铁厂及大冶、兴国等处铁矿煤矿，遵旨招商承办，议定章程，截限交接，以维大局而计久远，并将官商议定章程十六条，附奏核准在案。兹蒙督办铁路大臣兼督办湖北铁厂盛，饬派总董先招商股库平足银一百万两，以一百两为一股。第一次出银五十两，第二次收银五十两，便为完全。自入本之日起，第一年至第四年按年提息八厘。第五年起提息一分。此系本厂老商，必须永远格外优待。目前额息，始因创办艰难，无可支给，随后必照数补给；如办有成效，余利加倍多派。嗣后气局丰盛，股票增价，其时推广加股，先必尽老商承认；有旧票呈验，方准纳入新股，以示鼓励旧商而杜新商趋巧之习。

以上各章，均于光绪二十三年六月十二日，蒙户部议奏。本日奏旨：“依议。钦此。”

除将股票式样呈送查核，并将章程、息折给商收执外，须至股票存根者。

计收到：

吉庆堂名下老商三股，计库平足银一百五十两。

光绪二十九年七月初一日，给第一万一千二百三号至一万一千二百五号止，共三股。

总董	宗德福（章）	李维格（章）
	郑观应（章）	严　素（章）
	盛春颐（章）	杨廷杲（章）
	杨学沂（章）	盛昌颐（章）

汉冶萍公司第二次发行股票，是为萍乡煤矿募集资金而进行的。这次股票发行又分两次进行，据萍乡煤矿首任总办张赞宸的奏折《奏报萍乡煤矿历年办法及矿内已成工程》中所述：“查萍矿开办之初，并未领有资本，所收股本，乃二十五年以后事。”因此，其中第一次招股是在1900年招有商股110万两；第二次是1901年10月19日，萍乡煤矿在《中外日报》等报纸上刊登《轮船招商局经办萍乡煤矿有限公司招股启》，向社会发布招股信息。招股书说：萍乡煤矿“兹因添设铁路90里，庶能畅通运道，总计成本以及归还礼和借款，共需规银400万两，

除前已招有商股 110 万两外，净应添招商股规银 290 万两，除已允江西绅商附搭 50 万两，轮船招商局认搭 100 万两外，应净添招股本规银 140 万两。每股规银 100 两，即在萍乡矿务总公司以及各通商口岸招商局挂号，每股先收规银 10 两，出给收条，俟挂号截止，填给股票息折，每股找收规银 90 两。本公司专招华人股本，凡入股者需填明姓名籍贯，以注明根册。所有招股章程，另有刊本，请向各口招商局取阅可也”（见《汉冶萍公司档案史料选》上册，第 201 页）。

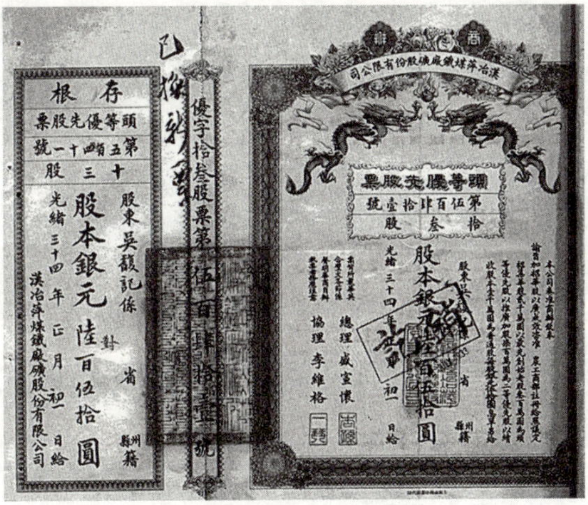

汉冶萍公司发行的股票

湖北档案馆保留的此次发行的《萍乡矿务公司股票存根》包括以下文字内容：

光绪二十九年七月初一日。

萍乡矿务公司为给发股票存根事。

光绪二十四年三月，督办铁路大臣兼督办湖北铁厂、轮船招商事宜盛，会同湖广总督部堂张，具奏萍乡煤矿援照开平煤矿筹款商办，并派员总办各折片，钦奉谕旨：“萍乡煤矿现筹开办，请援照开平禁止商人别立公司及多开小窿抬价收买。即着德寿饬所属，随时申禁，多重矿务。钦此。”钦遵在案。

兹由盛大臣咨明京师矿务、铁路总局，遵照奏定章程，设立公司商办，选举总董，先集商股库平足色宝银一百五十万两，以一百两为一股，自一股至千股皆可附搭，按年官利一分，闰月不计。再有盈余，照间应按十成之二五提出缴部，以伸报效。余均照章分派。萍乡铁、锑等矿，叠经洋矿师勘验，质佳苗旺，且铁性合炼上等钢轨。炼铁毗连，实为中外难得之矿。本公司业已购有各矿山地，目下先办煤矿，并设炼焦之洋炉、洗煤机，运煤之轮驳、铁道、挂线路。众董公议，凡事先难后易。将来气局丰盛，扩充铁道，续办他矿，就行推广加股之时，需照轮船、电报等局，先尽开创老商，出验旧票，纳入新股，以示鼓励。再股商如有限财力，听其自行出让，本公司只认票折为凭。

除将股票式样呈送查核，并将章程息折给商书执外，需至股票存根者。

计收到 省 府州 县人

吉庆堂名下老商二股，计库平足色银二百两。

光绪二十九年七月初一日，给第六千二百四号至六千二百五号止，共二股。

总董 陈善言 朱宝奎 严 素

林松唐 何嗣昆 施肇英

盛春颐 盛昌颐

办事总董 张赞宸

帮董 卢洪昶 莫 羲

汉冶萍公司第三次发行股票是在 1908 年汉阳铁厂、大冶铁矿、萍乡煤矿正式合并组建为“汉冶萍煤铁厂矿有限公司”之后，于 1909 年公开向老商、新商“推广加股”。

这是汉冶萍公司历史上组织实施最为严密的一次股票发行。此次发行采取自办发行与代理发行相结合的方式，公司专门拟定了发行股票的详细章程，对招股宗旨、股本结构、股东权益、公司内部管理等问题做出了明确的规定。这次股票发行包括三方面的内容：第一，改革老股。即将汉阳铁厂、萍乡煤矿招集的总计 2 万股合银 200 万两创始老股，统并改为银元股，每股 50 元，共折成 6 万股合银元 300 万元。这是公司的“最先创始股本”，被定为“龙头优先股”。第二，推广加股。即加收推广股本 14 万股，合银元 700 万元，此为公司的“推广加股”，此股先尽老商承认，被定为“二等优先股”。第三，续招新股。即新招 20 万股，合银元 1000 万元，定为“普通股”。

这次股票发行由汉冶萍汉口总公司和上海总公司以及公司在各省、各埠委托的代理人共同经办发行事宜。具体办法是：“凡向汉口总公司、上海总公司附股者，一经缴银，即可填给股票息单。各省、各埠公司先印有收据，分托妥人经理……当付收据随时知照汉口总公司填股票息单寄经理处次第换给。”（见《商办汉冶萍煤铁厂矿有限公司推股详细章程》,《汉冶萍公司档案史料选》上册，第 237 页）为保证股票顺利发行，公司还加强了对社会公众的宣传力度，使未来股东对自己的投资对象加深了解。盛宣怀还起草了《公司推广加股详细章程征求意见书》，向老股东广泛征求意见，确定了“先行查账，再行招股”的原则；公司协理李维格组织编印了图文并茂的《汉冶萍煤铁厂矿有限公司图说》，形象地向社会公众展示了汉冶萍公司已有的生产规模。李维格于 1908 年 10 月 25 日，在汉口商会上发表了热情洋溢的招股演说，历陈汉冶萍创办的艰难路程，畅谈汉冶萍公司的美好前景，倡议“请君助力，翻东半球茸之旧局，作西半球灿烂之伟观，群策群力，齐向煤钢世界展动地惊天之事业”。

第三次股票发行实际上包括老股折换和新股招收两项内容，是一次具有股改性质的资本扩张。

汉冶萍公司的股票发行，在发行程序、票面形制、交易管理上，都经历了一个不断规范的过程，从一个侧面反映了公司管理体制的不断完善。（以上参见李江：《汉冶萍公司股票研究》，第一届汉冶萍国际学术研讨会论文集。）

十五、向外国举债，实现汉冶萍的发展与扩张

1903 年袁世凯从盛宣怀手中夺走轮、电二局时，袁世凯就规定以后汉阳铁厂借款，不得以轮、电二局财产作保，轮、电二局对汉阳铁厂的挹注断绝。为了改造汉阳铁厂的机器设备，将汉阳铁厂办下去，盛宣怀不得已只能以汉阳铁厂自身的财产作保，开始频频向外国举债。

1903 年 4 月 3 日，盛宣怀说：“铁厂接济已断。事关国计，若一摆脱，难保不为开平之续（即主权贱卖给了英国，作者注）。只得坚忍支持，再费数十年心血，俟有成效，其利益必在轮、电两公司之上。后之来者，亦不难坐享其成也。”（见盛档，盛宣怀《致张大冢宰》，光绪二十九年三月初六日）为了摆脱资金的困难，盛宣怀绞尽了脑汁。

汉冶萍公司通过发行股票筹集资金的办法，收效甚微，于是，盛宣怀把自己拥有的轮、电二局的巨额股票，卖得只剩下九百股，而将所卖得的资金，全部买下了汉冶萍的股票。

为了修建萍醴铁路运煤，他甚至将卢汉铁路官款九百万两用于萍醴铁路，又将中国通商银行的股本用于扩充铁厂。

此外，他不得不频频向外国财团借款。这时，日本的势力正在向中国渗透，与西方国家相比较，当时，向日本借款相对容易。

1903 年 12 月 14 日，汉阳铁厂向日本大仓组借款二十万两；

1904 年 1 月 15 日，与日本小田切万寿之助（日本驻沪领事）签订大冶购运矿石预借三百万元矿价正合同，以大冶矿等物产作押；

1906 年 2 月 13 日，与日本三井洋行订一百万元借款合同，以汉阳铁厂物产作押；

1907 年 5 月 1 日，与日本大仓组订借日金二百万元合同，以萍乡煤矿物产作押；

1907 年 12 月 14 日，向汉口正金银行借款三十万日元。

以上五笔借款，约近七百万元，有了这些资金，汉阳铁厂才使得李维格出国考察回来后的建议，得到完全的落实，才真正闯过了钢材的质量关，才使得“汉冶萍煤铁厂矿有限公司”正式成立。

然而，盛宣怀的上述举措，受到了社会、官场，甚至清廷的严厉谴责。盛宣怀最令人诟病的是，为了维持公司的正常发展，在招商集资无着、经费难以解决的情况下，他多次向日本举债，使日本的势力逐渐渗透进入汉冶萍，使汉冶萍在一定程度上受到日本势力的左右（参见易惠莉：《中国第一代实业家盛宣怀》，第 108～112 页）。

盛宣怀之所以向日本大量举债，一是他轻信了日本，妄想中日合作，可以共同抵御欧美势力的侵入。1908 年 9 月，盛宣怀在赴日就医期间，曾去日本制铁所考察，当时他与制铁所所长中村雄次郎交谈时说：“东亚惟汉阳铁厂与制铁所并峙，近来名誉远播，欧美至为震惧，煤铁报章至论之为黄祸西渐，极力筹抵御之策，美、德各厂已经联合，而国家又任保护。”（见盛档，盛宣怀《东游日记》，第 17 页）二是盛宣怀有自己个人的考虑。正如与盛宣怀有多年交往的日本驻沪领事小田切万寿之助所说，盛宣怀希望通过用举债的办法，从公司收回自己的资金。小田说：“盛宣怀因已将其全部私产投入汉冶萍公司，当然会感到极大痛苦。所以，他很想由那里举一笔债收回其资金，以预防在万一时发生汉冶萍公司与自己资产之间的纠纷……因此，他才按预定计划以萍乡煤矿作担保……此种场合，对我国来说正是可乘之机。”（见夏东元：《盛宣怀传》，第 413 页）在清末摇摇欲坠的政局下，盛宣怀对自己督办汉冶萍的地位，始终感到如履薄冰，他感觉不知什么时候，汉冶萍就有可能像轮、电二局那样，被清廷接管。因此，他将自己的资产投入到汉冶萍中去了后，又千方百计地要从中取出。

不可否认，汉冶萍公司发展中所需的资金大多来自附有苛刻条件的日本借款，但在当时的中国，一方面政局动荡，政府财政极为困窘，无力支持汉冶萍公司，另一方面工商业和金融信用业极为薄弱，汉冶萍公司是一家规模庞大、耗资甚巨的钢铁煤铁联合企业，不得不通过借款于外国争取发展的机会。早在1913年就有人撰写了一篇《汉冶萍公司历史平论》，评价过盛宣怀借债发展公司的业绩："就借债论：萍乡先借礼和马克，后还礼和，续借大仓一款，非此不能成萍乡；大冶先预支矿石价，非此不能成汉阳铁厂。嗣后九江矿借正金一款，又预支正金生铁价一款，非此不能续成汉、萍两处之扩张。"从大冶新厂的建设来看，当时的汉冶萍公司仍希望能够走上独立自强的钢铁工业之路，而不是单纯寄希望于出售矿石。

从汉冶萍公司各个时期企业的投资和经营权来看，汉冶萍公司是我国近代民族工业发展的先驱和代表。1924年刘少奇撰文评述当时的汉冶萍公司，说："中国汉冶萍公司，即东方最大之煤铁产业，他的衰败兴隆比平常产业有更深几层的重要。他不独在国民经济上占有极重要的地位，且为发展东方'物质文明'之根据。"以张之洞、盛宣怀为代表的爱国民族实业家们发展中国重工业的努力也体现了中国早期现代工业

汉阳铁厂盛况

化道路的艰难尝试，其发展对于中国模式的工业化道路具有深远影响和启示。（见雷儒金、尚平：《浅谈汉冶萍公司的民族性及其成败的现代启示》，第二届汉冶萍国际学术研讨会论文集。）

至辛亥革命前，汉冶萍公司的规模达到炼铁炉 3 座，炼钢炉 6 座，年产生铁约 8 万吨，钢材约 4 万吨，其中钢轨 2 万余吨。

汉冶萍煤铁厂矿旧址

第四章　中国自己修筑的第一条南北大铁路——卢汉铁路

一、中国铁路建设大争论

1840 年的鸦片战争，导致中国的国门被西方列强打开，在此后的半个世纪中，西方列强一直把在中国修筑铁路视为打开中国市场，瓜分中国的重要手段。

1863 年 7 月，英商怡和洋行联络英、法、美三国 27 家洋行向时任江苏巡抚的李鸿章建议修筑上海至苏州的铁路，并筹设苏沪铁路公司，被李鸿章拒绝。总理衙门也表示："万难允许。"1864 年、1866 年，英国商行又两次向清政府提出要在中国修筑铁路的计划，均被清政府断然拒绝。在此前后清政府两次下令拆除英商未经许可在中国境内南北修筑的两段铁路，即 1865 年 8 月由英商杜兰德修筑的北京宣武门外沿护城河的长约 600 米的小铁路，以及 1876 年 7 月由怡和洋行修筑并投入运营的长约 15 公里的吴淞铁路。

面对内忧外患，清政府仍然沉浸在"天朝上国"的迷雾中，对西方工业技术成果怀有一种本能的抵制，将其视为"奇技淫巧"，特别是铁路、火车，更被视为"洪水猛兽"。西方列强希望在中国修筑铁路的计划，在很长的时间里未能如愿以偿。

1880 年，中俄伊犁争端加剧，当年 12 月清廷急召直隶提督刘铭传进京，就防务问题征询对策，刘正式提出修筑铁路的建议，指出铁路利于漕务、赈务、商务、矿务、行旅，对于用兵尤不可缓。他建议清政府修筑南北各两条铁路，由于工程浩大，宜先修清江至北京这一路。

对刘铭传的建议，清廷命北洋大臣李鸿章与南洋大臣刘坤一妥议具奏。刘铭传关于修筑铁路的建议被传出后，内阁学士张家骧首先表示反对，他提出修铁路有“三大弊端”，请求对刘奏置之不议，以防流弊。10天后，李鸿章复议，支持刘铭传的主张，并认为修铁路有“九利”。不久，顺天府丞王家壁上奏，对李鸿章的复奏大加批驳，并指责李鸿章未与刘坤一联衔合奏，此举过于轻率。1881年2月初，刘坤一的复奏到京，称赞铁路确有便捷、调兵之利，但是又担心铁路修建后，将使依靠车马为生的贫民失业，铁路增税，将使田地税厘化为乌有，希望对修铁路的利弊详加斟酌。

紧接着，翰林院侍读周德润、通政使司刘锡鸿等人纷纷上奏，要求停止筹议铁路问题。刘锡鸿为反对修筑铁路写下万言书，举出反对修路的26条理由：“不可行者八，无利者九，有害者九。”刘锡鸿大谈“夷狄之道，未可施行中国”的理论，刘的万言书，对朝廷的影响很大，因为刘是1876年清政府派驻英国的副使，既有与外国交往的经验，又亲自坐过火车，但他却是一个顽固的守旧派，他的反对意见比起那些没有出过国门、不知铁路为何物的官吏，更有杀伤力。1881年2月14日，刘锡鸿上奏当日，朝廷就颁布上谕：“叠据廷臣陈奏，佥以铁路断不宜开，不为无见。刘铭传所奏，着无庸议。”

由于顽固派的坚决反对，洋务派的意见不一致，第一次关于修筑铁路的大争议，洋务派以失败告一段落。

1880年10月，李鸿章创办的开平矿务局为适应运煤需要，动工修建自唐山至胥各庄长约9.7公里的铁路，第二年春即建成。由于受“铁路建设争议”的影响，忌讳称它为铁路，运煤车也只能用骡马拉行，故称为“马车铁路”。后来，开平矿务局出资，设立修车厂，采用英国工程师金达的图纸，自制了一台蒸汽机车，车头两侧各镶嵌一条金属龙，被称为“龙号机车”，时速5公里。投入运行后，沿途黑烟弥漫，噪声震耳。消息传到京城，朝廷立即勒令禁用机车，恢复骡马拉车。

由于中法战争迫在眉睫，李鸿章以北洋海军急需燃煤为由奏准朝廷开禁，“龙号机车”获准行驶，经改进后时速达30公里，但不久又遭到顽固派徐致祥等人的攻击。1885年中法战争结束，清廷设立海军衙门，由醇亲王奕譞主持，李鸿章等人任会办。奕譞经过中法战争，对铁路的重要性有了较清醒的认识，“调兵运械，贵在铁路，自当择要而图”。为避免新建铁路引起顽固派刁难，李鸿章与奕譞商议延伸唐胥路，由胥各庄延伸至阎庄。并成立开平铁路公司，招集商股，委派伍廷芳主持。1887年1月1日，李鸿章筹资，又开建由阎庄延伸至大沽，再由大沽延伸至天津的路段，1888年10月3日，津沽铁路全线竣工。9日，李鸿章亲率官商乘车验收，全程120余公里，3小时即行完全程，李鸿章为之十分兴奋。13日，他致函奕譞，竭力主张修筑从天津到通州的铁路，李的主张再次得到奕譞的赞同。随即上海报纸刊出铁路公司招股公告，举朝骇然，铁路建设再次掀起大争议。

由于铁路建设的重要性已被很多人认可，因此，在第二次大争议中，顽固派不再盲目反对修筑铁路，而是坚决反对修筑津通铁路。1888年12月，国子监祭酒盛昱上奏认为：“铁路修在荒漠广远之处有利无害，在人烟稠密之地有害无利。修津通铁路只有利于‘奸黠之游手’，而有害于‘数万有业之愚民’。”河南道监察御史余联沅上奏历陈修津通铁路有“五害”；山西道监察御史屠守仁认为只有修北京至清江的铁路较理想，而修津通铁路则大利皆失，“洞启门户，国家（京师）将何以守卫”；户部给事中洪良品奏称：“开津通路虽有百货流通，往来便捷，调兵神速之利，但宫廷宗庙所在，设险阻堑唯恐不严，何以尽撤藩篱？修铁路有百利不能偿此一害。”修筑津通铁路成为众矢之的。1889年1月，慈禧太后懿旨将余、屠、洪等人请停办津通路的奏议交海军衙门会同军机大臣妥议具奏。次日，礼部尚书奎润、户部尚书翁同龢、仓场侍郎游百川、内阁学士文治等上奏，均反对修津通路。当日，慈禧懿旨又将这些奏议连同此前余、屠、洪等人的奏议责成海军衙门会同军机大臣一并妥议具奏。于是，又冒出左庶子朱琛、监察御史何埅等奏“六害”、“六不可信”的反对意见。

海军衙门和军机大臣将所有反对意见归纳为“资敌”、“扰民”、“夺民生计”三类，逐一予以批驳。奕譞又单独上奏，批评反对者“空言盈廷，查无实策”，“局内创一事则群相阻挠，制一械而群讥靡费。但阻本国以新法备敌，而不能遏敌以新法图我”。2月14日，慈禧认为海军衙门和军机大臣会奏辩驳精详，因事属创办仍责成沿江沿海13位督抚将军，各陈己见，迅速复奏。3月中旬，将军们陆续复奏，有10位反对，坚决支持的只有台湾巡抚刘铭传和两江总督曾国荃。

而两广总督张之洞却提出独到的见解。他在复奏中肯定修筑铁路刻不容缓、利国利民的前提下，认为修筑铁路必须有“经营全局”的观念，必须权衡各条线路的利弊得失，精心选择有利的地理位置。他提出缓造津通铁路，改筑腹省干路（从京城外卢沟桥至汉口的卢汉铁路），指出修筑卢汉铁路有“七利”，并提出了卢汉铁路分段修筑的筹款计划。张之洞修筑卢汉铁路的建议有理有据，得到奕譞的赞赏，李鸿章对此也不得不表示赞同。1889年5月，清廷批准了张之洞的这一宏大计划。（以上参见顾必阶：《中国铁路建设与汉冶萍》，第二届汉冶萍国际学术研讨会论文集。）

中国铁路建设最初的两次大争议，以张之洞倡议修筑卢汉铁路获准而告终，中国铁路建设由此而拉开了序幕。

二、张之洞力荐“由盛宣怀督办铁路最为适当”

1889年在中国铁路建设大争论中，两广总督张之洞提出了与众不同的见解，他认为首先应把握全局的观念，中国优先应该修筑的是腹省干路，即卢汉铁路。当年12月，张之洞由两广总督的任上，移任湖广总督，他一上任，就奏准将其在原任上向英、德等国订购的炼铁厂机器设备移至湖北，以便“造轨制械，次第展开”，一面制造钢轨，一面修筑铁路。当时国库空虚，为了修筑卢汉铁路，张之洞向朝廷提出每年拨款200万两白银备修路之用，得到了允诺。但是，仅仅一年，清政府就停止了拨款。

正当张之洞筹办铁厂，作造轨准备之际，东北局势紧张，沙俄在我国东北边境修筑西伯利亚铁路，图谋不轨。边事紧急，李鸿章奏请暂停卢汉铁路，移款就急，先修关东铁路以备战，卢汉铁路不得不停止启动。1894年6月28日，张之洞克服种种困难，汉阳铁厂正式投产，但是，事隔不久，即爆发了中日甲午战争，中国战败，背负日方巨额赔款，卢汉铁路的修筑变得十分渺茫。

1895年《马关条约》签订，面对日方的巨额赔款，清廷显得十分无奈，光绪皇帝“下诏自强”，责成开销巨大的汉阳铁厂及其他洋务企业招商承办。7月19日，光绪皇帝发出一道谕旨，宣称“当此创巨痛深之日，正我群臣卧薪尝胆之时”，并提出救亡图存的六项“力行实政”，同时很自然地又把修建铁路置于首位。于是上下一致地将修建铁路又放上了议事日程。

对于中国究竟先造哪一条铁路，又产生了分歧。李鸿章力主修建天津至通州的路段；张之洞则仍主张在中部地区筑路，中部是国家的腹地，可进可退，一旦南北向的铁路建成，与东西向的长江成十字交叉，中国的交通脉络，就发生质的变化了。张之洞认为，“宜先择四达之衢，首建干路以为经营全局之计，以立循序渐进之基”的自卢沟桥经河南达湖北汉口的卢汉铁路。张之洞说，这条路是“铁路之枢纽，干路之始基，而中国大利之所萃也”（见张之洞《请缓造津通铁路改建腹省干路折》，光绪二十五年三月初三日）。

张之洞修建卢汉铁路的观点很明确：第一，“无引敌之虑”，不会因为修筑这条路，引起外国势力的各种猜忌和顾虑，进而增加阻力；第二，中国的内陆地域宽广，利于选择合适的地段筑路铺轨；第三，这条路一旦建好，沿途设置很多车站，“……民受其益，人习其事，商睹其利”，对商、民是极有利的；第四，建好了这条路，“将来集资推广续造，不至为难”；第五，卢汉铁路的修筑，有利于内地在物资、兵力等方面对京城的支援；第六，中国内陆各省蕴藏着丰富的矿产，卢汉铁路的修筑有利于矿产的开发；第七，铁路修筑在内陆，一旦发生海战，不致涉及铁路运输，海战利于得到保障。

张之洞提出的“缓造津通铁路”的意见，不见得完全正确，但是，他将修筑卢汉铁路，提高到各条路的“纲领”的地位，是十分有远见的。他在给朝廷的奏折中说：“中国应开铁路之利甚多，当以卢汉一路为先务，此路南北东西皆处适中，便于通行分布，实为诸路纲领。”（见张之洞《吁请修备储才折》，光绪二十一年闰五月二十七日）他在致电总理衙门时又说：“此路四通八达，必宜先办，其余支路由此而推，如此方有纲领有次第。”（见《香帅致总署电》，光绪二十一年六月初十日）认为卢汉铁路的修筑，可为其他路段或其支路的修筑，打下基础。

张之洞的见解实际上也是盛宣怀的观点，盛宣怀多年在湖北、天津任职，他一再强调要抓紧“中权干路”，渐及其他支路，清晰地表明了他以修筑卢汉铁路为起点，逐渐扩大到全国各路的想法。盛宣怀认为“中国福员广袤，边疆辽远，必有纵横四境诸大干路，方足以利行政而握中枢”。关于是修津通铁路，还是修卢汉铁路的争议，实际上就是1889年那一次争议的继续。1895年底，清政府决议要兴建卢汉铁路了。

要兴建卢汉铁路，紧接着的一个问题是，修建卢汉铁路的重担交给谁？1896年9月2日，张之洞向清廷推荐“由盛宣怀督办铁路最为适当。因盛兼商业、官法、洋务三者之长”。张之洞的意见，实际上代表了洋务派大多数人的意见，当然也得到了光绪皇帝的首肯。

1896年10月20日，盛宣怀“以四品京堂候补督办铁路总公司事务”，并被授予“专折奏事特权”。10月30日盛宣怀被授予太常寺少卿衔。

盛宣怀之所以希望得到“专折奏事特权”，这是因为他深知清政府这个官僚机构，办事如何之艰难、曲折。

盛宣怀向清政府表示：“宣本不敢担任，但念华商无人领袖，若一推让，恐厂与路皆属洋商，贻后来患。反复思维，人生百岁耳，事机易失，既有把握，曷不放手为之。”（见盛档，盛宣怀《寄王夔帅》，光绪二十二年四月初二日）盛宣怀的讲话，清楚地表达了他面对这么一个干事的好“事机”，是绝不会放过的；面对路与厂综于一手，他有“把握”成功；既然担起了此任，就要“放手”大干一场。（参见夏东元：《盛宣怀传》，第216~218页）为此，盛宣怀对于不利于修筑卢汉铁路的一切因素，都要尽力予以排除和无情反击，包括西方列强的侵权与国内竞争对手的争夺。

1896年11月16日，盛宣怀开始了他督办卢汉铁路的历程。

三、盛宣怀“卢汉为核心”的铁路建设计划

盛宣怀在筹建中国铁路总公司时，所作的规划是“先造卢汉”，然后“次第议请展造”苏沪、粤汉等铁路。他认为，“卢汉一路，乃中国全路之大纲，将来南抵粤海，北接吉林，中权扼要在此，生发根基亦在此。气势畅通，全局自振”（见盛档，盛宣怀《复陈借款保息并无流弊电奏》，光绪二十三年四月）。他对以卢汉铁路为核心的铁路建设计划，竭尽全力使之施行。因为他清楚地认识到卢汉铁路这条贯通南北交通大动脉的战略意义：不但可以将南北数省联系起来，而且便于向四周扩展，是中国铁路干线的核心。所以一切有碍于卢汉铁路发挥核心作用的铁路建设计划，他都竭力反对，一方面他要阻止来自国内的干扰；另一方面他又要反对西方列强的争夺、破坏。

1895年11月间，卢汉铁路议归商办时，有广东在籍道员许应锵、广东商人方培垚、候补知府刘鹗、监生吕庆麟四人，“均称集有股份千万，先后具呈各愿承办，请派大员督理”（见《王夔帅致张香帅电》，

光绪二十二年三月十六日)。盛宣怀听到这个消息持否定态度进而反对说:“岂有一无名望之人能招千万巨股?闻俱是洋人所为。”既是洋人在背后操纵所为,那路权不就全为洋人所有了吗?“不特入股而已!”(见盛档,盛宣怀《寄王夔帅》,光绪二十二年三月十七日)事后完全证实了盛宣怀的看法是正确的,“许、方、吕三人皆有洋东在其身后……刘则敢为欺谩但思包揽而已”(见《王夔帅致张香帅电》,光绪二十二年三月二十八日)。

随着卢汉铁路修建的启动,西方列强在中国抢占路权之风盛行,盛宣怀描绘这种情景时说:“吉黑北路已经许俄代造,滇桂南路,法亦来争代造。”卢汉、粤汉等干路,“英、德眈眈虎视,几若不得此不甘心者”(见盛档,盛宣怀《筹办卢汉铁路情形并呈比国借款草合同折》,光绪二十三年四月)。面对这种形势,盛宣怀针锋相对地与西方列强展开了争夺路权的斗争。

自从德国占据胶州湾后,俄国占领旅顺,法国窥视琼州,日本图谋福建,英国则有图扼长江之谋,国家被瓜分的危机日益严重。1898 年 2 月,盛宣怀在向清廷上奏、陈述此种危急形势之后,要求粤汉路一定要中国人自办,他说:“是各要害口岸,几尽为外国所占。仅有内地,犹可南北自由往来,若粤汉一线再假乎英人,将来俄路南引,英轨北趋,只卢汉一线局蹐其中,何能展布?惟有赶将粤汉占定自办,尚堪稍资补救。故此路借款,断以美国为宜,若无意外枝节,竭六七年之心力,当可使南北相接。”(见夏东元:《盛宣怀传》,第 507 页)清廷终于批准了盛宣怀粤汉路由湘、鄂、粤“三省绅商自办”的请求,仍由盛宣怀督办。盛宣怀奉谕妥速筹办粤汉、卢汉等铁路,达到了督办粤汉铁路的目的。

1897 年 11 月,北京有人密电禀告在病床上养病的盛宣怀,说:“容闳(中国留学生事业的先驱)由天津经清江至镇江修筑一条干线即津镇路的请求,清政府已批准,津镇路名义是集华股而实质是洋股。”

盛宣怀得知这一情况后,十分着急,1897 年 11 月 23 日,他致信王文韶、张之洞，质疑容闳请修津镇路的情况，他说："容闳在总署呈请办镇江至京铁路，有款千万，请验！"（见盛档，盛宣怀《寄王夔帅、张香帅》，光绪二十三年十月二十九日）盛宣怀怀疑容闳的千万之款来自洋股。同日，他又函告直隶总督王文韶，反对容闳办津镇路，说："若清江别开一路，则东南客货均为所夺，卢汉将来断不能集华股还洋债，卢汉一路必致停废无成……中国物力异常艰窘，倘属华商资本，岂能两路并举，徒自争竞！至于报效巨款，其为洋股可知，无论何路皆不可准。饵我小利，必受大害。"（见盛档，盛宣怀《致直督王夔帅》，光绪二十三年十月二十九日。）

当盛宣怀听说容闳请修津镇路是得到李鸿章支持的时候，他没有退缩，而是直接写信致总理衙门，陈述修建津镇路对卢汉路的不利影响："因时局变迁，原难拘执成议，惟卢汉干路内外几经筹度而后定。南连湘粤，西通川陕，东达长江，利，则聚天下之全力以保畿辅；不利，亦可联十余省之精锐以保中原。今若改营镇津，卢汉停办，恐以后各路事权均属外人，无一路可以自主。数十年归还中朝之说，尽属子虚，大局何堪设想！"（见盛档，盛宣怀《寄总署、夔帅、香帅》，光绪二十四年正月二十二日）同一天他还向李鸿章、翁同龢等人提出了一个两全之策："东路想必为限制德人而设，然卢汉必因此停办矣。为两全计，可否用此款改办镇江至保定之路，并由苏杭接至镇江？容道用美款，改办粤、湘、鄂之路，并由鄂接至镇江，则一气呵成。"

事实上，盛宣怀已经提出了粤汉铁路的构想。

容闳议建津镇铁路得到总署的批准，不久，他又改变了计划，准备"另合英美公司由浦口、开封造路至津"；而德国公使海靖则针锋相对，"亦欲就清江、济南造路至津，与卢汉三路并行"。这对卢汉铁路形成了更大的威胁。面对这种情况，盛宣怀致电总署和路矿总局，提出了铁路规划的原则性意见："外国造路，或宜直线展长，或宜横路衔接；不宜并线而行，自夺生意。今造卢汉，又造津镇，海靖谓容闳若由河南造津镇，德必要由山东造津镇，是并肩而三矣。将来我即亏本，与彼无涉，彼有债权，何虑我不还？我若不顾，将来有求必应，必贻无穷后患。”因此，盛宣怀分别与英、德两国进行交涉，由怡和洋行建造自浦口至信阳的铁路，由德国建造由济南接通卢汉干路的铁路，两条铁路皆由商办。津镇铁路由此而停建。

四、卢汉铁路的资金宁可借洋债也不参洋股

修筑铁路最大的问题是资金的筹集问题，甲午战争失败，国库空虚，朝廷拿不出钱，因此最初盛宣怀寄希望筹办银行、集商股来解决这个问题。1896 年 7 月 27 日，他在给直隶总督王文韶、湖广总督张之洞的函中说：“铁路之利远而薄，银行之利近而厚。华商必欲银行铁路并举，方有把握，如银行权属洋人则路股必无成。”也即“银行铁路应一气呵成”，将铁路、银行统于一手。8 月，他又向清政府提出开办银行的意见。他认为，“开银行可以流通上下远近之财，振兴商务，为天下理财一大枢纽。故欲富民必自银行始”。

1896 年 11 月初，盛宣怀向光绪皇帝上奏《请设银行片》，说银行流通一国之货财，以应上下之求给，比之票号、钱庄要好。英、法、德、俄、日本之银行次第来华，“攘我大利”，近年中外士大夫亦多建开设银行之议。现又举办铁路，造端宏大，中国非急设银行不可，否则，“无以通华商之气脉，杜洋商之挟持”。11 月 12 日，他电告王文韶、张之洞：“今因铁厂不能不办铁路，又因铁路不能不办银行。这就要铁厂、铁路、银行三者一手抓。”11 月，盛宣怀正式筹办成立中国通商银行，先集商股 250 万两，招商局集 80 万两。

1897 年 5 月 27 日，“中国通商银行”上海总行正式开张。但是，事实上由于这是中国自己的第一个银行，势单力薄；而铁厂、铁路同时要办，这两大项目都是需要巨额资金才能真正运转的，其中铁厂所需的绝大多数资金，均是靠调用盛宣怀掌控的轮船招商局、电报局等的资金来解决的；而修筑铁路的资金更变得捉襟见肘了。在这种情况下，不向

洋人借债是行不通的了。

1897 年 1 月，中国铁路总公司成立于上海，又在天津、汉口设立了两个分公司。盛宣怀向清政府奏明先造卢汉干路，其余苏沪、粤汉次第展造，不再另设立公司。“时各国商人先谋入股，继谋借款包揽路工。而京外绅商亦竞请分办他路，实则影射洋股与借名撞骗者各居其半。”盛宣怀通电直、鄂，一律驳置不理，坚持先尽官款开办，然后择借洋债，再集华股，坚决反对招洋股。

盛宣怀担任铁路总公司的督办，他对自己肩上的责任与可能遇到的困难，是有足够认识的。他在给两江总督刘坤一的信中说：铁路修筑之事“在泰西为易办，中国则有三难。一无款，必资洋债；一无料，必购洋货；一无人，必募洋匠……风气初开，处处掣肘”（见盛档，盛宣怀《致刘岘庄制军》，光绪二十三年正月初五日）。这“三难”中，资金可以说是最难的了。

因为盛宣怀之前有 15 年办洋务的实践与经验，“购洋货”与“募洋匠”对他来说已经有现成的办法可以借鉴，而“资洋债”，尽管盛宣怀之前也代政府向外国借过钱，但是，现在清政府国库空虚，你再要向外国借钱，就会面临很苛刻的条件。

事实上，清政府原来是打算铁路实行“官督商办”的，由各省富商集股修建。但当时清政府信誉扫地，华商“各怀观望”，无人问津，不得已只好想办法用洋人的钱了。

至于要想用洋人的钱，实际上也有两种方式，即“借洋债”与“招洋股”。尽管这两种方式都是用洋人的钱，但是差别很大。借了洋人的钱，本利还清后，他对铁路的权益无法干涉；招洋股，那一旦洋人的股权变大后，他就有可能掌控铁路的主权。这与盛宣怀一贯坚持的“权自我操”的立场是格格不入的。

当时，清政府的倾向是以“洋商入股为主脑”，李鸿章也认为“洋债不及洋股容易”，均认为以招洋股为宜。盛宣怀则是从“权”字上考虑，他说：“所议借洋债与招洋股，大不相同。若卢汉招洋股，鄂、豫、东、直腹地，原不至遽为所割，但此端一开，俄请筑路东三省，英请筑路滇、川、西藏，法请筑路两粤，毗连疆域，初则借路攘利，终必因路割地，后患无穷。是何异揠苗助长！若借款自造，债是洋债，路是华路，不要海关抵押，并不必作为国债，只须奏明卢汉铁路招商局准其借用洋款，以路作保，悉由商局承办。分年招股还本，路利还息，便妥。”（见盛档，盛宣怀《寄王夔帅》，光绪二十二年三月二十七日。）

张之洞赞成盛宣怀的意见，他说：“惟有暂借洋债造路，陆续招股分还洋债之一策，集事较易，流弊较少。盖洋债与洋股迥不相同，路归洋股，则路权倒持于彼，款归洋债，则路权仍属于我。”（见张之洞《卢汉铁路商办难成另筹办法折》，光绪二十二年七月二十五日）经过再三考虑，盛宣怀决定“无论议借何国路债，必须先用华款，后用洋债”。因为先用华款自造，造成一段，用路作抵押，可以免去苛条，“庶可权自我操，不致贻后来无穷之患”（见盛档，盛宣怀《密陈筹办卢汉路次序机宜折》，光绪二十三年三月）。

借款筑路的消息一经传出，美、英、法、比等国商人先谋入股，继谋借款包揽路工。盛宣怀坚决反对招洋股而同意借洋债。至于向哪个国家借债，盛宣怀认为，其他国家胃口太大，而比利时是个小国，钢铁资源丰富，铁路技术成熟，尽管它有法国做后台，但它“国小而无大志，借用比款利多害少”（见盛档，盛宣怀《遵旨历陈南北铁路办理情形折》，光绪二十四年五月），比较让人放心。

1897 年 2 月，比商至鄂，议铁路借款。盛宣怀面商于张之洞，“佥以比为小邦，重工业，但斤斤于购料赞工，无他觊觎。即阴附他国商股，我于条款内坚明约束，只认比公司不认他人，可无流弊。且允既以铁路作保，无须再用国家名义”。

1897 年 3 月 17 日，比利时驻汉口领事法兰吉会见张之洞，面商筑造卢汉铁路事宜。经过四个月的谈判，盛宣怀最终与比利时人达成了协议。1898 年 2 月，“与比签订的卢汉铁路借款草约，因胶州之疫情势变迁，比欲翻议；借口东线将筑津镇路，延不交款，多方要挟。盛乃以卢汉、粤汉均将改用美款以慑之，几经磋磨，续议条件，并允加息，始未悔议”（见夏东元：《盛宣怀传》，第507页）。

1898年6月，《卢汉铁路比国借款续订详细合同》和《卢汉铁路行车合同》正式签订，清政府向比利时公司借款450万英镑（年息5厘，9折付款，期限30年）。该合同规定，筑路工程由比利时公司派人监造；所需材料除汉阳铁厂可以供应外，都归比利时公司承办，并享受免税待遇。在借款期限30年间，一切行车管理权均归比利时公司掌握。这是不得已而为之的较好的办法了。

在铁路建设资金的筹集上，盛宣怀在张之洞的支持下，力主“争权让利”，宁偿高息，借用“洋债”，拒参“洋股”，力争铁路主权在我，将“借款与造路分为二事”，减少债权对路权的干预，在一定程度上维护了国家主权。

五、卢汉铁路向南北东西伸展的大规划

盛宣怀担任中国铁路总公司督办，在修筑卢汉铁路时即有南占粤汉的想法。

当他在1896年接办汉阳铁厂，并且正在酝酿是否承担督办卢汉铁路工程的时候，他已经与其得力帮手郑观应商讨过此事。郑观应除了建议盛宣怀铁路必归一手经理，否则“铁厂事宜即退手”的态度外，在盛宣怀被任命为卢汉铁路督办的三天后，郑即敦促盛宣怀要取得粤汉铁路的督办权。郑说，“南路之利，胜于北路”，务必揽办，“毋致别人承揽”，以致“我得其瘠，彼得其肥”（见《郑观应致盛宣怀函》，光绪二十二年九月十一日、十七日）。

当时占夺粤汉铁路的劲敌是英国，在盛宣怀已经取得督办粤汉铁路之权后，英国仍喋喋不休地向总署索要该路的承筑权。盛宣怀则采取由“总公司综其纲领”的湘、鄂、粤“三省绅商自行承办”的办法，坚决将英国拒之门外。盛宣怀上奏清廷说：“现在沿海沿边，无以自保，要

在保我腹心，徐图补救。若使英人占造粤汉轨道，既扼我沿海咽喉，复贯我内地腹心，以后虽有智勇，无所复施，中国不能自立矣！事机万分危迫，用敢先行据实电陈。”（见盛宣怀《湘粤鄂三省绅商请承办粤汉干路电奏》，光绪二十三年十二月二十二日）盛宣怀要确保粤汉路不被侵占。

在其他铁路的路权上，盛宣怀也同样采取了与洋人争权的态度。1897 年 4 月 13 日，盛宣怀得知沙俄代造东北铁路至大连湾的谣传，他即致电王文韶说：“如钧意亦以北路为重，届时即可相机续借，同时并举，庶不负归并榆路之深心。边势甚急，若待卢汉五年工竣再议，恐亦晚矣。”他主张卢汉、津榆同时并举。英国提出与中国政府签订《展拓香港界址专条》，盛宣怀立即提出建造广州至九龙的铁路，与粤汉铁路相接，他说：“九龙铁路，我若不造，英必自造，以达省垣，其患不徒在失利。”1897 年，德国借口传教士被杀，出兵占领胶州湾，俄国乘机占领旅顺和大连……盛宣怀感到危机迫在眉睫，他分析说：“时局日急，刻不及待，群雄环伺，辄以交涉细故，兵轮互相驰骋海洋，通塞靡有定时，今海军无力能兴，设有外交，隔若异域，必内地造有铁路，方可联络贯通。广东财赋之区，南戒山河，岂可遐弃。”从维护国家主权考虑，他把原拟由武汉经江西到广东的铁路，改道湖南入广东，这样避免迂回利于速成，并且主张粤汉铁路南北同时并举，一气呵成。

盛宣怀对于铁路建设的基本方针是，干路借款自造，支路尽可能华商接造，或虽为外人所造，也作为中国的支路。他在致外务部电中说：“查各国铁路皆由自主，中国穷于财力借助外人，自应先定干路若干条，由国家借款兴造，其余支路，仿照日本成法，准华商筹款接造，由短而长，由近及远。庶可有益无损。”（见盛档，盛宣怀《寄外务部》，光绪二十八年九月二十日。）

以卢汉铁路为核心，向南、北、东、西四面延伸，这是盛宣怀在建筑卢汉铁路过程中对全国铁路建设的一个大致规划。随着铁路建设的展开，这个规划逐渐有了具体的内容。他在《请饬各直省将军督抚通行地方帮同招集商股片》中再次强调了卢汉铁路的重要性，并且以卢汉铁路为核心，对全国铁路作了一个初步的勾勒："粤汉以通两广，由苏宁以通上海，此两道为关系商务东南、西南两大干路，固宜展造；其自山海关外以达吉林，自黄河南岸以达关中，此两道为关系边防东北、西北两大路，亦难从缓。但必照原议，先卢汉筹定之款布置就绪，立定根基，逐段推广，并俟前项各干路应用之款，陆续筹定，再听各省商民自行分造支路。"

盛宣怀所设计的四条最急于修筑的铁路干线，无论在当时，还是从今天来看，都是中国最重要的铁路干线，以卢汉为核心，东面沪宁通上海，西面汴洛达关中，北面京津通吉林，南面粤汉达两广，这是清末铁路的大致分布，也是中国百年来铁路网的根基。（参见邱永文：《盛宣怀与中国近代铁路事业的发展》，第二届汉冶萍国际学术研讨会论文集。）

应该庆幸的是汉阳铁厂以及之后的汉冶萍公司，为卢汉铁路及其向东南西北的伸展，提供了合格的钢轨。粤汉铁路（广州至汉口）全长1096公里，其中的670公里使用"汉轨"；正太铁路（石家庄至太原，为卢汉支线）全长123公里，1907年10月通车，全部使用"汉轨"；津浦铁路（天津至浦口）全长1009.5公里，1911年完工，其中北段中290公里使用"汉轨"；广九铁路（广州大沙头至九龙）全长179公里，分华、英两段，其中华段由大沙头至深圳长143公里，全部使用"汉轨"；吉长铁路（吉林至长春）全长127公里，1912年通车，全部使用"汉轨"。此外，"沪杭甬"使用"汉轨"185公里，"株萍"使用"汉轨"90公里，"陇海"使用"汉轨"456公里，"四洮"使用"汉轨"88公里，"南浔"使用"汉轨"78公里。（参见顾必阶：《中国铁路建设与汉冶萍》，第二届汉冶萍国际学术研讨会论文集）这为盛宣怀依托卢汉铁路这个核心，较快地向东南西北伸展，创造了条件。

干路借款自造，支路华商承造的主张，总的说与盛宣怀的"权自我操，利不外溢"的方针已经相违背了。因为前者要接受牺牲权利的苛刻条件，后者很难办通。这个主张抛开支路不谈，干路借款自造的措施，导致了1911年铁路干线“国有”实为“西方列强所有”，从而掀起了保路运动，成为辛亥革命的导火线，盛宣怀本人也成为打击的对象。

盛宣怀尽管受到各种困难与委屈，他的“中权干路”将向南北东西伸展的布局，他的“干路借款自造，支路华商承造”的主张，为中国铁路的网络与发展奠定了基础，是值得后人庆幸的。

六、卢汉铁路历经十年，全线建成

1896年10月19日，光绪皇帝召见盛宣怀，盛当面向皇上奏“关于南北铁路事”，皇上许。盛敷陈大指，皇上深维至计。10月20日，盛奉命：直隶津海关道开缺，以四品京堂候补督办铁路总公司事务，并被授予“专折奏事特权”。11月13日，盛宣怀出都，顺道勘查卢沟桥工事，认为卢汉铁路路线直径取道信阳，不绕襄樊，以免迂折。11月16日，盛驰抵天津，与直隶总督王文韶商议，确定设立铁路总公司于上海，天津、汉口设分局。

1897年1月6日，盛先怀正式启用“铁路总公司关防”。1月，中国铁路总公司于上海正式成立，盛宣怀担任总公司督办。2月，比利时公司代表赴湖北商议铁路借款之事，经过反复磋商，于5月7日，初次签订草约。5月27日，由盛宣怀筹办的中国通商银行上海总行正式开张。6月16日，盛宣怀考虑到以后铁路管理人才的培养任务艰巨，遂将铁路学堂归并北洋大学堂，派王修植兼管。7月，盛宣怀与比利时公司签订了卢汉铁路借款草约。

1897年11月5日，卢汉铁路汉口至孝感段正式开工，盛宣怀专程由上海赶赴汉口，检查汉孝段工程的具体部署，并主持开工仪式。盛宣怀赴汉口后，因劳累过度，旧病复发，不得不回沪卧床休息。11月23日，盛宣怀函告王文韶：反对容闳办津镇路，说若清江别开一路，则东南客货均为所夺，卢汉将来断不能集华股还洋债，卢汉一路必致停废无成。

1898 年 2 月，因胶州之疫情势变迁，比利时公司欲翻议。盛宣怀乃以卢汉、粤汉两路均将改用美国贷款，对比利时公司予以威慑之，几经磋磨，续议条件，并允适当加息，才使比未予悔议。4 月 10 日，盛宣怀委托驻美公使伍廷芳在华盛顿与美国合兴公司签订粤汉铁路借款合同。6 月 23 日卢汉铁路比国借款合同在上海画押。8 月 11 日，借款合同得到光绪皇帝朱批："依议。"合同正式生效。当日，《卢汉铁路比国借款续订详细合同》和《卢汉铁路行车合同》正式生效，此前仅断断续续修筑了 100 多公里的卢汉线，终于可以大举兴建了。1898 年，清政府又以同样的条件，向比借款 1250 万法郎。

卢汉铁路的卢沟桥至保定段，清政府按合同规定，曾于 1897 年 10 月统交比利时公司接办。比利时公司接办后，南端起点改为汉口玉带门，北端起点改为经北京西便门至正阳门（前门）西车站。

铁路总公司成立的两年中，盛宣怀"勘路购地，领官缗，贷外债，事事重要，件件棘手"（见盛档，盛宣怀《寄外务部》，光绪二十八年九月二十日）。

由于卢汉铁路贷款迟迟不能到位，工程进展缓慢，朝廷上一些对盛宣怀不满者乘机攻击，因此，1898 年 6 月，上谕："前因卢汉开办铁路，设立招商公司，特派盛宣怀督办，计值将近两年，所有勘路购地各事宜，应已办有端绪。此项铁路紧要，岂容观望迁延。现在业已筹有的款，著盛宣怀克日兴工赶办，并将办理情形先行具奏。倘再延不开办，玩误要工，责有攸关，盛宣怀岂能当此重咎耶！此外粤汉、宁沪各路，并著承办各员一体迅速开办，毋得任意迟缓。"为开办卢汉等路，盛宣怀费尽心机，东奔西走，却还是受到了上谕的严厉责备。7 月，盛宣怀向皇上奏上《筹办南北铁路办理情形折》，说明南北铁路办理的"委屈艰难"，随后，他就从上海赶赴天津，"督促北路工程"。

1898 年 7 月 28 日，盛宣怀奉上谕，旋即赴京督催卢汉北路工程。

修筑卢汉铁路的各式工匠

11 月，盛宣怀又赴湖北，督催滠口至信阳路工程。11 月 18 日，盛宣怀上奏庆亲王，提出："铁路不要……而归商务。一归商务，可由中国造路总公司与外国借款公司订立合同，准驳之权仍归政府，可消除许多后患。"

1898 年底，卢汉铁路从南北两端同时开工。比利时公司为了加快工程进度，节省费用，不惜偷工减料，遭到盛宣怀的痛斥。

1899 年 7 月，盛宣怀"感到美合兴之约颇为狡狠，恐他时驾驭更难于比，思辞去他路，专心卢汉，以轻肩责"。盛发电与张之洞商议，张复电谓："美约不成，必为法占。若南北两干均归一国，如大局何！"不同意盛辞去粤汉路之责。9 月 14 日，盛宣怀患痢疾，扶病北行，验收卢保路工。由上海乘轮船，15 日抵达天津。9 月 29 日，盛宣怀驰至卢沟桥顺轨西行以达保定。10 月 4 日，盛乘车进京。11 月，盛宣怀奏请《卢汉铁路北端接轨至马家铺》。当日奉朱批："著照所请该衙门知道。”

1900 年 7 月 13 日，盛宣怀委托驻美公使伍廷芳与美国合兴公司订《粤汉铁路借款续约》。

1902 年 3 月 1 日，英国福公司拟造铁路夺卢汉之利。盛认为，“如有必要，亦须俟卢汉完工之后，察看情形方可”。翌日，致电张之洞：“福公司所商路事，敝处坚持未允。”7 月 8 日，盛宣怀电告外务部：“葡萄牙索造铁路，意在推展澳界，图占香山，如不允所请，只能由葡借款筑造作为中国支路，并须订立合同以清界限，而保主权。”

10 月 21 日，盛宣怀致电外务部请统一规划铁路：“各国铁路皆由自主，中国穷于财力借助外人，应先定干路若干条，由国家借款兴造。其余支路应准华商筹款接造。今若各国择地请造，仍要中国还款方能收回路权，恐全球无此办法，中国独吃此亏。即互有利益，亦不能有碍干路权利。”10 月 24 日，盛宣怀父亲盛康去世，他电请开去各差缺，以安心守制。旋奉谕旨：“卢汉、粤汉铁路总公司及淞沪铁路筹款、购地、买料、修工事宜，仍着盛宣怀一手经理。”张之洞复历陈“铁路不可易人”。三辞不获。事实上其他一些差缺并未开去，改为署任。

1903 年 6 月 6 日，盛宣怀扶病出京。到上海后即延医诊治。行动即喘，医云须调治月余，方能出门治事。

1904 年 5 月，收回粤汉铁路权的呼声甚高，盛宣怀赴江宁同张之洞、魏光焘商议美国合兴公司废约一事。7 月 2 日，盛宣怀电告外务部：“各国公司每于合同夹缝中力争权利，稍一放松，则数十年吃亏无尽，必须警惕。”

1905 年 5 月中旬，盛宣怀北上勘黄河桥工、正太路工。5 月 22 日，盛宣怀被召见。他向皇上报告了卢汉铁路工程及黄河桥工情形。

1905 年 9 月，卢汉铁路南北两端线路建成，在詹店车站附近接轨，11 月 25 日，黄河铁桥全部完工。次年 4 月 1 日，连接北京与汉口的全长 1214. 49 公里的铁路干线卢汉铁路，全线正式通车。因力主修建这条铁路才被派任湖广总督的张之洞与直隶总督袁世凯一道验收完工程后，改卢汉铁路为京汉铁路，干支线共计1311.4公里。

由于比利时公司片面追求进度，偷工减料，导致所修筑的线路质量较低。像黄河大桥这样的重要工程，该桥由比利时人设计，总长3010.2米，共102孔，是卢汉线上最长的桥梁。但比利时公司为了减轻投资负担，加快施工进度，基桩深度不够，施工期间就有8个桥墩被洪水冲毁。桥建成后，保固期只有15年，行车时速仅为10~15公里，在洪水期内均需要抛掷大量蛮石。全线通车时，全部工程投资4349.8787万两白银，平均每公里造价为35817两白银。该线路上包括漯河（郾城）在内共建有长度20米以上大中桥梁127座（包括黄河特大桥）。钢轨大多是汉阳炼铁厂制造的。桥梁大都是钢结构，但类型复杂，载重等级不一致。卢汉铁路包括漯河（郾城）初设车站70个，后陆续增加至125个。

袁世凯、张之洞等一行检阅卢汉铁路

卢汉铁路作为中国铁路布局的核心，它在重重困难中诞生，尽管存在着各种各样的问题，但是，它的建成为中国的铁路建设事业翻开了新的一页！

七、重视人才的培养使用和铁路建设的管理

为了有效地推进铁路建设，盛宣怀十分重视对铁路人才的培养和使用。1896 年他担任铁路督办大臣时，就上书清廷，将“练兵、理财、育才”作为自强三要端，表明他将人才的培养放在与国家军事和经济同等重要的地位。他指出：“中国于铁路工程尚无专门之学，驾驭洋匠，教习华徒，考求工料，研究地形，随在有关紧要；而用人理财，尤非精神贯注，不能取精用宏，风清弊绝。”

为培养铁路建设管理人才，他在 1895 年创办的北洋大学堂内设立四个专门学：工程学、矿务学、机器学、律例学。1897 年 6 月 16 日，他将铁路学堂归并到北洋大学堂，派王修植兼管。上述学门皆为当时中国社会所急需，体现了北洋大学堂“兴学救国”的创办宗旨。盛宣怀还从他所创办的南洋公学中选拔一批优秀学生出洋留学，有不少学生选择了铁路专门学科，经费多由他所掌管的轮船招商局和电报局两局拨发。

盛宣怀在办北洋大学堂时，订了两条规则：一是不许越级。他说，中国过去学西学的学生成绩不显著的原因之一，就是“学无次序，浅尝辄止”，本大学堂的学员必须做到循序而进，“不容紊乱”。必须坚持完成学业计划，不许中途他骛。二是应学习专门科学技术，文字语言不过是工具。盛宣怀这一观点的形成，主要是接受同文馆只学语言文字，因而用途不广的教训。而他自己对办学亦是坚持“持之以恒”精神，苦心孤诣地将所办的学堂维持下去。

1905 年 9 月他在《请设铁路法文速成学堂片》中说：“再，铁路为专门之学，臣前在上海奏办南洋高等学堂，并选派学生出洋肄习，已为预储工程司之用。惟所习皆系英文，亦非备行车任使。臣此次勘验卢汉路工，沿途察看情形，备知行车在事人员职司虽微，关系甚重，既用洋员，则各员司必得谙晓语言文字之人方免隔阂。查卢汉路员如站长、票

房、车首等项向用法文，现今官立、民立各学堂，法文尚少，路工未竣以前，逐段行车，需人孔亟，遴选未能尽善，流品因以不齐，每至更换无人，辄起乏才之叹。”因此，盛宣怀认为：“目前切要之举，自宜先设铁路法文速成学堂，凡卢汉、正太、汴洛各路需用车务人员，皆可取材于此。试办之初，诸从撙节，即派行车正、副监督就近督办，并另派总办一员驻堂经理。”（见盛档，盛宣怀：《愚斋存稿》）并委派候选知府衡璋担任驻堂经理。

盛宣怀在铁路建设上的“用人之道，尚素讲求”，他坚持“任人唯贤，不分亲疏，不分华洋，惟才是任”的原则。例如，在1897年的《奏调人员片》中，他奏调了“博古通今、志气坚强”，而又毫不相识的青年才俊梁启超协助筹办铁路事宜；他还任用了“闳深邃密，体用兼赅，淹贯古今各国源流，有过时之略，而不囿于晚近”的何嗣焜协助筹办铁路局事宜。而对于众多被推荐来的人和“谋者纷纷”的现象，则冷漠地报之以“仍有乏才之叹”。盛宣怀的任人唯贤还表现为对外籍人员的任用上，长年经办实业以及与外籍人员交往的实践，使得他对人才有较深的洞察力。例如，他任用了造铁路“功夫为最上等”的德国工程司锡乐巴，而谢绝了其他应聘的洋工程司；而对水平不高的洋工程司锡贝德，则毫不犹豫地指示有关人员“不宜复用”。

铁路建设事业所需的人才是多样的、分层次的，因此盛宣怀抓紧各种机会，培养所需的人才。例如，他在与美国合兴公司签订《粤汉铁路借款合同》中明确规定，由合兴公司自筹经费，在中国开设铁路学堂，教习华人建筑与管理行车诸事。之后每次借款合同中都订有类似的条款，借款公司也都开设教习所，培养训练铁路人才。

由于当时的财政窘况，各段铁路的借款来自不同的国家，这无疑给铁路建设的标准及之后的运行管理，带来很多的隐患与问题。为了应对西方列强瓜分中国铁路路权，加强对铁路的管理，1897年，盛宣怀致电直隶总督王文韶，提出：“特立铁路矿务衙门，统招中国及各国股份，聘请总铁路司，总矿务司，职分权力如总税务司。”之后他又致电张之洞，提出："救分裂之弊宜合纵，故铁路莫妙于专设机关，由国家借各国巨款，设总公司，合办全国干路，上策也。"按照盛宣怀的提请，清政府设立了铁路矿务总局，使得铁路事务的管理有了专属的机关。

1903年铁路矿务总局被裁撤，铁路事务改归商部考工司。

1905年12月，盛宣怀请撤中国铁路总公司。1906年清政府设邮传部，管理邮、电、路、航四政。1907年京汉铁路收回自办后，邮传部内设铁路总局，接管了京汉、沪宁、汴洛、道清及正太铁路事务。1908年盛宣怀被任命为邮传部右侍郎，1911年盛宣怀任邮传部尚书。在邮传部任职期间，盛宣怀提出整顿路政，明确划分干支路，干路国有及借款筑路等事宜。（以上参见邱永文：《盛宣怀与中国近代铁路事业的发展》，第二届汉冶萍国际学术研讨会论文集。）

盛宣怀在铁路管理上的主张及办法，为后人留下了许多宝贵的经验。

八、卢汉铁路促进了交通、国防、经济的发展

甲午战争失败后，修筑卢汉铁路（卢沟桥至汉口）成为清政府的国策要政。在财政入不敷出的困难局面下，借洋债成为卢汉铁路的主要资金来源。尽管所签订的合同在路权方面存在着不少弊端，但在当时的历史条件下，卢汉铁路的兴建是利大于弊的。

盛宣怀对全国铁路建设的规划，是以维护国家主权为核心的，是从综合考虑交通、国防和经济三者的关系着眼的。

国防安全和经济发展，这是盛宣怀考虑铁路布局的最主要的两个方面。盛宣怀反对容闳建造津镇路时，就强调卢汉铁路对于北京的安全作用，同时又担心津镇路一旦建成，会影响卢汉铁路的经济利益。盛宣怀主张迅速修筑粤汉铁路，也是基于这种认识。他从维护国家主权的角度考虑，认为英国已经尽占长江流域，若再允许英国筹办粤汉铁路，则英

国势力必将会沿着粤汉铁路南下扩展到华南地区，整个中国的局势将会变成无法控制的地步。沿海重要港口均被外国控制，那么沟通南北的铁路干线对于国防来说，就显得更为重要了。有鉴于此，盛宣怀主张粤汉铁路要快建，而且要由中国自己来建。

19 世纪末，西方列强掀起了瓜分中国的狂潮，盛宣怀从维护国家主权的立场出发，主张迅速建成南北干路。他说，“时局日急，刻不及待”，“铁路早成一日，可保一日之权利，多拓百里，可收百里之功效”，故应速办，主张卢汉、粤汉南北同时兴工，“一气呵成”。

从军事战略上说，卢汉铁路与粤汉铁路的建成，一旦西方列强入侵，东部沿海地区发生战事，那么南方地区与北方地区的兵源、物资等，就可以通过南北向的“中权干路”，源源不断地将它们运送到汉口，再由汉口经过长江水运，不断地向战区补充兵源与物资，为战略反攻，乃至最后打败敌人，创造了条件。

盛宣怀在督办卢汉、粤汉铁路的同时，参与了沪宁、道清、正太、汴洛和株萍、广三等支路的建造。这些铁路的建造，沟通了全国相当一部分省区的联系，有利于这些地区的物资流通，促进了经济的发展。

卢汉铁路的全线贯通，打破了中国上千年仅依赖于水道与驿道的传统交通网络格局，铁路开始逐步成为中国交通的主角。中部是中华民族的腹地，可进可退，南北向的卢汉铁路建设，与东西向的长江成十字交叉，中国的交通脉络，发生了质的变化。卢汉铁路把京师与海河、黄河、淮河、长江流域联系起来，促进了冀、豫、鄂三省煤铁资源的开发和大量农产品的输出。正太铁路的建成，促进了晋、冀两省采煤业的发展，改变了山西的闭塞、落后状况，也促使正太、卢汉路的交汇点石家庄发展成为华北重镇。汴洛铁路连接开封、洛阳，促进了郑州的发展，有利于河南经济的发展，使汴洛路成为陇海铁路的始基。沪宁、道清等路段的建成，大大便利了流通，促进了这些区域经济的发展。

卢汉铁路的建成，使武汉从此迈入了火车、轮船客运齐发，东可至上海，西可达重庆，北可进京城的水陆连运时期。武汉城区闹市区，也不再局限于长江边的租界一隅，沿铁路线的迅速繁华，对汉口城区面貌的改观产生了很大的影响，就连“草庐茅店，三五零星”的硚口至谌家矶一带，也变得“三十里几比室直连矣”的状况。武汉的铁路车站、轮船码头成为城市人口最拥挤的场所。当年的大智门车站诞生时，堪称是亚洲最豪华的火车站，火车站候车楼伫立在因其而得名的车站路尽头。这座法国人设计的 2 层老建筑并不高大，但在林立的高楼包围下显得格外抢眼。“京汉火车站”几个大字清晰可辨，西式新古典的风格，中部四角各筑有绿色圆尖顶的流线方锥形塔堡。墙面、窗、檐等部位以线条和几何图形雕塑装饰。两侧为 2 层平房。

大智门车站

卢汉铁路的全线贯通，改变了武汉在近代中国经济布局中的格局，武汉不再是长江流域中仅充当横向传导的角色，纵向的铁路线在缩短了时间和距离的前提下，还有成百上千的运载力，这更加有力地推动了汉口商业贸易的发展。当时，一位到过汉口的英国人曾感叹，中国“内地商人很快地利用起这一改善了的交通条件”，通过汉口把湖南、湖北、河南等省的农产品迅速地散往全国各地。武汉在中国中部地区的中心地位基本确立。

卢汉铁路通车以后，营业发达，余利很多，在义和团运动的影响和全国人民纷纷要求收回铁路主权的压力下，清政府几经周折，终于在1909年1月，拨官款500万两白银和借英国汇丰、法国汇理两银行款5万英镑，还清了京汉铁路借款，把铁路赎回，收回京汉铁路管理权。

卢汉铁路是在清政府处于国库空虚，政治、经济、外交上内外交困的时期修建的，盛宣怀挑起了这一重担。在修建过程中，他不断受到英、法、比、德、俄等帝国主义的要挟与挤压，国内官场与商界的一些不满者也经常乘机攻击，普通百姓由于不了解真相也要咒骂他，他还要受清政府与皇上的责备，再加上他经常犯病，哮喘频频。这种痛苦，一般人是难以想象的。其实，盛宣怀对承担这一重任的艰难是有思想准备的，只因为他天生就是一个“创业者”，创业者的本性就是迎难而上，我们从卢汉铁路的修建过程中再一次看到了一个创业者的胸怀。

九、铁路国有，向外借款，使盛宣怀成为众矢之的

1911年春，清王朝成立“责任内阁”，5月初，盛宣怀向清廷复陈铁路明定干路支路办法，认为“其要尤在干路收归国有，迅速筹办支路，则仍可由商民量力办理，此为处理铁路之要领”。5月8日，清内阁改制，“皇族内阁”成立。盛宣怀被留任简授为邮传大臣。所有内阁总协理大臣及各该大臣均为国务大臣。5月9日，清廷宣布铁路干线“实行国有”的政策：“所有宣统三年以前各省份设公司办之干路延误已久，应即由国家收回赶紧兴筑，除支路仍准商民量力酌行外，从前批准干路各案一律取消。如何收回之详细办法，着度支部、邮传部凛遵此旨，悉心筹划。”并且委派端方为接收川汉、粤汉铁路的督办大臣；盛宣怀则主张“将先收归国有的川汉、粤汉铁路所招各股，改换官办股票，其有不愿换票者，有的给还股本；有的发还六成，其余四成发无息股票；川省路股实用之款，给国家保利股票，余款或附股或兴办实业，

另行规定，不得由股东收回”。

5月20日，盛宣怀遵旨接办粤汉、川汉铁路，接议英、德、法、美各银行600万英镑借款合同。5月22日，由盛宣怀同英、美、德、法四国银行团签订的600万英镑的《湖北湖南两省境内粤汉铁路、湖北境内川汉铁路借款合同》出笼，从而引起以四川为首的保路风潮。

夏秋间，从四川开始的保路风潮兴起后，广东、两湖也随之继起，清王朝处于风雨飘摇之中，保清派人士群起攻击盛宣怀。盛乃成为众矢之的。

关于铁路干线“国有”与向四国银行团“借款”的关系，盛宣怀在一份文件中是这样说的：“查四国借款合同不能销灭，所以提议铁路国有。如铁路不为国有，则借款合同万不能签字，其原动力实在于借款之关系。”（见《邮传部修正川汉、粤汉借款合同暨干路国有办法理由》，1911年10月）也就是说，川汉、粤汉“收归国有”，实际上是为了借钱。

事情的源头，还要追溯到1906年，当时，清政府被迫批准粤汉铁路和川汉铁路集股商办，并各自成立了商办铁路公司。而现在这两条路又无钱继续修建下去，只能再去向外国借钱。为了借钱，又重新将它们收归国有，这自然要激起全国各阶层人民的反对，湖南、湖北、广东、四川四省大举展开了保路斗争。6月10日，广东粤汉铁路股东召开万人大会，提出“万众一心，保持商办之局”，并致电湖南、湖北、四川各省，谓“铁路国有，失信天下。粤路于十日议决，一致反对”，从而掀起了保路风潮，导致辛亥革命的爆发，盛宣怀成了首当其冲的打击对象。

其实，盛宣怀一向是铁路商办的主张者，如1898年他在《上庆亲王》一书中说：“查铁路一事……盖一归商务，可由中国铁路总公司与外国借款公司订立合同，准驳之权仍归政府，可消除许多后患。……中国欲保自主之权，惟有将各国请造铁路先发总公司核议，自可执各国路章与彼理论，其有益于中国权利者，不妨借款议造；若专为有益于彼国占地势力而转碍于中国权利者，即可由总公司合商民之力拒之。惟中国官商多有暗中结连彼族希图渔利，反使大局受无穷之害，此时事之尤为可虑也。”

盛宣怀又说：“中国福员广袤，边疆辽远，必有纵横四境诸大干路，方足以利行政而握中枢。从前规划未善，致路政错乱分歧，不分支干，不量民力，一纸呈请，辄准商办。乃数载以来，粤则收股及半，造路无多；川则倒账甚巨，参追无着；湘、鄂则开局多年，徒供坐耗。循是不已，恐旷日弥久，民累愈深，上下交受其害。应请定干路均归国有，支路任民自为，应即由国家收回，亟图修筑，悉废以前批准之案，川、湘两省租股并停罢之。”

但是面对“钱”的问题，盛宣怀不得不提出粤汉铁路和川汉铁路收归国有的主意。当各地起来反对时，盛宣怀又与清政府商议“请收回粤、川、湘、鄂四省公司股票，由部特出国家铁路股票换给，粤路发六成，湘、鄂路照本发还，川路宜昌实用工料之款四百余万，给国家保利股票。其现存七百余万两，或仍入股，或兴实业，悉听其便”（见《清史稿》，第12811~12812页）。

盛宣怀想借铁路国有，向外国借款，从而加快铁路建设的步伐，以达到改善国计民生的目的。但是，他错误地判断了当时国家的政治形势，错误地想象民众对政府的政策朝令夕改所能忍受的程度，他也过高地估计了自己的能力，最终，他只能自食其果。他在京汉线全线完工后，说过：“设当日不废美约，则粤汉、京汉早已一气衔接，南北贯通，按照原奏先拼力偿比款，继偿美，最后偿英，不逾三十年，京汉、粤汉、沪宁三路，皆徒手而归国有，然后以所赢展拓支路，便利矿运，讵不甚伟。”（见《洋务运动》第八册，第76页。）

盛宣怀对清廷蛇鼠两端的铁路政策极其不满，他力图改变它，然而事情的发展并非如他的预计，最终清廷将他作为替罪羊予以革职，结束了他的政治生涯。

第五章　对盛宣怀办实业有影响的主要人物

一、盛宣怀与李鸿章

李鸿章（1823 年 2 月 15 日—1901 年 11 月 7 日），晚清名臣，洋务运动的主要领导人之一，安徽合肥人，世人多尊称李中堂，亦称李合肥，本名章铜，字渐甫或子黻，号少荃（泉），晚年自号仪叟，别号省心，谥文忠。

作为淮军及北洋水师的创始人和统帅、洋务运动的领袖、晚清重臣，官至直隶总督兼北洋通商大臣，授文华殿大学士，曾经代表清政府签订了《越南条约》《马关条约》《中法简明条约》等。

慈禧太后视其为“再造玄黄之人”。与曾国藩、张之洞、左宗棠并称为“中兴四大名臣”。

李鸿章是盛宣怀创办实业的领路人与最坚强的支持者，从 1870—1901 年，前后 30 多年中，盛宣怀一直是李鸿章“实业强国”主张的最有力的响应者与实践者。

1870 年（同治庚午年），盛宣怀经父亲盛康的老朋友杨宗濂推荐，进入李鸿章幕府。盛宣怀初到李鸿章麾下的时候，正是李鸿章率军北上围剿捻军的紧张阶段，李鸿章让他担任“行营文案兼充营务处会办”的职位（相当于机要秘书），由于他办事一贯讲究事必躬亲、实事求是、讲究实效、精明强干的作风，很快就得到李鸿章的赏识。

李鸿章为了壮大淮军的实力，急需筹集资金。盛宣怀向李鸿章建议用建造商船所得的资金，作为军队建造兵舰的费用，他的意见被李采纳。1872 年，沿海和长江航运被英、美两国航运公司垄断，为了争夺中国在航运领域的权益，盛宣怀建议李鸿章创办中国轮船招商局。1872 年 4 月，李命盛宣怀筹划招商局。为此，盛宣怀草拟了《轮船章程》，这是轮船招商局的第一个章程，也是盛宣怀办理轮船航运的开始。盛宣怀认为中国的强盛，最迫切的是要发展资本主义工商业，他的见解与李鸿章“实业强国”的思想不谋而合。

1873 年 9 月 9 日，李鸿章签署了一份文件——《札饬盛宣怀入局》。这是一份委任状，任命 29 岁的盛宣怀出任轮船招商局的“会办”（相当于副总经理），兼管运漕、揽载。这是继李鸿章之前任命唐廷枢出任“总办”（总经理）、朱其昂留任“会办”之后，第三个到位的高管。1 个月后，李鸿章又任命徐润担任“会办”。至此，改制后的招商局形成了由唐廷枢、徐润、朱其昂、盛宣怀四人组成的领导班子。其中，唐为外资洋行背景；朱为漕粮北运代表；盛为李鸿章代表；徐为具有买办背景的国内工商业主代表。1877 年招商局收购了美商旗昌轮船公司，后来又针对“价格战”，与英资轮船公司达成“齐价合同”，招商局与外国势力的竞争与争夺，始终没有停止过。1885 年 8 月 1 日，李鸿章委任盛宣怀为轮船招商局督办，成为轮船招商局的第一任督办。从此，轮船招商局几乎一直在盛宣怀掌控之下。

1871 年（同治十年）夏秋间，河北发生水灾，直隶总督李鸿章得知灾情后，派出官员前往灾区，并派盛宣怀一同参加赈灾，这是盛宣怀第一次参加赈灾活动。盛宣怀与其他官员一起奔赴灾情严重的地区，面对河北几十年未有的大水灾，他亲眼见到了灾民的苦难，农田汪洋一片，颗粒无归，灾民流离失所，损失惨重。这与盛宣怀的家乡常州、苏州相比，简直是天壤之别。盛宣怀竭尽全力参与救灾。盛宣怀的父亲盛康因为这一次的赈济活动，被李鸿章奏请赏加布政使衔。盛宣怀本人因为赈灾有功，被皇上嘉奖二品顶戴。这是他第一次参与赈灾行动、从事社会慈善事业。

1878年秋，李鸿章将当时正在湖北主持煤铁勘矿开采的盛宣怀抽调到直隶，与吴大澂、李金镛等一起主持河间府献县、景州地区的赈灾工作，这是盛宣怀第一次主持一个地区的赈灾。

之后，盛宣怀由于长期主持全国各地的赈灾救荒工作，他的目光更远了，考虑的是如何有效地救济社会上在战争和灾荒中失去亲人、失去自救能力的灾民，他们自谋生存的能力很低，需要政府救助，于是1879年他策划和筹建了一种慈善机构，取名为“广仁堂”，这得到了李鸿章的有力支持。1910年，盛宣怀被任命为第一任红十字会会长，这是对他在中国近代慈善事业中做出贡献的肯定。

1874年，盛宣怀接到李鸿章密谕：“中国地面多有产煤产铁之区，饬即密禀查复。”李鸿章并说：“中土仿用洋法开采煤铁，实为当务之急。”李鸿章的这些说法激发起盛宣怀到湖北去开发矿业的热情。其实，中国矿业分布的地域十分广阔，但是，由于青年时期的盛宣怀曾经随父亲盛康在湖北生活过几年，他对湖北广济的矿产有所了解。李鸿章的指示与支持，使他“怦怦于中将十年”的开发广济煤矿的梦想，又变成了现实。于是湖北广济成了盛宣怀开发矿业的首选。1877年4月7日，盛宣怀赴部引见。李鸿章推荐说：盛宣怀“心地忠实，才识宏通，于中外交涉机宜能见其大，其所经办各事皆国家富强要政，心精力果，措置裕如，加以历练，必能干济时艰”。

湖北采煤由于资金不足，聘请的洋矿师水平有限，加上内部管理不善等诸多原因，湖北勘矿一直不顺利。1881年8月上旬，湖广总督李瀚章建议裁撤停办。李鸿章根据实际情况，给予盛宣怀“实属办理荒谬”的训斥，他对盛宣怀的批评没有轻描淡写，1881年8月21日，李鸿章批评盛“试办武穴煤矿数年，既无丝毫成效，反多累官帑。开采荆煤，未几交金董接手，官气太重，事不躬亲，一任司事含混滋弊。所运之煤竟买自民间，运赴下游各口出售，攘夺民利……荆煤既无可采，应即将该局裁撤”。盛宣怀于当年9月2日禀报李鸿章，“湖北矿务开局以来，收支尚不敷钱六千四百二串二百六十七文，统由盛尽数垫赔，历经造具清册详报在案”。他总计赔垫了资金一万六千余串。10月28日荆门煤矿总局正式撤销，盛宣怀在湖北的矿务告一段落。但是，这为他后来接办张之洞创办的汉阳铁厂与他创办中国第一个勘矿公司，奠定了基础。

1880年秋，为了争回清政府电报的自主权，李鸿章批准筹备架设天津至上海的电报线，同时，在天津成立官办的天津电报总局，委派盛宣怀为总办，郑观应任上海分局总办。盛宣怀随即拟定了《开办自津至沪设立陆路电线大略章程二十条》，并委托丹麦大北电报公司向国外订购电信器材，为兴建津沪电报线路作准备。在盛宣怀的主持下，1881年4月，中国的第一条长途公众电报线路，从上海、天津两端同时开工，至12月24日，全长3075华里的津沪电报线路全线竣工。1881年12月28日正式开始营业，收发公私电报，全线在紫竹林、大沽口、清江浦、济宁、镇江、苏州、上海七处设立了电报分局。这是中国自主建设的第一条长途公众电报线路。1881年冬，津沪线完工之前，李鸿章又在天津设立中国电报总局，并委派盛宣怀为总办，同时任命郑观应为上海分局的总办。这是盛宣怀自担任轮船招商局会办，主持创办湖北煤铁开采总局，经营广济、大冶矿矿务之后，承担的又一项重大任务。

盛宣怀出任轮船招商局督办之后，设立内河小火轮的议题，自然就提到他的议事日程上来了。1886年4月，盛宣怀与招商局会办马建忠在给李鸿章与湖广总督张之洞的条陈《内地设轮船公司议》中说：“近年内外国富强，无不自通商始。口岸通商人与我共之，内地通商我自主之。故欲求中国富强，莫如一变而至火轮，设一内地快船公司，与招商局相为表里，以兴中国内地自有之商务，而收中国内地自有之利权。”这充分表达了盛宣怀绝不受制于外国势力，独立自主地掌控内河通商的权利，促进国内商业的流通，实现国家富强的思想与抱负。

1886年7月，盛宣怀被任命为山东登莱青兵备道兼烟台东海关监督，这是他第一次担任道台之职。此时，盛宣怀既是对发展内河航运的有“识”者，又是一个有“位”者，有可能在他的辖区内首先“肩任”此事了。但是，他很清楚，自己虽然有“识”，也有一个“位”了，可是这个“位”还不够高，自己必须得到李鸿章的支持，1886 年他在《上李鸿章禀》中说道：“查泰西各国律法，不通商各埠只许本国轮船行驶，日本亦然。惟我中国因噎废食，则江海之利有与外人公共而无独得者，甚可惜也。”他明确表示，没有李中堂的支持，靠他只身一人是难以办成的。

上海机器织布局是在 1878 年，由前四川候补道彭汝琮倡议兴办，经李鸿章、沈葆桢奏准设立的。厂址设在上海杨树浦。彭汝琮因筹集资金困难，1880 年进行了改组，李鸿章奏请朝廷拨付官款建成。最后由杨宗濂、杨宗翰兄弟主持局务。1890 年投产后在杨氏兄弟经营下，经过 3 年，已有纺锭 35000 枚，布机 530 台，雇工约 4000 人，营业方始兴盛，每月可获利白银 12000 两。然而，机器织布局正在方兴未艾的时候，1893 年 10 月 19 日，一场大火将偌大的厂房、机器设备烧成了一堆废铁，使数千工人流落街头，哭声震天。李鸿章倾 15 年心血一手创办的这家中国最早的棉纺厂，付之一炬。局中大部分机器设备被烧毁，损失约值白银 70 万两。李鸿章毫不犹豫地将杨宗濂、杨宗瀚就地免职，并决定委派盛宣怀负责重建织布局。

盛宣怀面对变成一片废墟的织布局，毅然把重建织布局的重任担当了下来。他在结束织布局前账的同时，积极筹备新厂。不到两个月，百万两资金已经就绪了。他为了照顾商股的情绪，将原来官办性质“织布局”的名称，改为商办性质的企业的名称——华盛纺织总厂。另在上海、镇江、宁波等地设十个分厂。计划纱机 32 万锭、布机 4000 张。不到一年，于 1894 年 9 月 16 日就投产了，工人重新回到了纺纱机、织布机面前，脸上又出现了笑容；商人的损失逐步得到了补偿；李鸿章要把纺织业做大的愿望也实现了。

1892 年 12 月 3 日，张之洞因铁厂“亟须筹定常年成本，计每年需银一百万两”，写信向李鸿章求援，并特地派了盛宣怀的侄子盛春颐，去找盛宣怀与李鸿章，点名要盛宣怀赴湖北招商承办，盛宣怀也有意邀集华商和洋工程师“赴汉冶各厂、各矿复阅一过，以便将出货成本详细核算”，后因李鸿章未允诺，盛宣怀才“须炼成钢铁后始能承领”，致使谈判搁浅。

1895年，由于铁厂资金无法筹集，朝廷指令通过招南洋华商来承办，预定的对象是“南洋各岛暨新旧金山等处”的华侨富商；而张之洞则认为铁厂投资多，工程大，南洋华商无力承担，他首先想到的仍然是盛宣怀。盛宣怀得知张之洞的想法，他一方面私下里对接办铁厂之事进行认真策划；另一方面又积极考虑如何将铁路与铁厂这两项事关国计民生的大事业，都掌握在自己的手中。

1896年5月14日，张之洞发出委任盛宣怀为汉阳铁厂“督办”的公文，盛宣怀在接到张之洞的公文后十天，即1896年5月24日，就正式接办了汉阳铁厂。

修建铁路，自洋务运动开始就是洋务派梦想的事，早在1863年7月20日，上海的27家外国商行联合呈请时任江苏巡抚的李鸿章，要求特许修筑上海至苏州的铁路，遭到朝廷拒绝。之后，朝廷对修建铁路的决定出尔反尔。中日甲午战争结束后，光绪皇帝提出救亡图存的六项“力行实政”，修铁路被列为首项。然而，中国究竟先造哪一条铁路最为合适？众说不一。李鸿章为了扩展和巩固北洋的地盘，力主修建天津至通州的路段，他十分注重有利于战事的沿海的东段；张之洞则主张在中部地区筑路，中部是国家的腹地，可进可退，一旦南北向的铁路建成，与东西向的长江成十字交叉，中国的交通脉络，就发生质的变化了；盛宣怀认为“中国幅员广袤，边疆辽远，必有纵横四境诸大干路，方足以利行政而握中枢”，赞成张之洞的主张。

1896年10月20日，盛奉命：直隶津海关道开缺，以四品京堂候补督办铁路总公司事务，并被授予“专折奏事特权”。经过近十年的努力，1906年4月1日，连接北京与汉口的全长1214.49公里的铁路干线卢汉铁路，全线正式通车。

鸦片战争失败后，上海等五个沿海城市被辟为商埠。1847 年，英国丽如银行率先抢滩上海。在随后的 60 多年中，以英国资本为主导的 20 家外国银行陆续在上海登陆。当时中国金融的格局主要变成由外国银行和本国的钱庄、票号等组成。而钱庄受制于外国银行，票号也无法独立运行，更无法与外国银行相抗衡，中国金融的命脉逐步被外国银行所主宰。

甲午战争失败后，盛宣怀为了避免外国人进一步控制中国实业界，反复催促清政府早日批准开办中国自己的银行。他愤慨地对李鸿章说："银行尤为诸务枢纽。开关互市，岂有聚吾国商民之财付诸英、德、法各银行之手，而自己毫不为之料理，尚自诩足国足民，有此理乎！"另一方面，他暗中说服了十个富商大股，募得华商股资 300 万两，为办理中国通商银行打下了基础。

1896 年 11 月 12 日，光绪皇帝下诏，命盛宣怀"选择殷商，设立总董，招集股本，合力兴办，以收利权"，着手筹办银行。盛宣怀随即就行动起来了。1897 年 5 月 27 日，盛宣怀将所办的银行定名为"中国通商银行"，在上海外滩 6 号正式成立。这是中国人自办的第一家银行，也是上海最早开设的华资银行。

其实，1886 年盛宣怀任山东登莱青兵备道时，曾奉命在烟台试铸银钱，并曾将试铸的银钱送李鸿章验看。李鸿章的回答是："银洋钱花纹甚佳。此事造端宏大，非农部同心主持，不能开办。得人尤难。钢模应缓制。"（见李鸿章《寄烟台盛道》，光绪十五年二月初六日）李鸿章的意见是铸币牵涉到国家币制，不是一位中级官吏的道员所能承担的重任，盛宣怀当时只能作罢。

盛宣怀在创办实业过程中，十分重视人才的培养与使用。1877 年 7 月，他在给李鸿章的信中，阐明自己急迫地希望培养中国人才的思考与原因时说："办事以得人为主，而人才半在赋畀，半在陶熔。方今欧洲气象，如大列国断无独居独处之日，亦断无百年不败之和局。足食、足兵、民信三事，非人不办，且非有后起之人，亦必旋得旋失。试问吾家将才如彼否？使才如彼否？理财之才如彼否？窃犹虑后起之益无人也。中堂功德巍巍……而区区愚鲁之忧，还望我中堂为天下得人才，弗轻后进而不诱掖，弗狃目前而不远求，弗存姑息而举非其人，弗避嫌疑而举之不先。树人如树树，惟恐迟暮，则得人之盛，未必多让湘乡！搜罗今日之梓楠，培养他年之桢干，为一代得治人，胜于为百代立治法”，并说，“久有此意，志在设一商船学堂，更欲设一矿务学堂”。1895 年、1896 年经过清廷批准，盛宣怀先后创办了北洋大学堂与南洋公学。

盛宣怀生前立有遗嘱，将其遗产的一半拿出来建立“愚斋义庄”，救济盛氏贫苦人家和从事社会慈善事业。这项遗嘱的执行监督人，事先委托给李鸿章的长子李经方。在李经方的组织下，成立了盛氏财产清理处，同时，在盛宣怀去世后的第二年（即 1917 年）的 6 月 1 日，召开了盛氏五房及亲族会议，成立“愚斋义庄”。

盛宣怀的孙女盛毓菊，生于 1898 年 12 月 16 日，诰封夫人，许配给了安徽合肥的李国芝。李国芝是李鸿章侄孙，1897 年 2 月 17 日生，国学生，加三品衔。赏戴花翎，赏给二品封典，诰授资政大夫。李国芝的父亲李经馥是李鸿章最小的儿子，最得宠，李国芝的母亲是曾国藩的孙女（即曾纪泽的大女儿），李国芝是他父母的独养儿子，继承了他们全部的遗产。

二、盛宣怀与沈葆桢

沈葆桢（1820—1879），原名沈振宗，字幼丹，又字翰宇，汉族，福建侯官（今福建福州）人。晚清时期的重要大臣，政治家、军事家、外交家、民族英雄。中国近代造船、航运、海军建设事业的奠基人之一，是清朝抵抗侵略的封疆大吏林则徐之婿。

咸丰十一年（1861 年），曾国藩请他赴安庆大营，委以重用。同治十三年（1874 年），日本以琉球船民漂流到台湾，被高山族人民误杀为借口，发动侵台战争。清廷派沈葆桢为钦差大臣，赴台办理海防，兼理各国事务大臣，筹划海防事宜，办理日本撤兵交涉。由此，沈葆桢开始了他在台湾的近代化倡导之路。

盛宣怀在招商局并购美国旗昌船产的过程中，得到了沈葆桢的支持与帮助，但是，他与沈葆桢更多的是工作关系。

1870年（同治九年）下半年，盛康通过京里的一位同乡，替盛宣怀谋到了一份差事，原来是福州船政局船政大臣沈葆桢那里，需要一名办理文案的下手，盛康让盛宣怀抓紧赴福州上任，免得夜长梦多。后因杨宗濂推荐盛进入李鸿章幕府，才放弃了沈葆桢属下的那份差事。

轮船招商局创办后，遇到的强劲对手是历史悠久、实力强盛的美国旗昌轮船公司。

美国旗昌轮船公司开办于1862年，历史久，实力强。招商局虽然起步时间晚，但是兢兢业业，逐步壮大，开办两年后，轮船已达到16只。“规模日见恢宏”，引起洋商嫉妒，旗昌就与招商局打起了价格战，把货物的运费减至一半或六成、七成，而招商局面对旗昌的倾挤，毫不惧怕，官商协力，克服重重困难，在中国自己的水域内，与它展开竞争。从1873年至1876年的三年中，招商局的运营，使旗昌、太古等外商公司几乎无利可图，旗昌终于在竞争中败下阵来了，旗昌股票的面值跌掉了百分之三十，股东的红利也大大缩水，迫使它打算退出中国的内河航运业务。

1876年底旗昌通过中介人与招商局的徐润接洽，试探招商局是否愿意对它进行收购。1877年1月，由唐廷枢代表轮船招商局与美国旗昌轮船公司签订正式合同，招商局以总价222万两银买下旗昌的所有产业，包括7艘海轮、9艘江轮及各种趸船、驳船、码头、栈房、位于上海外滩9号的办公大楼等，成为当时国内规模最大的轮船公司。收购旗昌的合同规定，轮船招商局必须在1877年3月向旗昌支付120万两，其余的在以后五年内分期支付。

招商局收购旗昌公司的船产，盛宣怀起了很大的作用。当时轮船招商局只有11艘轮船在营运，全部资本才75万两。负责接洽的徐润在合同即将签订时，十分着急，正好当时唐、盛均不在上海。徐润一方面派人去福建让唐廷枢回来，一方面又亲自赶到湖北广济武穴煤矿与盛宣怀商议。盛宣怀对徐润与旗昌的谈判结果“赞许大有见识，乃同回南京，适唐景翁（唐廷枢）亦至，公同商酌。约同上辕禀见。沈文肃公（即两江总督沈葆桢）初以无款拒之，继经杏翁（盛宣怀）指筹各款约近百万，措词得体，颇动宪听。然款项仍未足，须再筹商。次日，杏翁复……禀见，又指某处有二十万金可拨……沈文肃公乃一面出奏，一面拨款相助”。

在盛宣怀的游说下，招商局先从两江总督沈葆桢那里借到一笔款子，再由盛宣怀同李鸿章商议，请朝廷让浙江、江西、湖北分别拨出一部分款子，这才解决了收购旗昌的资金问题。这是中国近代史上第一个成功的中资企业并购外资企业的案例。

1877年6月，盛宣怀禀沈葆桢云：招商局蒙宪台奏请拨款官商合办，利害共之，大局转移在此一举，此后责任更重，不敢稍存恋栈之心，重速素餐之谤，仰恳批准销差，俾得专心开采免致兼营两误。呈请添派大员督办以一事权。沈批：该道明敏干练，才识兼优，湖北开采，与招商局务两事，尽可兼顾。“即使李伯相准另派大员，亦须该道为之引翼。”

要实现在广济采煤的愿望，就要对广济的煤矿有真切的了解，而这又必须请懂行的人出马。盛宣怀得知沈葆桢的幕僚张斯桂（浙江慈溪人，协助沈葆桢创办福州船政局），曾在台湾基隆查勘过煤铁，有实际经验。1875年5月，盛宣怀得到沈葆桢的支持，密札张斯桂，请他赴湖北武穴勘查煤铁，并说：“此举关于富强大局，幸勿诿延。”

1876年1月15日，李鸿章、沈葆桢、翁同爵会奏，“拟请委派盛宣怀会同李明墀试办开采鄂省广济、兴国煤铁，售与兵商轮船及制造各局”，随即盛宣怀赴广济，成立湖北煤铁开采总局，并担任总局督办。

19世纪70年代之后，随着西方列强要求开办电报业务的呼声不断提高，清政府已经有些无法招架了。那么，发展电报这件事究竟由外国人来做比较好，还是让中国人自己做更好呢？其实早在1865年一位法国翻译李梅就曾建议，由中国人自己设线，供中国人、外国人共同使用的办法，可能比较好。

1870年，福州船政大臣沈葆桢经过酝酿，提出了与李梅相似的主张。他在给朝廷的奏折中说："闻电线之设，洋人持议甚坚，如能禁使弗为，则多一事不如省一事；倘其势难中止，不如我自为之，予以辛工，责其教造，彼分其利，而我握其权，庶于海疆公事无所窒碍。"（见沈葆桢《议请自设电线》，同治九年七月十六日）沈葆桢认为既然呼声这么强烈，又压不下去，不如我们自己来搞，把主动权掌握在我们自己手中。

1874年，为了抵御日本对台湾、福建的侵犯，李鸿章与沈葆桢商议调兵之计，采用传递信函的方式，而日本则已通过电线传递信息，清军显然敌不过日本，李鸿章深感吃了信息不通的亏，认为必须在加快建造铁路的同时，尤其要加快电线的架设。由此，1881年冬，李鸿章在天津设立中国电报总局，委派盛宣怀为总办。

三、盛宣怀与张之洞

张之洞（1837—1909），字孝达，号香涛，又是总督，称"帅"，故时人皆呼之为"张香帅"。晚清名臣、清代洋务派代表人物，出生于贵州兴义府，祖籍直隶南皮。咸丰二年（1852年）以15岁中顺天府解元，同治二年（1863年）以26岁中进士第三名探花，授翰林院编修，历任教习、侍读、侍讲、内阁学士、山西巡抚、两广总督、湖广总督、两江总督（多次署理，从未实授）、军机大臣等职，官至体仁阁大学士。

张之洞早年是清流派首领，后成为洋务派的主要代表人物。教育方面，他创办了自强学堂（今武汉大学前身）、三江师范学堂（今南京大学前身)、湖北农务学堂、湖北武昌蒙养院、湖北工艺学堂、慈恩学堂(南皮县第一中学)、广雅书院等。政治上主张“中学为体，西学为用”。工业上创办汉阳铁厂、大冶铁矿、湖北枪炮厂等。八国联军入侵时，大沽炮台失守，张之洞会同两江总督刘坤一与驻上海各国领事议订“东南互保”，并镇压维新派的唐才常、林圭、秦力山等自立军起义。光绪三十四年（1908 年）11 月，以顾命重臣晋太子太保，次年病卒，谥文襄。有《张文襄公全集》。张之洞与曾国藩、李鸿章、左宗棠并称“晚清中兴四大名臣”。

张之洞是盛宣怀接办汉阳铁厂与经办卢汉铁路的最有力的支持者。盛宣怀有很多见解与张之洞的思想是一致的。

1889 年张之洞调任湖广总督，12 月上旬，盛宣怀与张之洞会晤于上海，商谈关于创办汉阳铁厂之事，盛拟订创办铁厂章程，主张招集商股商办。但与张之洞的官办主张相左。

1894 年 2 月 17 日，张之洞委派盛筹办湖北纺织局，说将来此厂办成，即委其兼充总理局务，以资整饬，盛未就。

张之洞创办的汉阳铁厂因为计划不周，所购设备不适于炼制大冶矿石提供的含磷较高的矿砂，所炼钢料不符合铁路钢轨的要求，钢铁生产陷入了困境。坚持“官本官办”模式来办汉阳铁厂的张之洞，被搞得“心力交困”，再也无力将汉阳铁厂继续办下去了，于是下决心要交“棒”了。朝廷意由南洋华商来承办，张之洞则认为铁厂投资多，工程大，南洋华商无力承担，他首先想到的仍然是盛宣怀。当盛宣怀收到张之洞委托恽莘耘发来的“决意不招洋商矣，今已决计与吾兄商办”的电报后，立即表态说：“如帅（指张之洞）意坚定，必当竭力为国家筹计远大，决不存丝毫私见。”

1896 年 5 月 14 日，张之洞发出委任盛宣怀为汉阳铁厂“督办”的公文，公文中说：“盛道才猷宏达，综合精详，于中国商务工程制造各事宜，均极熟习，经理商局多年，著有成效。”自然，由盛宣怀来接办汉阳铁厂，是最合适的人了。

盛宣怀在接到张之洞的公文后十天，即1896年5月24日，就正式接办了汉阳铁厂。盛宣怀接办铁厂，意味着他可以按照自己“商股商办”的主张来行事了。但是，他从张之洞手中接过这根“棒”，同时，也将张之洞已用于铁厂的官款作为铁厂的债务接管了下来，铁厂“所有已用官款五百余万，责成商局承认。所出生铁，每吨提抽银壹两归还官款”。盛宣怀一接办汉阳铁厂，身上就已背负了沉重的债务。

中国铁路建设最初的两次大争议，以张之洞倡议修筑卢汉铁路获准而告终，中国铁路建设由此而拉开了序幕。1896年9月2日，张之洞向清廷推荐“由盛宣怀督办铁路最为适当。因盛兼商业、官法、洋务三者之长”。10月20日，盛宣怀奉命：“以四品京堂候补督办铁路总公司事务。”并被授予“专折奏事特权”。1897年1月，铁路总公司于上海正式成立，盛宣怀担任总公司督办。

张之洞将修筑卢汉铁路，提高到各条路的“纲领”的地位，是十分有远见的。他在给朝廷的奏折中说：“中国应开铁路之利甚多，当以卢汉一路为先务，此路南北东西皆处适中，便于通行分布，实为诸路纲领。”他又认为“此路四通八达，必宜先办，其余支路由此而推，如此方有纲领有次第”。卢汉铁路的修筑，可为其他路段或其支路的修筑打下基础。张之洞的见解，实际上也是盛宣怀的观点。

修筑铁路最大的问题是资金的筹集问题，甲午战争失败，国库空虚，朝廷拿不出钱，在万般无奈的情况下，只能用洋人的钱。至于要想用洋人的钱，实际上也有两种方式，即“借洋债”与“招洋股”。

当时，清政府的倾向是以“洋商入股为主脑”，李鸿章也认为“洋债不及洋股容易”，均认为以招洋股为宜。盛宣怀则是从“权”字上考虑，他说：“所议借洋债与招洋股，大不相同。若卢汉招洋股，鄂、豫、东、直腹地，原不至遽为所割，但此端一开，俄请筑路东三省，英请筑路滇、川、西藏，法请筑路两粤，毗连疆域，初则借路攘利，终必因路割地，后患无穷。是何异揠苗助长！若借款自造，债是洋债，路是华路，不要海关抵押，并不必作为国债，只须奏明卢汉铁路招商局准其借用洋款，以路作保，悉由商局承办。分年招股还本，路利还息，便妥。”

张之洞赞成盛宣怀的意见，他说：“惟有暂借洋债造路，陆续招股分还洋债之一策，集事较易，流弊较少。盖洋债与洋股迥不相同，路归洋股，则路权倒持于彼，款归洋债，则路权仍属于我。”经过再三考虑，盛宣怀决定“无论议借何国路债，必须先用华款，后用洋债”。因为先用华款自造，造成一段，用路做抵押，可以免去苛条，“庶可权自我操，不致贻后来无穷之患”。

四、盛宣怀与郑观应

郑观应（1842—1922），本名官应，字正翔，号陶斋，别号待鹤山人。祖籍广东香山县（今中山市）三乡镇雍陌村。他是中国近代最早具有完整维新思想体系的理论家，启蒙思想家，也是实业家、教育家、文学家、慈善家和热忱的爱国者。

咸丰八年（1858年）到上海学商，先后在英商宝顺洋行、太古轮船公司任买办。历任上海电报局总办，轮船招商局帮办、总办。中法战争时，曾往暹罗、西贡、新加坡等地调查了解敌情，逐一绘图解说。光绪十一年（1885年）初，途经香港，被太古轮船公司借故控追“赔款”而遭拘禁，经年始得解脱。后隐居澳门近六年，撰成《盛世危言》一书。光绪十八年（1892年）后，与盛宣怀关系密切。光绪二十八年（1902年）冬，郑观应辞去招商局会办。宣统元年（1909年），乘袁世凯被迫返籍“养疴”之机，第三次入轮船招商局任会办。

郑观应是盛宣怀创办实业的有力支持者与合作共事者。

1880年秋，为了争回清政府电报的自主权，李鸿章批准筹备架设天津至上海的电报线，同时，在天津成立官办的天津电报总局，委派盛宣怀为总办，郑观应任上海分局总办。盛宣怀开始与郑观应合作共事。为了便于中国人从事发报，郑观应在法国驻华人员威基杰编成的第一部汉字电码本——《电报新书》的基础上，将其改编成为《中国电报新编》，这是中国最早的汉字电码本。这为电报业务在国内开展创造了条件。

盛宣怀在郑观应的帮助下积极筹备，接着购买电报器材，并在李鸿章的势力范围内，从大沽、北塘海口炮台与天津之间架设了一条短途电报线进行试运营，这也是在中国大陆境内，由中国人正式设立的第一条电报线路。

在盛宣怀和郑观应的妥善安排下，这条线路铺设和运行的过程相当顺利。建设完毕后，李鸿章还动用他的影响力，邀请了光绪的亲生父亲醇亲王等宗室、大臣到现场观看。这些人哪里见过这么“尔发彼得，倏忽而至”的通信方式，不禁纷纷赞叹不已。李鸿章于是乘势上书，要求开设电报局和电报学堂，并保举盛宣怀为电报局总办。在李鸿章的强力推动下，此折很快被奏准。

1885 年盛宣怀担任轮船招商局督办之后，郑观应先后担任帮办、总办。1893 年春，郑观应以招商局帮办的身份巡查长江各分局，路过武汉时，从湖北藩司王之春那里得知，汉阳铁厂已花掉四百万两银子，随即函告盛宣怀说：张之洞“又奏扩拨七十万，仍恐不敷，势要招商承办”。建议盛宣怀说：“如欲接办”，“宜先寻有好煤矿，可炼焦炭，将化铁炉移于大冶铁矿山左右，可省运费，焦炭价廉方可获利”。郑观应是盛宣怀的知己和得力帮手，从郑观应给盛宣怀的信中可看出，他们要承办汉阳铁厂，已经有较充分的准备了。

1894 年郑观应编成《盛世危言》一书，赠送给了盛宣怀，1895 年 4 月 8 日，盛宣怀致信郑观应，感谢郑所赠《盛世危言》四部，说“乞再寄赠二十部，拟分送都中大老以醒耳目”。此外，1894 年 6 月，郑观应又给盛宣怀写信，向他推荐孙中山，并请转荐于李鸿章。还请盛宣怀在总理衙门为孙中山办理游学泰西护照。盛宣怀在信封上亲笔批示“孙医士事”四字。

1896 年 5 月 14 日，张之洞正式委任盛宣怀为汉阳铁厂“督办”，汉阳铁厂改归商办。盛宣怀立即决定聘任郑观应兼任总办。5 月 24 日，郑观应正式到任。郑观应上任后发现汉阳铁厂要解决的问题很多，例如缺乏焦炭，生铁厂产量、质量都不行，钢轨厂不能生产所需要的钢轨等。要解决这些问题，并非在短时间内可以做到的。比较容易进行的，便是改善厂内管理，提高工人的工作效率，减少人为的错误和浪费。盛宣怀十分支持他从这些方面对汉阳铁厂开展整顿。郑观应自 1896 年 5 月上任，至 1897 年 7 月离职，时间只有一年多，凭着他在洋务运营中的经验，加上对汉阳铁厂问题研究的深入，已经把握住了汉阳铁厂问题的所在，针对厂内存在的主要问题，做出了应变改革，使盛宣怀接办的汉阳铁厂取得了明显的成效。

面对列强瓜分中国的态势，1896 年 6 月 1 日，郑观应向盛宣怀提议："今我国势将瓜裂，恐难挽回。拟设立一公司附于商局，急遣矿师四出将各处好矿凡属官山及廉价之民产尽行购定，并禀请地方官批示存案，免为外人所夺。"郑观应又说，在各省"凡铁路经过百里之内有矿产者，应归铁路公司招股开采"。他敦促盛宣怀抓紧购买，"迟恐好省份又为捷足者为先登，大权落于人手，铁路无以生色"。

1902 年 10 月，盛宣怀向清政府奏请在上海设立勘矿总公司。

盛宣怀创办的南洋公学，陆续设立了师范院、外院（附属小学）、中院（中学）、上院（大学）和特班。它是我国最早兼有师范、小学、中学、大学的较为完整教育体制的学校，它为中国近代基础教育、高等教育奠定了基础。郑观应赞誉说："此乃东半球未有之事，其非常不朽之功业也。"

1909 年 1 月，袁世凯被撵回河南老家"养疴"。盛宣怀乘机着手夺回被袁夺去的招商局权益。3 月 27 日，他去信至正在澳门的郑观应，请郑观应"在广州找'同股兼同志者'列名公呈招商局商办，以反对袁世凯亲信、新任邮传部尚书徐世昌将招商局收归国有的企图"。4 月，轮船招商局转归邮传部管辖之后，面对再次失去控制力的危险时，盛宣怀开始站在股东角度，带领股东抗议，选择将公司注册。来自南北两方面的 31 位股东联合致电邮传部，要求设立一个由股东选举产生的董事会。1909 年 8 月 15 日，招商局在上海张园举行第一次股东大会，盛宣怀当选为董事会主席。

五、盛宣怀与胡雪岩

胡光墉（1823—1885），幼名顺官，字雪岩，出生于安徽徽州绩溪，13 岁起便移居杭州。中国近代著名红顶商人，富可敌国的晚清著名商人，政治家，为大唐太子胡昌翼的后裔。

1861 年（咸丰十一年），太平军攻杭州时，胡雪岩从上海运军火、粮米接济清军而为左宗棠赏识，后来又帮助左宗棠组织“常捷军”，创办福州船政局。左宗棠西征平叛阿古柏时，胡为他主持上海采运局局务，在上海代借外款 5 次，高达 1195 万两，采供军饷、订购军火，并做情报工作，常将上海中外各界重要消息报告给左宗棠。备受信任时，官居二品，赏穿黄马褂，成为中国历史上唯一的红顶商人。

胡雪岩凭借其卓越的商业才能，利用过手的官银在上海筹办私人钱庄，后在全国各地设立了“阜康”钱庄分号，被称为“活财神”。在杭州创立了“胡庆余堂”中药店，制“避瘟丹”、“行军散”、“八宝丹”供军民之需，药店传承至今，赢得“江南药王”之美誉。

后来，其产业受各地官僚竞相提款、敲诈勒索而引发资金周转失灵，受外商排挤，而被迫贱卖，资产去半。最终，胡雪岩被革职查抄家产，郁郁而终。

时人评曰：“为官须看曾国藩，为商必读胡雪岩。”

幼时家贫，稍长，由人荐往于姓钱肆当学徒，得肆主赏识，擢为跑街。后在王有龄的帮助下乃开阜康钱庄，并与官场中人往来，成为杭城一大商绅。

盛宣怀与胡雪岩的“商战”，实际上是以左宗棠为代表的楚军势力与以李鸿章为代表的淮军势力在清廷之间的较量。

1879年，李鸿章与盛宣怀商议洋务之事，盛宣怀提出当务之急“电报为先”，对此意见，李鸿章深以为然，当即便责成盛宣怀按照轮船招商的成例，督办电报事业。殊不知，这一席对话，却引出了盛宣怀和胡雪岩为办电报的一场争斗。

胡雪岩背后站的是以左宗棠为代表的楚军势力，盛宣怀依靠的却是李鸿章——淮军——北洋这棵参天大树。在政见上，李鸿章主和，左宗棠主战，再加上慈禧似有意无意地搞政治平衡，故而两人并不和谐。

胡雪岩探知盛宣怀的举动后，抓住左宗棠正从军机大臣、总理衙门行走转任两江总督、南洋通商大臣的良好时机，向左提出应该抢先设立电报局，还进一步细说了电报的政治、经济意义，认为如果开设电报，一定能为楚军带来源源不断的创收新途。

于是左宗棠立刻具折上奏，请求朝廷能允许他在两江境内架设电报线路，开展电报业务。左宗棠的奏折内容很快被李鸿章得知，李鸿章自然十分恼怒，盛宣怀当然也不痛快，但他冷静下来一想，便转怒为喜，并为李鸿章讲出一番道理来。

盛宣怀认为，左宗棠这次上书，表面上是拔得头筹，夺了李鸿章的面子。但实际上，当时不管是百姓还是官场，对于电报这种新发明都是持否定态度的。特别是慈禧太后，更是对洋人的这种玩意儿深恶痛绝。左宗棠跳出来这么大声疾呼，守旧派肯定会大加攻讦，短时间内必不能成事。

盛宣怀于是为李鸿章谋划：不妨就让左宗棠去当这个先锋，我们只管做好基础建设的准备。等到左宗棠和守旧派斗得两败俱伤、师老兵疲之际，我们再拿出更可行的方案收拾局面。

李鸿章听了盛宣怀的分析后，自然连声称好。于是便命盛宣怀主持准备工作，并嘱咐盛宣怀赴上海，请郑观应一同筹划办理电报的事宜。

事态发展完全证明了盛宣怀的判断。左宗棠和反对派在朝堂之上各执一词，争执不下，而慈禧太后当时的心思又不在电报上，索性各打五十大板，将电报一事搁置不议。左宗棠辛苦一场毫无所获，怏怏地奔赴两江上任。胡雪岩经此挫折，也只好偃旗息鼓，将精力转回他的老本行——钱庄和茶叶、蚕丝生意上去了。

而盛宣怀抓住这个机会，先是邀请郑观应出山，在郑的帮助下，从大沽、北塘海口炮台与天津之间架设了一条短途电报线进行试运营，并邀请了光绪的亲生父亲醇亲王等宗室、大臣到现场观看。在李鸿章的强力推动下，此折很快被奏准。李鸿章和盛宣怀先抑后扬，谋定而后动，干净漂亮地赢得了“电报开设”这一战役的胜利。

1883 年，在盛宣怀的主持下，中国电报总局完成了原先左宗棠打算承担的自上海至武汉的长江线的兴建。

胡雪岩于 1867 年首创以海关关税为抵押向洋行和外资银行举债，14 年中，为左宗棠的军事行动融资 1600 万两白银，为左宗棠收复新疆的历史殊勋立下了汗马功劳。1883 年中法战争阴云密布，左宗棠再次主战，李鸿章再度主和。李鸿章生怕大笔资金再度流入主战派手中，致使北洋系经费来源不足，因此决定发动“倒左”攻势。打仗打的是钱粮，欲制住左宗棠，必先废掉左宗棠的“钱袋子”胡雪岩。因此，盛宣怀不仅需要掐断胡雪岩的官府资金来源，更需要斩断胡雪岩在资本市场上的一切融资通道，而这绝不是盛宣怀个人能搞定的。他必须联合上海金融市场上真正的大腕，才能实现这一目标。正是由于汇丰银行控制着当时整个上海乃至全国的银根松紧，而当时席正甫又拥有着汇丰银行的贷款签字权，席正甫对上海的本土金融机构具备了绝对的影响力，其中也包括胡雪岩。盛宣怀首先向胡雪岩最为依赖的生丝市场下手，收买各地商人和洋行买办，不买胡雪岩的生丝，致使胡雪岩生丝库存越来越多，现金压力越来越大。正当胡雪岩与怡和洋行在生丝大战中处于僵持不下的关头时，盛宣怀借助席正甫的力量，使上海的银根一天天收紧，大批丝商斩仓出局，丝价直线下跌。此时，上海各洋行完全停止收购新丝，胡雪岩的资金链濒于崩溃。

盛宣怀看准胡雪岩现金吃紧，急等“协饷”（即从有余省份的钱粮中指拨一部分解运于不足省份，意在酌盈济虚）救急之机，他以李鸿章的名义要求上海道台把交给胡雪岩的“协饷”延迟20天，然后他再串通借款银行向胡催款。胡雪岩只好将自己阜康钱庄的80万两白银调出还给外国人，盛宣怀探知这批白银出了阜康钱庄之后，立刻命人在阜康钱庄的大、小储户间放风，说胡雪岩囤积生丝大赔血本，只好挪用阜康钱庄的存款。此言一出，坊间大哗。上海、杭州两地挤兑风潮骤起，胡雪岩找到上海道台提要“协饷”，道台闭门不见。

此时胡雪岩才想起了远在北京的靠山左宗棠，他吩咐家人赶快去发电报——这张他认为可以救命的电报，岂料，电报总办盛宣怀暗中命人将这张救命电报扣下，不发！等不到左宗棠回音的胡雪岩此时才明白是被人暗算了。数天之内，这场挤兑风潮把一代红顶商人数十年创下的基业化为乌有。

这就是所谓的盛宣怀与胡雪岩的“商战”，由此盛宣怀也更加认识到创办中国人自己的银行的重要性。

六、盛宣怀与李维格

李维格（1867—1929），字一琴，祖籍吴县，1867年生于上海南市区，幼时家境贫寒。他的父亲是昆曲旦角演员。李维格年幼时随其父半工半读，后受洋务运动思潮影响，立志效法西学以救国，入英租界格致书院学习，在校学习期间，耳濡目染西方文化，更产生赴欧洲留学之志愿。之后在亲友的资助下赴英国留学。因学费昂贵而未竟其业，即留居清朝驻英参赞李经芳的行邸，学习法文，不久随驻英公使许景澄回国。因其精通英、法两国文字，对西方世界有实地了解，回国后受到清廷一些洋务派人士赏识，遂于19世纪80年代末、90年代初进入仕途，担任候选郎中之职。之后他又随翰林院侍讲崔惠人出访美国，随李伯行侍郎、汪芝房太守出访日本。在此期间，他通过实地考察，进一步了解到西方及东邻日本的发展，搜集各国工业科学发展的信息。那时国人学习西方，多注重政治制度及思想，李维格却与众不同，他注重格致之学

（即物理学等自然科学），称得上博学多才。

李维格是盛宣怀的莫逆之交，他在盛宣怀接办汉阳铁厂之后，担当了重任，在企业发展与企业管理中做出了重大贡献。

1898年夏，李维格应聘于盛宣怀创建的南洋公学任教授。当时，学校设立了师范院、外院、中院和上院四所分院，李维格于师范院教授英文。尽管执教时间不长，但是李维格在此期间以专业水平卓越、教学水准一流、认真执教、诲人不倦的高尚品行令广大师生敬佩。盛宣怀对其的人品、学识早有所知，不久就聘其为汉阳铁厂总翻译。

1907年"汉冶萍煤铁厂矿公司"正式挂牌宣告成立，盛宣怀出任第一任总理，李维格出任协理。经过近一年的酝酿与准备，1908年春，盛宣怀赴清政府农工商部注册，奏请朝廷批准，将汉阳铁厂（汉）、大冶铁矿（冶）、萍乡煤矿（萍）合并为一，成立"汉冶萍煤铁厂矿有限公司"。

1908年11月7日，清政府正式批准"汉冶萍煤铁厂矿有限公司"成立，确定公司设在上海，由盛宣怀负总责。"汉冶萍"堪称"中国钢铁工业的摇篮"，也是当时亚洲最大的钢铁联合企业，汉冶萍堪称中国的第一个钢铁托拉斯。

李维格此后十余年一直投身于汉冶萍，1908年至1911年任汉冶萍协理兼汉阳铁厂总办；1912年至1913年任汉冶萍公司经理兼汉阳铁厂坐办；1913年至1916年任汉冶萍公司高级顾问；1916年至1917年任大冶铁厂厂长；1917年任汉冶萍公司高级顾问。

盛宣怀在接过汉阳铁厂之后，遇到的一个大问题是产品质量问题。他很想亲自赴国外考察，弄个明白，但是这不可能，只能派人出去弄个究竟。那究竟派谁去方能承担此重任，思考再三，只有请他的莫逆之交、汉阳铁厂的总翻译、苏州才子李维格出马。1902年，盛宣怀在给朝廷的报告中写道："……制造必取法于人，耳闻不如目见，臣久思亲赴各国一观其布置而不得其暇，只得遴派妥员代往考察。兹查有总办湖北铁厂三品衔候选郎中李维格，心精力果，体用兼赅，本来谙熟方言，近复留心工学，臣与李维格坚明约束，铁厂之成败利钝，悉以付中……臣已代筹资斧派令该员带同洋工程司一名，克日驰赴日本，先阅其新开铁厂，即由日本放洋赴泰西各国，游历各厂，究其工作精奥之大端，彼何以良？我何以楛？彼何以精？我何以粗？他山之石，可以攻错。”1902 年 10 月，盛宣怀正式派李维格偕同在厂工作的英国工程师彭脱、德国矿师赖伦赴欧洲实地考察。

李维格果真不负厚望，经过出国实地考察，他找到了汉阳铁厂生产出来钢材质量不佳的关键所在，即矿石含磷过高，导致钢轨易脆、易裂。他发现汉阳铁厂所采用的炼钢设备与炼钢方法，不适宜炼矿石含磷过高的钢轨。

李维格回国之后，针对矿石含磷过高的原因，立即向盛宣怀建议，购置新设备，改造旧式炼钢炉，放弃原用的贝色麻转炉，改用马丁碱法炼钢炉，同时改进工艺，去除磷质。盛宣怀对这一建议颇为称许，并指示照办。这样，就使“十余年未解之难题，一朝涣然冰释”。李维格说：“在洋考察，既有把握，于是绘图贴说，广招英、美、德专门名厂投标，并与同行之萍乡矿师赖伦，及新雇之工师等，一再讨论，剔破疑团，然后分别订定。归国后激励同人，勇往从事，胼手胝足，四年苦工，于去冬（1907 年）十月告成出钢。”

从李维格回国，购置新设备，再到炼出第一炉真正合格的钢材，又花去了整整五年的时间。这为“西法炼铁，事非素习，无以得其窍要，计穷力竭，欲罢不能”的盛宣怀，解决了又一个阻碍前进的拦路虎。

1911 年 10 月，辛亥革命爆发，李维格随盛宣怀出走日本。盛宣怀为维护其本人及故旧的利益（汉冶萍公司共有股份 743.6 万股，其中绝大部分为盛宣怀及其故旧僚属所有），决定与日本人合办汉冶萍公司。

1912 年 2 月，李维格受盛宣怀的委派在日本神户与日本财团代表小田切会谈，签订了《中日合办汉冶萍公司》草约。草约一出，全国哗然，群起反对。汉冶萍公司股东会也以“《中日合办汉冶萍公司》草约有损国权、商业”予以否决。同年 5 月，汉冶萍公司股东常会批准盛宣怀辞职，委任李维格、叶景葵为经理。

1913 年 5 月，盛宣怀又被推选为董事长兼总经理，李维格受到董事会的责难，遂辞去经理职务，他的汉阳铁厂坐办（汉阳铁厂总办于 1912 年改称坐办）职务也由吴健接替。公司聘请他为高级顾问，并委派他参与筹建大冶铁厂的工作。

1913 年 6 月，李维格到汉阳、大冶、萍乡等地考察，他分别与各厂、矿工程师商谈，筹划建厂方案。同时还到石灰窑镇以上地区（今黄石市区）、石灰窑镇以下袁家湖地区（今大冶钢厂厂区）、石灰窑镇车站（今黄石市上窑天桥处）等地考察，将三处地址作了比较，决定把新厂厂址设在石灰窑镇以下 1 公里处的袁家湖地区。8 月，李维格向汉冶萍公司董事会呈报了《筹建汉冶萍厂矿事宜请折》，建议在大冶新厂中建两座日产 250～300 吨生铁的新式炼铁炉，并建议把厂址设在大冶袁家湖地区。公司批准了他的建议。

1916 年 9 月，公司委任李维格为大冶铁厂厂长，吴健为副厂长。

1927 年 6 月，李维格辞去了大冶铁厂厂长职务，改任汉冶萍公司高级顾问，自此年老多病，遂赍志而殁，终年 62 岁。

李维格虽与世长辞，但他为中国钢铁事业的贡献，永远值得后人怀念。

七、盛宣怀与王文韶

王文韶（1830—1908），清末大臣。字夔石，号耕娱、庚虞，又号退圃，祖籍浙江上虞梁湖，浙江仁和（今杭州）人。咸丰二年（1852 年）进士。权户部主事，同治年间任湖南巡抚，光绪年间权兵部侍郎，后任云贵总督，擢直隶总督兼北洋大臣，奏设北洋大学堂、山海关北洋铁路官学堂（即唐山交通大学，现西南交通大学）等，旋以户部尚书协办大学士，官至政务大臣、武英殿大学士。

甲午中日战争爆发后，清廷以天津为京畿门户，1894 年（光绪二十年）10月3日，清廷召王文韶入觐。翌年（1895年）初，命充帮办北洋事务大臣。1895年（光绪二十一年）2月13日，李鸿章被召入京，作为赴日谈判头等全权大臣，诏王文韶署理直隶总督、北洋大臣。

盛宣怀与王文韶是工作关系，盛宣怀希望在办铁厂、铁路、银行中得到王的支持，并随时向他报告情况。

1895年11月间，卢汉铁路议归商办时，有广东籍道员许应锵、广东商人方培垚、候补知府刘鹗、监生吕庆麟四人，“均称集有股份千万，先后具呈各愿承办，请派大员督理”。盛宣怀听到这个消息持否定态度进而反对说：“岂有一无名望之人能招千万巨股？闻俱是洋人所为。”既是洋人在背后操纵所为，那路权不就全为洋人所有了吗？“不特入股而已！”事后完全证实了盛宣怀的看法是正确的，“许、方、吕三人皆有洋东在其身后……刘则敢为欺谩但思包揽而已”，盛的远见得到了王文韶的赞誉。12月27日，盛宣怀电告王文韶：观音山矿苗胜于漠河，如家有窖藏，强邻觊觎。建议宜速抢挖，归漠河矿厂并办。

1896年4月27日，盛宣怀电直督王文韶：沿江察各招商分局，今日到汉。鄂厂已糜五百万，但可设法补救，“宣系创始得矿之人，颇愿为之区画”。同日，向王文韶陈述办铁路的方针：“权自我操，利不外溢，循序而进，克期成功。”7月27日，禀王文韶、张之洞：铁路之利远而薄，银行之利近而厚。华商必欲银行铁路并举，方有把握，如银行权属洋人则路股必无成。闻赫德觊觎银行，此事稍纵即逝。也即“银行铁路应一气呵成”，将铁路、银行统于一手。9月，盛接到上谕：“王文韶、张之洞会奏请设铁路总公司，并保盛宣怀督办一折，直隶津海关道盛宣怀著即饬令来京，以备咨询。”随即遵旨入都。11月12日，电告王文韶、张之洞：今因铁厂不能不办铁路，又因铁路不能不办银行。这就要铁厂、铁路、银行三者一手抓。11月16日，驰抵天津，与直督王文韶议设立铁路总公司于上海，天津、汉口设分局。

1897年6月16日，盛向王文韶报告：“北洋铁路学堂合并于北洋大学堂，增加了铁路一科，派‘王道修植兼管’”。11月23日，又函告王文韶：反对容闳办津镇路，说若清江别开一路，则东南客货均为所夺，卢汉将来断不能集华股还洋债，卢汉一路必致停废无成。

八、盛宣怀与孙宝琦

孙宝琦（1867—1931），字幕韩，晚年署名孟晋老人。浙江杭州人。山东巡抚、北京政府国务总理。幼好学。以父荫任户部主事，后改任候补直隶道员，军机处官报局局长，曾经创设育才学堂及开平武备学堂。清末大臣，晚清外交家，北洋政府第四任代理国务总理。

1900 年，八国联军进攻北京，随光绪帝至西安。翌年任驻德、澳、法等国使馆随员。1902 年，升任出使法国大臣。1905 年回国，代理顺天府尹。1907 年，任出使德国大臣。1908 年回国，充帮办津浦铁路大臣。1911 年初，任山东巡抚。辛亥革命时，于驻法公使任上与庆亲王联姻成为清王朝的红人（事起孙中山赴法开展革命活动，机密文件被叛徒盗取送到孙宝琦处，孙施展手腕，一面送还原件给孙中山向革命党示好，一面又与庆亲王联络向朝廷表忠）。时值山东革命党人纷纷集会，要求山东独立，并推举他为交涉长，但他竭力阻挠和反对。武昌起义之后，在山东独立，并被推为总统（大都督）后，他不久就宣布此系误会，变化无常。他大肆破坏独立，镇压群众，在短短 10 多天内山东独立即被取消。1913 年 9 月，任北京政府外交总长。1914 年 2 月，代国务总理。1915 年日本提出“二十一条”后辞职。1916 年，任审计院长。1916 年 4 月，任财务总长兼盐署督办。6 月兼汉冶萍钢铁公司及招商局董事长职务。1920 年春，任经济调查局总裁。1922 年 1 月，任扬子江水道讨论委员会会长。同年 4 月，任外交部太平洋会议善后委员会副会长。1924 年 1 月，任北京政府国务总理，兼外交委员会委员长，任内与苏联建立外交关系，向德国索赔成功。1925 年 2 月，任淞沪商埠督办。1926 年任中法大学董事长。1931 年 2 月在上海去世。

盛宣怀与孙宝琦在工作上的关系交集不多，但是 1910 年他为四子盛恩颐挑选的对象是孙宝琦的大女儿孙用慧，与孙成为儿女亲家。

1910 年 5 月 8 日，盛宣怀函致孙宝琦谈到自己大半生建树，说中国“有十个盛杏荪”就好了。函中说：“创轮船与各洋商争航路；开电政阻英、丹海线不准越中国海面；建纱布厂以吸收洋纱布之利；造京汉以交通南北干路；恢张汉冶萍，以收钢铁权利……冒奇险而成兹数事。私乎公乎？……试问天下有十个盛杏荪，实业便有数十件。可惜天下人才莫不鉴其吃亏，苦太甚，俱各援以为戒，竟无一人肯步其后尘！”

1914 年 9 月 26 日，盛致函外交总长孙宝琦要他警惕日本侵略。第一次世界大战爆发，日本对德宣战，乘机向德国势力范围的山东进军。盛告孙云：“惟望欧战早停，中立不致败坏。近邻不怀好意，触之即动，似宜小心。”对于日本控制的汉冶萍公司，提出了“以外债图扩充，以铁价还日款，以轨价充经费”的方针。

1910 年为四子盛恩颐挑选的对象是民国总理孙宝琦的大女儿孙用慧。孙用慧小时候曾随其父生活于英、法等国，精通英、法、德等国语言，清朝末年还曾与其三妹应召进宫，当过慈禧太后的口语翻译。她有才有貌，在姐妹中遇事善断，正直忠厚，性情颇似其父。孙用慧起初不愿意，因她年龄比盛恩颐大两岁，认为找一个不懂事的小夫婿，生活不会幸福，况且她是受过欧风美雨熏陶的、具有现代意识的女性，主张自立和节约，生活上很简朴，对于那种“女大三，抱金砖”的说法更是不肯苟同；对纨绔子弟、八旗哥儿们一概看不惯。可是孙宝琦老太爷却认为挺好，认为年龄不是主要的，关键是门当户对，所以坚持要女儿嫁过去。封建大家庭，儿女婚嫁还是父母说了算，孙用慧只好服从。

盛恩颐他们的婚礼于 1910 年在北京举行，孙老太爷因故未能出席，由孙用慧的二叔孙宝喧主持婚礼。婚后第二年，生下一个男孩。当时正值盛宣怀出任邮传部尚书（1911 年），就取名为盛毓邮。

九、盛宣怀与袁世凯

袁世凯（1859—1916），中国近代史上著名的政治家、军事家，北洋军阀首领。字慰亭（又作慰廷），号容庵、洗心亭主人，汉族，河南项城人，故人称“袁项城”。

袁世凯早年发迹于朝鲜，归国后在天津小站训练新军。清末新政期间积极推动近代化改革。辛亥革命期间逼清帝溥仪退位，之后成为中华民国临时大总统。1913 年镇压二次革命，同年当选为首任中华民国大总统，1914 年颁布《中华民国约法》，1915 年 12 月宣布自称皇帝，改国号为中华帝国，建元洪宪，史称“洪宪帝制”。此举遭到各方反对，引发护国运动，袁世凯不得不在做了 83 天皇帝之后宣布取消帝制。1916 年 6 月 6 日因尿毒症不治而亡，归葬于河南安阳。

袁世凯的荣辱功过各有评说，有人说他是“独夫民贼”、“窃国大盗”，也有人认为他对中国的近代化做出过贡献，是真正的改革家。总之，袁世凯是中国近代史上最具争议的人物之一。

盛宣怀与袁世凯最大的矛盾，在于在轮船招商局与电报局两局大权的争夺上。

1901 年 11 月 7 日，李鸿章去世，遗折由袁世凯继任直隶总督。盛宣怀也极力推荐。清廷当日降旨任命袁世凯为直隶总督、北洋大臣。

1902 年 10 月 24 日，盛宣怀的父亲盛康去世，盛宣怀按照清廷惯例，开去所兼各职差，以便安心为父亲“守制”。清廷在保留了他的铁路总公司督办职务之外，其他各职均准予开缺或改署任。

为了替户部筹饷，清廷拟派开平矿务局督办张翼担任电报局与轮船招商局的督办。张翼曾将开平煤矿的主权出卖给了英国，盛宣怀自然竭力反对由张翼来接任这两个职务。于是，他就想请袁世凯来帮他想办法，谁知这正好中了袁世凯的下怀，袁正想乘盛宣怀守制的机会，将轮、电二局的大权夺到他的手中。当年 11 月，袁世凯借口吊唁盛康丧事，到上海与盛宣怀商讨“轮、电归北洋管辖”的问题。盛宣怀最初的想法是，与其派张翼来接办，不如归袁世凯管辖，而且，盛宣怀又担心电报局被清廷收去，改为官办。因此，他对袁世凯说：“电报宜归官有，轮局纯系商业，可易督办，不可归官。”但是，没想到袁世凯回京后做了手脚，朝廷很快下文：“即另简电政大臣，但改官办而不还商本。轮局亦由北洋派员接管。”盛宣怀得此坏消息，十分愤怒地说：“……日本商务大旺，中国只两公司，而十手十目必欲毁之而后快。轮船归北洋主持，尚无大碍，电线改官办，本愿如此，但商人商本二百数十万，若不付给现款，恐股票即为外人所得。此目前之一弊也……(电线）改归官办，非有强兵不能自守，则他人通消息而我不能通。此军务时一大弊也。”

为此，盛宣怀坚决反对电报改为官办，理由之一，一旦发生战事，官办电报会被外国夺取，对中国不利；理由之二，将损害商人利益，电报是入股众商20多年的股业的积累，如果夺归北洋管辖，商人对政府失去信心，势必将股票卖给洋商，多少年来与洋商争权的努力，将付之东流。

盛宣怀又想出一策，若袁世凯真要夺轮、电二局，索性让他将汉阳铁厂一并接管。谁知，袁世凯的胃口大得很，竟答应一并接管。盛宣怀这时只能再回过头来，强调袁世凯如果要坚持电局官办，必须对商人手中的股票，按市价收购，再另给利息予以补偿。

盛宣怀坚持反对的结果是电报局未归官办。但是，1903年1月15日清廷任命袁世凯为电务大臣，原直隶布政使吴重憙为驻沪会办电务大臣，3月底吴重憙正式接办了中国电报局。2月，袁世凯的亲信杨士琦当上轮船招商局督办，轮、电二局均被袁世凯的北洋派系所控制。

事实上，轮、电二局变为商本而官办，成为北洋的重要财源，管理日趋腐败，经营日趋衰落。盛宣怀痛斥袁世凯的北洋对轮、电二局“专为剥削”，但已无济于事了。

电报局虽然被收归国有，但是，随着政局的变动，1910年8月，盛宣怀奉旨饬赴邮传部任右侍郎，电报局又在他的管辖之下。

十、盛宣怀与孙中山

孙中山（1866 年 11 月 12 日—1925 年 3 月 12 日），名文，字载之，号日新，又号逸仙，幼名帝象，化名中山樵。他是中国近代民族民主主义革命的开拓者，中国民主革命伟大先行者，中华民国和中国国民党的缔造者，三民主义的倡导者，创立《五权宪法》。他首举彻底反帝反封建的旗帜，“起共和而终两千年封建帝制”。

孙中山生于广东省香山县（今中山市）翠亨村的农民家庭。青少年时代受到广东人民斗争传统的影响，向往太平天国反清事业，自诩“洪秀全第二”。1905 年（光绪三十一年）成立中国同盟会。1911 年 10 月 10 日（宣统三年）新军中的革命党人暗中联络，决定当天晚上起义。辛亥革命后被推举为中华民国临时大总统（任期 1912 年 1 月 1 日—1912 年 4 月 1 日）。1925 年 3 月 12 日孙中山在北京逝世，1929 年 6 月 1 日，根据其生前遗愿，葬于南京紫金山中山陵。1940 年，国民政府通令全国，尊称其为“中华民国国父”。

孙中山著有《建国方略》、《建国大纲》、《三民主义》等。其著述在逝世后多次被结集出版，有中华书局 1986 年出版的十一卷本《孙中山全集》，台北 1969 年、1973 年、1985 年出版的《国父全集》等。

孙中山为了改造中国耗尽毕生的精力，在历史上留下了不可磨灭的功勋，也为政治和后继者留下了稳固而珍贵的遗产。

辛亥革命之后，盛宣怀与孙中山因汉冶萍等有少量的函件交往。

1894 年 6 月，郑观应给盛宣怀写信，向他推荐孙中山，并请转荐于李鸿章。还请盛宣怀在总理衙门为孙中山办理游学泰西护照。盛宣怀在信封上亲笔批示“孙医士事”四字。这可以说是盛宣怀最早对孙中山的关注。

1912 年 1 月 1 日，中华民国政府在南京成立。孙中山出任临时大总统。1月17日，孙中山通过他的代表向逃亡日本的盛宣怀传言：“民国于盛并无恶感情，若肯筹款，自是有功，外间舆论过激，可代为解释。惟所拟中日合办，恐有流弊。”至于盛氏被没收的财产，“动产已用去者，恐难追回；不动产可承认发还”。

1月中旬，南京临时政府财政极为困难，拟以汉冶萍公司财产作抵押，向日本筹借款项，或用中日合办形式，以解燃眉之急。派何天炯为代表赴日，并通过王勋（阁臣）将用汉冶萍公司筹款一事告盛，盛提出“或由公司与日商合办”的意见，并云：“合办以严定年限、权限为最要，免蹈开平覆辙。”

2月23日，孙中山致函盛宣怀：“执事以垂暮之年，遭累重叠，可念也。保护维持，倘能为力之处，必勉为之。现在南北调和，袁公不日来宁，愚意欲乘此机会，俾释前嫌，令执事乐居故里。”同日，孙中山下令废除中日合办汉冶萍公司草约。这时用招商局财产向日本筹款一千万元，亦未能成功。

3月8日，盛宣怀复孙中山函：“惟中华之民穷困极矣，非洞开门户，大兴实业，恐仍不能负公挽回时局之苦心。侧闻公阅历欧亚，知足民大计，必从实业下手，路矿圜法尤其大者。与下走平生怀抱差幸不谋而合。”对孙中山“保护维持”家族财产，表示了“感泐尤深”之意。

3月13日，盛宣怀致函张仲炤：“民国政府力摧实业公司，汉冶萍、招商局几乎不能保全。幸赖项城之力。”目前共和统一，以后实业必大兴旺，“故我辈不可不以保持已成为己任”。3月15日，孙中山给盛宣怀来函：“实业以振时局，为今日必不可少之着。执事伟论适获我心。弟不日解组，即将从事于此。执事经验之富，必有以教我也。”

3月30日，盛宣怀致函孙中山：“钢铁关系自强，需本甚巨，华商心有余而力不足，恐非政府与商民合办不能从速恢张，以与欧美抗衡也。”

4月1日，孙中山正式辞去临时大总统之职。

9月29日，盛宣怀致孙中山函称：“大驾到京，宏议铁道，所到之处，实业发达，尤为文明之代表。”

1913 年 3 月 30 日，盛宣怀致民报馆向构甫函，说：“弟与中山先生情谊甚好，旧事不宜重提，务祈格外留意。”6 月 20 日，他对孙宝琦谈他对孙中山的某些看法时说：孙中山在办实业上是“有理想而无经验”。

第六章　盛宣怀一生在湖北的经历纪要

（自 1844 年至 1916 年）

盛宣怀，1844 年 11 月 4 日出生于江苏武进，字杏荪，又字幼勖，号次沂、补楼、愚斋，晚年号止叟、孤山居士、须磨布衲、紫杏等。

1844 年

是年，父亲盛康中进士，初任铜陵令，后任庐州府、宁国府知府，和州直隶州知州。曾在那里治水赈灾。

1850 年

是年，入塾读书。此后十余年读孔孟经书，据说“颖悟洞彻，好深湛之思”。

1852 年

是年，太平军攻克安庆、江宁，父亲盛康被派往帮办江南大营粮台。退入湖北后，巡抚胡林翼“以全省厘政委之”，然后以布政使衔掌湖北盐法武昌道，竭力为清军筹集军费。

1860—1861 年

太平军进军苏、常、沪、杭，随祖父盛隆避居盐城，辗转至时任湖北粮道的父亲盛康处。后因其父由粮道改任湖北盐法道，遇淮、蜀争引地，宣怀私拟“川、淮并行之议”，被采纳。父勉其从事“有用之学”。

1862 年

是年，董氏归来。

1863 年

是年，长子昌颐出生。

1866 年

是年，回常州应童子试，中秀才。

1867 年

是年，祖父盛隆在湖北去世，父亲盛康丁忧，护送祖父的棺木回常州。

是年，因侍奉祖母，未能参加秋试。

是年，因襄办陕甘后路粮台出力，湖广总督官文保奏，奉旨以知府尽先补用。是年赴湖北广济考察那里的煤矿，“乃知其地滨江”，考其志始知该山属官。

1869 年

是年，读书之余，协助其父盛康在家乡设义庄、建义塾等事。

是年，盛康丁忧后改官浙江杭嘉湖兵备道按察使，“固防裕饷，辖境晏然”，改任皋台后退休。

1870 年

春，杨宗濂荐入湖广总督督办陕西军务李鸿章处，李委其行营文案，兼充营务处会办，后奏调会办陕甘后路粮台淮军营务处，“嗣因克复洪岗等处贼寨案内”，经绥远城将军定安保奏，奉旨以道员补用，并赏花翎二品顶戴。

1872 年

4 月，奉李鸿章面谕，拟上轮船章程，主张办轮运以挽回航利。为轮船招商局第一个章程。

1873 年

1 月 14 日，官办轮船公局成立。

7 月，轮船公局改为轮船招商局，唐廷枢任总办，徐润、朱其昂、盛宣怀为会办。盛兼管运漕、揽载。

1874 年

是年，奉李鸿章密谕："中国地面多有产煤产铁之区，饬即密禀查复。"始将自己"怦怦于中将十年"的湖北广济煤矿的开采付诸实践。

1875 年

5 月 3 日，密札曾在台湾基隆查勘煤铁的张斯桂赴湖北武穴勘查煤铁，说"此举关于富强大局，幸勿诿延"。

5 月 18 日，张斯桂到广济县与县令史醇商议开采武穴等处煤铁事。

5 月 23 日，张斯桂在乡绅导引下到山前山后察看情形。

6 月上旬，张斯桂报告盛：阳城山确是官山，煤随处都有，亦易开挖，距江亦近。颇合制造局、招商局轮船之用。

6 月上旬，广济绅民吴邦杰等四十人具呈广济县，借口挖煤必遭火灾以反对开采。

6 月 14 日，致函广济县令史醇："阳城多煤，武穴狃于风鉴之说。无论妄诬必欲举办，岂能任其阻挠，拟于月内赴武，熟商办理。"表现了采矿的决心。

6 月 15 日，史醇复函：武穴绅民纷纷禀请停办。史认为"此事既攸关楚省地势天险，又关民间庐墓所在，拂舆情而勉为办理，大人必不致不计而行”，请暂时搁下。但盛仍坚决不为动摇。

6 月 29 日，李鸿章同意开采阳城山煤矿，并函示，须先集股本，酌议章程，与汉黄德道兼江汉关监督李明墀会同筹办，以取得地方支持。试办稍有头绪，再行推广。

7 月 7 日，湖广总督李瀚章、湖北巡抚翁同爵会同湖北汉黄德道、江汉关监督李明墀督带湖北候补知县史致谟前赴广济县阳城山地方查勘，审度地势，详细绘图禀复。

7 月 24 日，广济煤矿设厂雇工开挖。

8 月 15 日，李瀚章批文到煤厂，准招商集资，接续兴办，逐渐扩充，以收利益。

10 月下旬至 11 月初，在天津拟定“官督商办”性质的《湖北煤厂试办章程八条》：一、地势宜审也。一、利权宜共也。一、用人宜专也。一、资本宜充也。一、税则宜定也。一、贩运宜速也。一、界址宜定也。一、销售宜广也。送呈李鸿章。

11 月中旬，拟《湖北煤厂改归官办议》一文呈李鸿章，请照磁州原议，改归官办，以抵制有人企图将鄂矿并归招商局。

12 月 19 日，英国矿师马立师由日本抵上海，委托徐黼升与马立师晤谈看山开矿事。

12 月 24 日，经南京抵广济阳城山一带再加察看，以便确定“湖北煤铁开采总局”的局址。

12 月 28 日，向魏肯堂租赁上海美租界下海浦地方的栈房一所，设立广生煤铁公栈（简称广生煤栈）以堆煤铁，议明五年为期。（光绪二年五月初一日上报李鸿章，二十一日批准）

1876 年

1 月 12 日，禀翁同爵请调盛宇怀（盛康长兄盛应的长子）任湖北煤铁开采总局提调兼稽查上海运销事宜。

1 月 13 日，驰抵武穴阳城山一带，决定选适中之地盘塘为总局驻地。

1 月 13 日，呈《湖北煤铁开采总局试办开采章程六条》：一、地势宜择要审定也。一、开采宜逐渐扩充也。一、用人宜各专责也。一、官本宜核支用也。一、售款宜缴还资本也。一、官煤宜广开销路也。

1 月 14 日，启用湖广总督颁发的“湖北煤铁开采总局关防”（木质）。

1 月 15 日，李鸿章、沈葆桢、翁同爵会奏，拟请委派盛宣怀会同李明墀试办开采鄂省广济、兴国煤铁，售与兵商轮船及制造各局。

同日，札饬徐黼升赴九江，陪同马立师到局会晤，并即勘探广济煤矿。

2 月 1 日，上谕：鄂省试办开采煤铁着盛宣怀会同李明墀妥为经理。

2 月 17 日，与李明墀札张福镄、李振新即着手在盘塘盖造总局房屋。五月间建成。

2 月 19 日，与英矿师马立师订立雇用合同。该合同体现了自主权。

2 月 26 日，偕马立师等抵沪，委托耶松洋厂定造勘矿铁扦。

3 月 15 日，向李鸿章表示：“梦中堂垂青，谬膺重任，敢不凛遵训诲，勉旃慎旃。”必使有成效而后荐贤自代。“必视国事如家事，尽我心力。”另外诉说矿事有十难。

4 月 29 日，分别任命盛宣怀等十人为提调、委员等职，从光绪二年正月起支薪。

5 月 23 日，上禀李鸿章拟在上海租栈储煤。

6 月 12 日，李鸿章批示同意在上海租屋设立广生煤铁公司。

6 月 26 日，马立师连续致函盛宣怀，抱怨经办委员掣肘，凡事不能做主。

7 月 21 日，与李明墀谕袁辉南等在兴国州属沙村后半壁山一带进行开采煤铁。

8月9日，上禀李鸿章等，请准在兴国、广济租用民田者分别租买；开采民山者酌给钱文，先尽执业民户，其余备拨首士薪资及地方经费（农历六月二十六日翁同爵批准，八月十五日李鸿章批准）。

同日，报告李鸿章：本年四月间会同兴国州吴念椿亲赴各山逐细履勘，煤气甚旺。居民颇愿归官开采。

9月上旬，著《论矿事书》：主张（1）自己培养认矿人才，一面选聪颖子弟随洋人看矿学习，一面选派人才出洋专学开矿本领。（2）至于民情，似可无虑。弟所虑者不在民情而在官绅；不患事后之滋事，而患事前之阻挠。提议事前做好工作。（3）简放矿政大臣，统一领导，遍勘各省矿产，俱归督办。

9月中旬，在烟台面托总税务司赫德聘雇英国矿师一名及匠目二人。

9月，匆匆应秋试，不第。遂绝意科举。

10月中旬，札派张福鑅到湖南衡州等处察访开煤情形，并招募开矿熟手来鄂。

1877年

1月6日，致函李鸿章，告之24日驰抵盘塘，矿务舆情尚称宁谧。遍历济属各矿，考究煤质。以新开之寅山为最，阳城次之，阮家山又次之。

同日，函告李鸿章，误聘洋匠马立师，遂致旷时靡费。十二月初六日李复书宽慰盛说，用西法开矿，事系创始，“洋匠高下访询殊难确实，此皆不足引咎”。并指示：开矿伊始，局面不必阔大，必须试办有效，再行逐渐开拓，方为稳妥。

1月上旬，徐润为归并旗昌事去武穴，与盛商议。盛“特以船多货少洋商争衡为虑”。随去南京，直至所提问题唐、徐“均有解说”，“始毅然请于幼帅以定此议”。

1月13日，报李鸿章：济属试采煤斤已在盘塘设立总局，亲自驻局督办。

1月16日，议定开矿各事，列人夫章程计15条。

1月22日，上书李鸿章：购买外国之煤，利自外流，不如开采自产之煤，利自我兴。但咸丰年间所定税则不利于我平土煤成本以抑洋煤。欲平我煤价，必先平我税则。要求每吨减为税银一钱。

2月5日，陈请李鸿章，由湖北煤铁开采总局兼采施南、宜昌铜矿。

2月中下旬，致函李鸿章：望密请李瀚章准拨总局资本，采施、宜铜，并寄函李鸿章挽留沈葆桢，勿辞江督职，俾利湖北矿务开展。

2月26日，抵江宁议购买旗昌船产款项。

3月1日，为旗昌交盘之期。如期携银到沪，并为妥筹整顿招商局提出意见。

同日，翁同爵批饬新署江汉关监督何维健仍照旧章会同盛办理湖北矿务。

3月2日，李鸿章函复：施、宜一带铜、铅及归州煤矿，俟洋矿师到后遍察矿苗，择要开采，不必拘守兴、济奏案。

3月上旬，函报翁同爵：广济、兴国各矿一半停工，俟所聘英国矿师到后勘测再定。

3月30日，赴沧州，迎见李鸿章，禀商招商局厘定章程及煤税事。

4月5日，由天津抵京。准备赴部验看。

4月7日，赴部引见。李鸿章推荐说：盛宣怀“心地忠实，才识宏通，于中外交涉机宜能见其大，其所经办各事皆国家富强要政，心精力果，措置裕如，加以历练，必能干济时艰”。

4月16日，赫德来函：代延之矿师郭师敦及机器匠人，业于二月初二日由英国起程，约在三月十五日前后即可到沪。

5月6日，郭师敦、谭克、派克等洋人到盘塘总局。

5月10日，领凭出京，仍拟回盘塘总局办理矿务。

同日，抵天津，面晤李鸿章筹商事宜。

6 月 24 日，抵盘塘总局。

6 月 29 日，致郭师敦函，14 日回局，又接郭 18 日来函，所称龙港一带不多产煤，又不合机器大宗烧用，徒费时日，定不见益，自应舍此而另择他处，冀可早安机器采煤。

6 月，禀沈葆桢云：招商局蒙宪台奏请拨款官商合办，利害共之，大局转移在此一举，此后责任更重，不敢稍存恋栈之心，重速素餐之谤，仰恳批准销差，俾得专心开采免致兼营两误。呈请添派大员督办以一事权。

沈批：该道明敏干练，才识兼优，湖北开采，与招商局务两事，尽可兼顾。

7 月 15 日，李鸿章札："平波"轮船拨交湖北煤铁局盛道留局差遣。所有带船委员等人薪水、口粮，月需洋一百零四元，从六月份起由煤局开支。其船价银两亦由盛道随后筹还。

7 月 22 日，谕武穴首士郭在岐等：望广予招徕附近石灰窑等用户，以推销总局不适用于机器、轮船的存煤。

8 月 16 日，李鸿章来函：称许"先煤后铁"的见解甚是。在指出鄂省矿务成败利钝动关大局的同时，告以鄂矿为"立足之地，自应在鄂得手，方为办理有效。专望鄂煤得利，渐次推拓，以为开铁张本"。

9 月 7 日，率郭师敦等抵宜昌，准备往归州、兴山、荆当等地勘矿。

9 月 8 日，李鸿章见盛对鄂矿动摇，因而来函鼓励盛在鄂开采做出典型，以便他处仿办。不同意无成效，"改而他徒"。

9 月中旬，盛先后派人去归、巴以及当阳、长阳等地查勘煤矿，体察民情，如有端倪，再亲率矿师前往履勘。

10 月 22 日，盛因兴、济产煤均难合机器局、招商局轮船之用，令就近变价，以归还官本。但据报售销兴国煤，诸多困难，所售无几。

10 月 23 日，从宜昌起程，26 日行抵沙市。即赴观音寺，会同地方官，向绅民说明延雇洋匠查勘矿务本旨，以免疑阻而生事端。部署既定，即回沙市。

11 月 11 日，亲率矿师乘舟溯沙江，入漳河，水竭滩多，日行二三十里，终行抵观音寺。

11 月 17 日，同矿师等抵观音寺勘矿。郭师敦报称，窝子沟煤窿层齐质坚，可以开签试探，至明春进行。

11 月 23 日，率矿师自观音寺起程，赴大冶履勘铁矿。

12 月 15 日，率同郭师敦等由武昌起程，抵大冶黄石港，会同知县林佐，连日详勘铁矿，履察水道。

12 月 27 日，回黄石港，周历大冶县属沿江一带寻觅安炉基地。

1878 年

1 月 2 日，同大冶林令赴樊口，会同武昌凌令、黄冈恒令，督率矿师履勘武昌、黄冈所属南北两岸，上下百余里。

2 月，以湖北煤铁开采总局名义买得大冶铁矿山。

5 月中旬，禀李鸿章，要求在大冶先开炉一座，逐渐推广。

8 月 31 日，李兴锐、郑藻如致函称盛绸缪全局，力创其难，江汉数千里躬亲履勘……费尽苦心，凡属同志孰不拜服倒地。

9 月 9 日，接李鸿章札，批准所请委派李金镛为矿局总办，周锐为提调。

9 月 15 日，称赞郭师敦能“视公事一如己事，忠诚在抱，必能妥速成功”，希郭在中国湖北矿务中先得首功。

11 月 16 日，请假自天津回老家，21 日抵苏州。

12 月，夫人董氏去世。

是年，偕李秋亭等赴直隶河间府赈灾。

1879 年

3 月，李鸿章上奏对盛赈灾有功予以赞赏。

4 月 26 日，自湖北回上海。

5 月上旬，就湖北煤铁矿事禀告李鸿章与鄂督李瀚章，说自愧菲材，暗于谋始，以致艰于图成。谨拟两策：（1）如仍归官办，拟请在制造、海防项下每年拨款，以煤熔铁，以铁供制造，联为一气。前五年用款，制造局奏销。(2）官本截止，另招商股，遣撤洋匠，专办煤矿。已用官本，就截存之官本生息弥补。

5 月 19 日，荆当煤矿探扦竣工，向李鸿章禀报扦图，并详报拟办情形。

5 月 27 日，李鸿章批准同意荆门、大冶矿商办。撤销盘塘总局。

6 月上中旬，与李金镛共同拟《湖北荆门矿务招股简明章程》十六条。议定招集商股十万两。

6 月 15 日，苏抚署江督吴元炳批评湖北矿务旷日持久，巨款虚糜，官本愈亏，商更裹足，中国需用煤铁依然仰给外洋，而徒多内地开矿之费，“实属无益而有损，转不如暂议停止之为愈”。

6 月 28 日，向李鸿章汇报荆门、大冶煤铁两矿，经勘定确有把握，经费难筹，拟先用土法，试办荆煤，辞退洋匠，所需资本，招集商股先行开办。前领官本，一律截止，以清界限，将截存直、鄂官本交江苏、汉口各典生息，以每年利息弥补动缺官本。

1880 年

1 月，给矿师郭师敦出证明单，评价较高。说该矿师于矿务、化学、绘图一切甚为熟谙，办事亦颇认真。只因所勘煤矿运道艰难，一时难以创造铁路，是以终止。

10 月，在天津设立电报学堂，由丹国招雇洋人来华教习电学发报工作。

12 月，荆门矿务总局续订招股启事。原招商时先入股四成，试办一年，兹已逾期。说荆门煤矿质地最佳，甚合兵轮之需，亟应广筹开采，隐寓自强之机于万一。然股本不足，惟愿赶凑股份，以成公私并利之举。

1881 年

6 月 2 日，认为大冶等处铁山最好最多，拟集三五万金小办，仅熔生铁。

8 月上旬，李瀚章据人告发：盛赴鄂省开矿以来，扦煤武穴，成效未睹，亏累已多。继复设局于荆门，始而收买运售，既又集股开采。迄今三载，局务既无起色，亏项亦毫无弥补，而徒屡禀求公家减免税厘。

8 月 21 日，李鸿章批评试办武穴煤矿数年，既无丝毫成效，反多累官帑。开采荆煤，未几交金董接手，官气太重，事不躬亲，一任司事含混滋弊。所运之煤竟买自民间，运赴下游各口出售，攘夺民利……荆煤既无可采，应即将该局裁撤。

9 月 2 日，向李鸿章申述试办武穴煤矿不成的原因：误听矿匠马立师之言，土法开采百余处，见煤者亦四五十处，而煤质碎劣，煤层薄散。但认为开煤窿甚多，养活穷民不少，颇得人心。在官在商，尚未能收成效，而于民则不为无益。

9 月 2 日，再向李鸿章禀：湖北矿务开局以来，收支尚不敷钱六千四百二串二百六十七文，统由盛尽数垫赔，历经造具清册详报在案。

10 月 28 日，李鸿章札盛，令赶速裁撤，勿得借词宕缓，煤运完立即禀销关防。荆门矿务总局随即撤销。

1882 年

春，乞假赴苏探视父亲盛康，并往来沪、苏、常间，料理家事。盛这时回忆过去感到办矿亏损甚感委屈，他与人书云："五年艰苦，屡濒于危，十万巨亏，专责莫诿。地利亿万年，暂置之犹可望梅止渴，竟舍之则泼水难收。天理人心，昭昭如揭。原拟俟东海得手，分资派员，先办荆矿，俟煤可供用，而冶炉反掌可成矣。"

6 月，署北洋大臣张树声饬盛宣怀派矿务学生池贞铨随同赴烟台查勘铅矿，以备制造铅弹。

8月，李鸿章在籍丁忧守制，被召，赴烟台，路经吴淞口，盛登船迎接并随同赴烟台。不久李受命署北洋通商大臣。函招盛回京办事。

9月，成立金州矿务总局，任督办，聘郑观应为总办，负责招集股份。

冬，清政府正式将电报机构命名为"中国电报总局"，盛宣怀任督办，担负起与外商交涉电线侵权的任务。

1883年

春夏间，盛以闽粤等处电线道远费繁，法越事兴，市面清窭，商股观望等原因，不得已，暂挪金州矿款以济急需。

1884年

4月下旬，李鸿章札转致户部咨文称：湖北开矿亏折直隶练饷钱十万串，应责成盛一人赔偿，不得以官款生息弥补；又盛经手苏典练钱生息有两笔，一笔减息二厘，一笔不减。

7月上旬，向李鸿章诉说，中国以西法试办矿务，断非巨资积久不能为功。开平煤矿用商款二百万，八年未能获利；台湾基隆煤矿用官款数十万，九载未能归本。奉委办理湖北矿务不幸失败，议将"余剩矿本生息弥补，原为以公济公，免致开销正项"。为此，他对户部四月上旬亏损全要盛赔，不准以息保本的指示，表示不同意。

7月上旬，写信给阎敬铭诉说试办湖北煤矿被指控，系无中生有之事，并说："侄自李傅相奏调十四年，差缺赔累，祖遗田房变卖将罄，众皆知之。今再被此重累，恐欲求吃饭而不能。父年古稀，无田可归。从此，出为负官债之员，入为不肖毁家之子。"

1885年

2月4日，湖北煤矿亏款，自认赔钱一万串，这样连同垫用制钱六千四百二串二百六十七文，共赔一万六千四百二串二百六十七文。

8 月 1 日，受命任轮船招商局督办。

8 月，因总理电线，成绩卓著，李鸿章特疏请奖。奉旨以海关道记名简放。

9 月 23 日，李鸿章上奏表扬盛："该员才具优长，心精力果，能任重大事件，足以干济时艰。"

10 月，自津至苏省视父亲。

1886 年

7 月，简授山东登莱青兵备道兼烟台东海关监督，这是正任道官之始，但仍以办轮、电事居多。

1887 年

2 月，与马建忠禀山东巡抚张曜发展山东内河小轮，得到批准。随后山东内河小轮通航。

1888 年

9 月 27 日，致电李鸿章，拟到外洋请一头等矿师，打算大举勘查和开采五金矿藏。

1889 年

12 月上旬，与张之洞会晤于上海，谈关于创办汉阳铁厂事，盛拟订创办铁厂章程，主张招集商股商办。其与张之洞的官办主张相左。

是年冬，刁夫人去世，她与盛宣怀生活了 15 年。

1890 年

3 月 16 日，张之洞致电李鸿章：盛道前在沪具一禀，所拟招商股办铁厂办法与鄙见不甚相同，说"商股恐不可恃，且多纠葛"。

3 月 30 日，对格致书院学员钟天纬论文下批语，对该员奉调赴鄂躬与筹办铁厂事非常高兴，说这是“坐而言者起而行，继我未竟之志，殆亦天假之缘也”。

4 月 5 日，致汉口招商分局施子卿函：对怡、太要有充分认识，“既防太古明与倾轧，亦须防怡和暗中损我”。

11 月，禀庆邸：大冶铁矿官办必致亏本，如果尽早改归商办，就大冶江边设炉开炼以就煤铁，可以做到“轻运费而敌洋产”。

1891 年

3 月 19 日，致函李鸿章推荐郑观应至唐山帮理矿务，郑以“亲老多病，不敢远离”辞。乃向李鸿章荐郑代理开平煤矿总办。

9 月，所办平度金矿因李宗岱经营不善亏欠颇多，盛予以查封备抵。

是年，长子昌颐在鄂参加顺天乡试，中举，从一品封典，并以正二品任湖北候补道、湖北德安府知府。

1892 年

6 月，从登莱青道调补天津海关道兼海关监督，七月到任。沈毓桂贺诗六章，说天津为“运筹帷幄之地”，“上佐爵相调剂中外之情”，“得心应手，固应裕如”。

12 月，四子恩颐生。

1893 年

3 月 30 日，派郑观应溯长江西上，稽查各招商分局利弊，作为整顿的依据。

4 月 5 日，郑观应自汉口致书盛，告知张之洞的汉阳铁厂恐办不下去，请作好接办准备。

10 月 19 日，上海机器织布局厂被焚，损失惨重。社会公认盛宣怀的财力、身份、势力最适宜担当织布局的规复之任。

12 月 8 日，自津抵沪，暂寓上海电报局。从事规复织布局重任。与原织布局总办杨宗濂等协商，结束前账，招股集资，很快有了头绪。改“局”为“厂”，命名为“华盛纺织总厂”，下设十个分厂。

1894 年

2 月 4 日，借差归省，在苏度岁。

2 月 10 日，赴沪。

2 月 17 日，张之洞委派盛筹办湖北纺织局，说将来此厂办成，即委该道兼充总理局务，以资整饬，未就。

3 月，回津海关道任。

6 月，郑观应来函，推荐孙中山于盛宣怀，请转荐于李鸿章。并请在总理衙门为孙办理游学泰西护照。盛在信封上亲笔批上“孙医士事”四字。

7 月 25 日，日本发动侵略朝鲜和中国的战争。

9 月，平壤之役，五弟盛星怀在前敌阵亡。极悲痛。

1895 年

4 月 8 日，致书郑观应，感谢郑所赠《盛世危言》四部，说乞再寄赠 20 部，拟分送都中大老以醒耳目。

4 月 17 日，中日《马关条约》签订。盛在“病榻拊膺长叹”。

6 月 7 日，致书郑观应，告以《盛世危言》一书蒙皇上饬总署刷印二千部，分送臣工阅看。

秋，请就光绪十一年所建博文书院原有房屋，设头等学堂，又另设二等学堂一所，使学生递相推升，与曾充教习之美国驻津副领事丁家立商订课程，以切近易成循序渐进为本旨，倡捐巨资，宽筹学费，禀请具奏立案，克期开办，是即所称北洋大学堂，是为盛宣怀办理正规学堂之始。该校延华洋教习，分教学员天算、舆地、格致、制造机器、化矿诸学。它是中国第一所工业大学。

12 月 27 日，电告王文韶：观音山矿苗胜于漠河，如家有窖藏，强邻觊觎。建议宜速抢挖，归漠河矿厂并办。

1896 年

2 月 23 日，张之洞有意要盛承办铁厂，盛电告张之左右手恽莘耘表示：愿承办铁厂，拟于下月送李鸿章出洋后，到鄂勘议。如张之洞意定，必当竭力为国家筹计远大，决不存丝毫私见。

4 月 9 日，回常州扫墓。

4 月 27 日，电直督王文韶：沿江察各招商分局，今日到汉。鄂厂已靡五百万，但可设法补救。

同日，向王文韶陈述办铁路的方针："权自我操，利不外溢，循序而进，克期成功。"

4 月 30 日，赴汉阳看铁厂。

春，禀两江总督刘坤一，筹建南洋公学。于上海徐家汇购买基地，作为公学校址。此即今之交通大学原址。

5 月 14 日，奉张之洞札委督办汉阳铁厂。铁厂改归商办。聘郑观应兼任总办，整顿铁厂。

同日，禀复张：中国办事最易分歧，万一铁路所用钢轨等件，仍欲取材于外洋，使华铁销路阻塞，商局何能挽回。届时如果出现这种情况，请准其停工发还华商资本，仍归官办。

5 月 15 日，与人书云：铁政不得法，徒靡费，几为洋人得。张之洞属意宣，意甚坚，"若一推让，必归洋人"，故接办。

5 月 16 日，认为铁厂用洋人三十六名，不务实。可知其整顿之难，更难于当年之招商局。

5 月 24 日，汉阳铁厂总办郑观应到任。

6 月 21 日，由鄂厂回沪。

7 月 23 日，致恽莘耘函，说明铁厂布置尚未调妥，内部情况复杂，办钢铁业极为艰难，路轨必须与之相辅而行。

7月27日，禀王文韶、张之洞：铁路之利远而薄，银行之利近而厚。华商必欲银行铁路并举，方有把握，如银行权属洋人则路股必无成。闻赫德觊觎银行，此事稍纵即逝。也即“银行铁路应一气呵成”，将铁路、银行统于一手。

8月，向政府提出开办银行的意见。认为开银行可以流通上下远近之财，振兴商务，为天下理财一大枢纽。故欲富民必自银行始。

9月2日，张之洞向清廷推荐，说由盛宣怀督办铁路最为适当。因盛兼商业、官法、洋务三者之长。

9月，奉上谕：“王文韶、张之洞会奏请设铁路总公司，并保盛宣怀督办一折，直隶津海关道盛宣怀著即饬令来京，以备咨询。”随即遵旨入都。

10月19日，皇上召见，奏对关于南北铁路事，盛敷陈大指，皇上深维至计。

10月20日，奉命：直隶津海关道开缺，以四品京堂候补督办铁路总公司事务。并被授予专折奏事特权。

10月30日，被授予太常寺少卿衔。

11月初，上奏《请设银行片》，说银行流通一国之货财，以应上下之求给，比之票号、钱庄要好。英、法、德、俄、日本之银行次第来华，“攘我大利”，近年中外士大夫亦多建开设银行之议。现又举办铁路，造端宏大，中国非急设银行不可，否则“无以通华商之气脉，杜洋商之挟持”。

11月12日，电告王文韶、张之洞：今因铁厂不能不办铁路，又因铁路不能不办银行。这就要铁厂、铁路、银行三者一手抓。

11月13日，出都，顺道勘卢沟桥工，认为卢汉铁路路线直径取道信阳，不绕襄樊，以免迂折。

11月16日，驰抵天津，与直督王文韶议设立铁路总公司于上海，天津、汉口设分局。

11月，筹办成立中国通商银行，先集商股二百五十万两，招商局集八十万两。

12 月 3 日，告张之洞：炼钢需煤，现开平焦炭供不应求，不得已另派干员赴萍乡设炉，采煤自炼。此铁厂生死关键，势难全徇人情。

1897 年

1 月 6 日，正式启用“铁路总公司关防”。

1 月 27 日，报告总署，银行名称暂拟“中国通商银行”。

1 月，铁路总公司成立于上海。奏明先造卢汉干路，其余苏沪、粤汉次第展造，不再另设立公司。时各国商人先谋入股，继谋借款包揽路工。而京外绅商亦竞请分办他路，实则影射洋股与借名撞骗者各居其半。盛宣怀通电直、鄂，一律驳置不理，坚持先尽官款开办，然后择借洋债，再集华股，坚决反对招洋股。

同月，南洋公学基本建成。自任督办，聘何嗣焜任总理（校长）。

2 月，比商至鄂，议铁路借款。就商于张之洞，佥以比为小邦，重工业，但斤斤于购料趱工，无他觊觎。即阴附他国商股，我于条款内坚明约束，只认比公司不认他人，可无流弊。且允既以铁路作保，无须再用国家名义。磋议至四月初六日，始订草约。

5 月 27 日，“中国通商银行”上海总行开张。

6 月 16 日，铁路学堂归并北洋大学堂，派王修植兼管。

11 月 5 日，汉孝路轨开工，由沪驰赴鄂，料理开工。

11 月 23 日，函告王文韶：反对容闳办津镇路，说若清江别开一路，则东南客货均为所夺，卢汉将来断不能集华股还洋债，卢汉一路必致停废无成。

12 月 24 日，被补授大理寺少卿衔。

1898 年

2 月，自德占胶州湾后，俄占旅顺，法窥琼州，日图福建，英亦有图扼长江之谋，瓜分危机严重。盛上奏陈述危急形势之后，争粤汉路自办说。

3 月 15 日，反对帝国主义占路权和矿权，向政府陈说英国之于山西侵占全省矿权，“恐借开矿而渐及派兵保护，占利竟致占地”。

4 月 10 日，托驻美公使伍廷芳在华盛顿与美国合兴公司签订粤汉铁路借款合同。

4 月 30 日，张之洞来电，同意盛的使英办晋路开晋矿，可借分俄势的策略。

4 月，上奏清廷，请援照开平煤矿例，不准在萍乡另立煤矿公司。

6 月 11 日，光绪帝下诏“明定国是”。戊戌百日维新从这一天开始。

7 月 28 日，奉上谕旋即赴津督催卢汉北路工程。

8 月 11 日，卢汉铁路比国借款合同，于五月初八日在上海画押。

9 月 21 日，戊戌维新失败。

11 月 18 日，上庆亲王：铁路不要……而归商务。一归商务，可由中国造路公司与外国借款公司订立合同，准驳之权仍归政府，可消除许多后患。

11 月，赴鄂，督催滠口至信阳路工。

1899 年

1 月，赴大冶查勘铁矿。

4 月 7 日，与日本制铁所长官和田签订煤铁互售合同。向日本买煤每年三四万吨，供应日本每年五万吨铁矿，以十五年为期。张之洞提出异议。

7 月，感到美合兴之约颇为狡狠，恐他时驾驭更难于比，思辞去他路，专心卢汉，以轻肩责。商之张之洞，张复电谓：“美约不成，必为法占。若南北两干均归一国，如大局何！”不同意盛辞去粤汉路之责。

9 月 14 日，患痢疾，扶病北行，验收卢保路工。由上海乘轮船，15 日抵达天津。

9 月 29 日，驰至卢沟桥顺轨西行以达保定。

10 月 4 日，乘车进京。

11 月 22 日，给总署文：中国矿产至富，大利未收，烟煤焦炭用途最广，而东南各省多待济于日本，致使汉阳铁厂、轮船、纺织各厂局，成本加重。各国讲求商务，总以出口之货抵入口之货为第一义。故宜大力自办煤矿，用先进技术开采。

11 月，奏请卢汉铁路北端接轨至马家铺。本日奉朱批："著照所请该衙门知道。"

1900 年

6 月 21 日，与日本签订煤铁互售合同第一次续订条款。

6 月 24 日、25 日，先后电粤督李鸿章、江督刘坤一、鄂督张之洞等，发起"东南互保"。

7 月 13 日，委托驻美公使伍廷芳与美国合兴公司订《粤汉铁路借款续约》。

8 月 14 日，八国联军攻陷北京。慈禧太后、光绪皇帝和一部分王公贵族仓惶出逃。

8 月 29 日，与日本签订煤铁互售合同第二次续订条款。

1901 年

1 月 5 日，被派充会办商务大臣（商务大臣为李鸿章），驻沪。

2 月 19 日，张翼（燕谋）出卖开平矿权与英，签订移交合同。

10 月 1 日，被授予办理商务税事大臣。

11 月 7 日，李鸿章去世。遗折由袁世凯继任直隶总督。

1902 年

1 月 8 日，慈禧太后、光绪帝回到北京。

2 月 20 日，被授为工部左侍郎。

3月1日，英国福公司拟造铁路夺卢汉之利。盛认为，如有必要，亦须俟卢汉完工之后，察看情形方可。翌日，电张之洞：福公司所商路事，敝处坚持未允。

7月1日，与吕海寰偕英使马凯由沪启程赴宁、鄂与刘坤一、张之洞晤商商约事。

7月8日，电外务部：葡萄牙索造铁路，意在推展澳界，图占香山，如不允所请，只能由葡借款筑造作为中国支路，并须订立合同以清界限，而保主权。

10月21日，电外务部请统一规划铁路：各国铁路皆由自主，中国穷于财力借助外人，应先定干路若干条，由国家借款兴造。其余支路应准华商筹款接造。今若各国择地请造，仍要中国还款方能收回路权，恐全球无此办法，中国独吃此亏。即互有利益，亦不能有碍干路权利。

10月24日，父盛康逝世。电请开去各差缺，以安心守制。旋奉谕旨："卢汉、粤汉铁路总公司及淞沪铁路筹款、购地、买料、修工事宜，仍着盛宣怀一手经理。"张之洞复历陈铁路不可易人。三辞不获。事实上其他一些差缺并未开去，改为署任。

10月，奏请在上海设立勘矿总公司。

同月，派汉阳铁厂总办李维格去日本，转赴泰西各国参观有关工厂，究其工作精奥之大端，借他山之石以攻错。

11月，袁世凯到上海乘吊盛康丧之机，与盛宣怀面谈轮、电二局事。盛答："船宜商办，电宜官办。"

1903年

4月7日，皇上召见，命赏福字、匹头、饽饽、肉食。

6月6日，扶病出京。到上海后即延医诊治。行动即喘，医云须调治月余，方能出门治事。但本月为争山西福公司路矿事，与彼代理人哲美森执议多次，及与外务部、晋豫方面往返函电甚多。

1904 年

1 月 15 日，与日本小田切万寿之助签订大冶购运矿石预借三百万元矿价正合同。以大冶矿等物产作押。

3 月 19 日，在上海议成与中、英、法、德合办上海万国红十字会一事。

5 月，收回粤汉铁路权的呼声甚高，赴江宁与张之洞、魏光焘商议美国合兴公司废约事。

7 月 2 日，电告外务部：各国公司每于合同夹缝中力争权利，稍一放松，则数十年吃亏无尽，必须警惕。

1905 年

5 月中，北上勘黄河桥工、正太路工。

5 月 22 日，被召见。面奉皇上垂询卢汉铁路工程及黄河桥工情形。

5 月，到京请安，召见三次。以京汉全路完工，引疾求退。慈禧太后谕："国家正值多事，汝系旧臣，不应出此。"

6 月，密陈整顿卢汉铁路办法三端，其中着重谈了收赎问题。说借款还清，合同即废，行车进款可无外散。其中尤要者，有事之秋他人不能干预。

7 月 27 日，奉谕：着加恩在紫禁城内骑马。

8 月 20 日，中国同盟会在日本东京成立。孙中山为总理。

9 月，请设铁路法文速成学堂，委派候选知府衡璋为驻堂经理。

同月，奉谕旨：粤汉铁路废约事，责成张之洞、梁诚一手经办，盛宣怀不准干预。

11 月，遵旨自沪会同唐绍仪验收黄河桥工，并举行全路落成典礼。病发，未及复命即回沪。

12 月 5 日，电奏：上海铁路总公司请即裁撤，并归铁路总局唐绍仪督办，以一事权。

1906 年

2 月 13 日，与日本三井洋行订一百万元借款合同。以汉阳铁厂物产作押。

3 月，裁撤上海总公司。督办铁路总公司事至此结束。

同月，清廷责成盛与英商磋商，废苏杭甬铁路草拟合同。务期收回自办。

9 月，续请汉阳铁厂免税展限十年。（1896 年张之洞奏请获准免税五年，1901 年盛请准展限五年，此为第二次展限。）

1907 年

5 月 1 日，与日本大仓组订借日金二百万元合同。以萍矿财产作押。

7 月，禀庆邸：现办铁厂兼煤铁矿，成效显著：一手经办之轮、电两局，历年收回利权甚巨。至今邮传部特开一部实赖此以存国体。意思是要奕劻对他大力支持。

8 月 28 日，致外务部尚书吕海寰："近来日本兵常赴大冶勘查铁矿，颇有觊觎之意"，欲事抵御，只有商力团结。故拟奏请将汉、冶、萍合并为一公司，以期增强力量，"永保权利"。

10 月，李维格从国外考察回来后，解决了铁厂钢质含磷太多易裂的问题，建立新厂；萍乡煤矿建设也颇有成效，乃赴汉阳验新钢厂，赴萍乡验大煤槽。看到"风声所播，商情踊跃"等情况，于是函商张之洞：拟将汉、冶、萍合成一大公司，以期保中国厂矿挽回中国权利。

11 月，近一两个月间，遍历鄂、湘、赣勘阅厂矿，复筹商川路定轨及萍乡防营等事，因疲劳和冬寒，旧疾复发。

12 月 14 日，向汉口正金银行借款三十万日元。

12 月，奉旨："迅速来京预备召见。"

1908 年

3 月 9 日，被授为邮传部右侍郎。管摄路、电、航、邮四政。

3 月，上奏：为商办汉、冶、萍煤铁厂矿渐著成效，亟宜扩充股本合并为一公司，以期推广，而垂久远。二月二十一日奉谕：着责盛宣怀加招华股，认真经理，以广成效。

4 月，出都抵汉，于铁厂考验炼钢、炼铁、拉轨、锤折诸法……均极赞美，谓与欧厂无异而质过之。

5 月，留园义庄成立。经苏抚陈启泰入告，奉赏“承先收族”匾额。

6 月 13 日，向横滨正金银行借日金一百五十万元。以汉冶萍矿山等作押。

9 月 2 日，奏请给假赴日本就医，兼考察钢铁厂矿和银行各业。到日本后为之诊疾者为青山、北里两医学博士。

此行著有《东游日记》。

11 月 5 日，听说光绪帝、慈禧太后先后去世，本日在日本神户“率同领事馆等举哀成服”。随后即乘轮回国。

11 月 7 日，清政府正式批准“汉冶萍煤铁厂矿有限公司”成立，确定公司设在上海，由盛宣怀负总责。“汉冶萍”堪称“中国钢铁工业的摇篮”，也是当时亚洲最大的钢铁联合企业。

11 月 14 日，汉冶萍公司向横滨正金银行借日金五十万元。以汉冶萍矿山等作押。

11 月 25 日，从日本返抵上海。在日本两个月余，参观了那里的煤铁厂矿和银行、制币局，乃至文化教育等。

1909 年

3 月 21 日，汉冶萍公司向汉口正金银行借银五十万两。以汉冶萍公司汉口地产作押。

8 月，长子昌颐因时疫殁于沪宅。

1910 年

2 月 27 日，清政府颁中国红十字会试办章程，派盛宣怀为中国红十字会会长。

5 月 8 日，函致孙宝琦说明自己大半生建树，说中国“有十个盛杏荪”就好了。

8 月 4 日，清廷因事敦促入都，遂电奏请觐，奉谕：来京陛见。

8 月 17 日，到京，召见三次，博询时局要政，旋奉旨饬令赴邮传部右侍郎任，并帮办度支部币制事宜。

9 月 10 日，汉冶萍公司向正金银行借日金一百万元。以汉冶萍公司矿山物产等作押。

11 月 1 日，电东三省总督锡良：警惕日本攘夺本溪铁矿。

11 月 6 日，电鄂督瑞徵：兴国州银山锰矿很重要，近闻州人欲与锰矿局为难，务祈速饬劝业道严饬州牧晓谕解散，予以保护，勿使滋生事端。

11 月 17 日，汉冶萍公司向横滨正金银行借日金六十一万余元。以汉冶萍公司物产等作押。

1911 年

1 月 6 日，被授为邮传部尚书。

2 月，言官奏劾邮传部官办铁路滥借滥费，请饬查整顿。

3 月 31 日，汉冶萍公司向横滨正金银行借日金六百万元。

从 1908 年春汉冶萍公司成立后至今三年间，向日本借款共一千二百万元有余，均附苛刻条件。

春夏间，与日本举行汉冶萍公司一千二百万元借款谈判，以便发展公司生产，并将自己在公司中的大量投资收回一些。为了不受日本过多的苛刻条件限制，盛做出同时向其他国家借款的姿态。因铁路干线国有引起了保路风潮等原因，借款谈判暂搁。

5 月初，复陈铁路明定干路支路办法，认为其要尤在干路收归国有，迅速筹办支路，则仍可由商民量力办理，此为处理铁路之要领。

5 月 8 日，清内阁改制，“皇族内阁”成立。盛宣怀被留任简授为邮传大臣。所有内阁总协理大臣及各该大臣均为国务大臣。

5 月 20 日，遵旨接办粤汉、川汉铁路，接议英、德、法、美各银行六百万英镑借款合同，同日定议签订。干线国有与这次借款，引起川、粤、两湖保路风潮。

夏秋间，从四川开始的保路风潮兴起后，广东、两湖也随之继起，清王朝处于风雨飘摇之中，保清派人士群起攻击盛宣怀。盛乃成为众矢之的。

10 月 10 日，武昌起义。随之各省相继宣布独立。

10 月 26 日，清王朝为平息众怒稳住统治，将盛宣怀作为替罪羊革职，永不叙用。

10 月 27 日，清廷任命袁世凯为钦差大臣。

10 月 28 日，逃离北京，经天津去青岛。日本顾问高木陆郎等随行。

11 月 1 日，袁世凯被清廷任命为内阁总理大臣，组织责任内阁。

12 月 14 日，由青岛抵大连。

12 月 31 日，由大连去日本。除日本人高木陆郎等随行外，儿子恩颐、重颐随行。到日本后，僦居神户之盐屋山。

1912 年

1 月 1 日，中华民国政府在南京成立。孙中山出任临时大总统。

1 月中旬，南京临时政府财政极为困难，拟以汉冶萍公司财产作抵押，向日本筹借款项，或用中日合办形式，以解燃眉之急。派何天炯为代表赴日，通过王勋（阁臣）将用汉冶萍公司筹款事告盛，盛提出“或由公司与日商合办”的意见，并云：“合办以严定年限、权限为最要，免蹈开平覆辙”。

1 月 17 日，孙中山通过他的代表告盛：“民国于盛并无恶感情，若肯筹款，自是有功，外间舆论过激，可代为解释。惟所拟中日合办，恐有流弊。”至于盛氏被没收的财产，“动产已用去者，恐难追回；不动产可承认发还”。

1 月 26 日，日本代表小田切说汉冶萍公司已无财产，不同意贷款，只能华洋合办。日本上海三井洋行与民国政府签中日合办汉冶萍公司草约（称“宁约”）。

1 月 29 日，小田切在神户将中日合办汉冶萍公司合同，交盛宣怀草签（称“神户约”）。

2 月 12—13 日，清帝下诏宣布退位；袁世凯声明赞成共和；孙中山向参议院辞职推荐袁为临时大总统。

2 月 23 日，孙中山来函：“执事以垂暮之年，遭累重叠，可念也。保护维持，倘能为力之处，必勉为之。现在南北调和，袁公不日来宁，愚意欲乘此机会，俾释前嫌，令执事乐居故里。”

同日，孙中山下令废除中日合办汉冶萍公司草约。这时用招商局财产向日本筹款一千万元，亦未能成功。

2 月 27 日，致吕幼舲函：“昔年轮、电商资官夺，已不合例，此次强汉冶萍为合办，招商局借巨款，共和攘力甚于专制。”

3 月 10 日，袁世凯在北京就任临时大总统职。

3 月 13 日，致张仲炤函：“民国政府力摧实业公司，汉冶萍、招商局几乎不能保全。幸赖项城之力。”就此共和统一，目前风已过去，以后实业必大兴旺，“故我辈不可不以保持已成为己任”。

3 月 15 日，孙中山来函：“实业以振时局，为今日必不可少之着。执事伟论适获我心。弟不日解组，即将从事于此。执事经验之富，必有以教我也。”

3 月 22 日，汉冶萍公司开股东大会，取消中日合办草约。

3 月 30 日，致孙中山函：“钢铁关系自强，需本甚巨，华商心有余而力不足，恐非政府与商民合办不能从速恢张，以与欧美抗衡也。”

4 月 1 日，孙中山正式辞去临时大总统职。

9 月 7 日，致上海吕幼舲函：“现今孙、袁交合，心绪较宁。”“至于借款，则但求脱胎前作而不可得。”

9 月 9 日，孙中山应袁世凯之邀于 8 月 24 日抵京。本日孙被特授为筹划全国铁路全权。

9 月 19 日，致孙宝琦函：闻孙中山总理各省铁路，“其政策与下走不谋而合。惟其念太奢，恐更无骤”。

9 月 29 日，致孙中山函称：“大驾到京，宏议铁道，所到之处，实业发达，尤为文明之代表。”

10 月间，自日本回到上海。

1913 年

2 月 18 日致吴蔚若函：“归国后故园独处，书画自娱，如梦初醒，不欲知秦汉以后事。惟民穷财尽，实业如航业、铁业已成之局，似不难于保守。乃因董事不得其人，内外交讧；股东散处四方，每届开会，到者甚稀，西人目为自弃权利。大约官僚附股，讳莫如深！”

3 月 29 日，致搆武先生函：汉冶萍公司有国有之说恐难办到，“鄙见商办公司必当奉工商部为惟一之管辖上司，不宜杂乱，一羊九牧，必无收成”。

同日，汉冶萍公司开特别股东大会，被选为总理，会后又被选为董事会会长。

4 月 22 日，致梁启超函：“汉冶萍中日合办，非由弟主，而实由弟挽救。近已有人代为昭雪。”说这是“颇类强迫，不得已辞总理仍为董事（会长）”。但因重病，会长事务，常由王存善代理。

1914 年

9 月 26 日，致外交总长孙宝琦函要他警惕日本侵略。第一次世界大战爆发，日本对德宣战，乘机向德国势力范围的山东进军。乃告孙云："惟望欧战早停，中立不致败坏。近邻不怀好意，触之即动，似宜小心。"对于日本控制的汉冶萍公司，提出"以外债图扩充，以铁价还日款，以轨价充经费"的方针。

是年，同意股东、董事们提出的官商合办汉冶萍公司的意见，并积极进行准备。但由于日本帝国主义的干预，1915 年 1 月，日本向袁世凯提出了"二十一条"，坚持汉冶萍"中日合办"，而未能成功。

1915 年

1 月，日本帝国主义向袁世凯政府提交灭亡中国的"二十一条"，其中第三条规定："汉冶萍公司中日合办，附近矿山未经公司同意不准他人开采。"名为"中日合办"，实为日本独占，以实现它多年处心积虑吞并汉冶萍公司的阴谋。

3 月 6 日，正金银行驻北京董事小田切万寿之助电告盛宣怀："中日合办"汉冶萍公司，对盛氏说"所享之益尤大"以为引诱。力请盛同意。

3 月 28 日，复小田切：以股东们反对"中日合办"和"各国效尤"为理由，拒绝名为"中日合办"汉冶萍公司实为吞并的妄图。

春夏间，为了既不"中日合办"，又能把汉冶萍维持下来，允由梁士诒、孙多森所办"通惠实业公司"出面发行实业债票等办法，维持汉冶萍公司。

11 月 24 日，正金银行上海分行经理儿玉来函："日本绝不能承认贵公司与通惠公司结成关系。"

12 月冬，病益重，不能起床，也不能管事。

1916 年

4 月 27 日，在上海病逝。终年七十三岁。

参考书目

[1] 夏东元：《盛宣怀传》，成都：四川人民出版社 1988 年版。

[2] 孙毓棠：《中国近代工业史资料》，台北：文海出版社 1979 年版。

[3] 姜迎春、余鹏：《李鸿章与近代早期湖北煤铁的开采》，第二届汉冶萍国际学术研讨会论文集。

[4] 郑润培：《汉阳铁厂的选址与经营》，第一届汉冶萍国际学术研讨会论文集。

[5] 薛毅：《关于汉冶萍公司研究的若干问题》，第一届汉冶萍国际学术研讨会论文集。

[6] 郑润培、李航：《郑观应与汉阳铁厂的营运》，第二届汉冶萍国际学术研讨会论文集。

[7] 吴伦霓霞、王尔敏：《盛宣怀实业函电稿》，香港：香港中文大学出版社 1993 年版。

[8] 黄领：《张赞宸开创萍乡煤矿的伟大实践及意义》，第二届汉冶萍国际学术研讨会论文集。

[9] 左世元：《汉冶萍公司铁厂厂址调整与大冶铁厂的建设》，第一届汉冶萍国际学术研讨会论文集。

[10] 朱荫贵：《试论汉冶萍发展与近代中国资本市场》，第一届汉冶萍国际学术研讨会论文集。

[11] 张泰山：《原料与技术：清末汉阳铁厂废弃贝炉浅议》，第二届汉冶萍国际学术研讨会论文集。

[12] 李玉勤：《对盛宣怀合并商办汉冶萍公司决定性原因的考察》，第一届汉冶萍国际学术研讨会论文集。

[13] 方一兵：《汉冶萍公司与中国近代钢铁技术移植》，北京：科学出版社 2011 年版。

[14] 袁为鹏：《清末汉阳铁厂与武汉地区早期城市化》，第一届汉冶萍国际学术研讨会论文集。

[15] 李江：《汉冶萍公司股票研究》，第一届汉冶萍国际学术研讨会论文集。

[16] 易惠莉：《中国第一代实业家盛宣怀》，南京：《江苏文史资料》编辑部 1994 年版。

[17] 雷儒金、尚平：《浅谈汉冶萍公司的民族性及其成败的现代启示》，第二届汉冶萍国际学术研讨会论文集。

[18] 顾必阶：《中国铁路建设与汉冶萍》，第二届汉冶萍国际学术研讨会论文集。

[19] 邱永文：《盛宣怀与中国近代铁路事业的发展》，第二届汉冶萍国际学术研讨会论文集。

[20] 盛承懋：《盛氏家族 · 苏州 · 留园》，上海：文汇出版社 2016 年版。

[21] 盛承懋：《盛宣怀与“中国的十一个第一”》，西安：西安交通大学出版社 2016 年版。

[22] 盛承懋：《盛氏家族与汉冶萍》，第一届汉冶萍国际学术研讨会论文集。

[23] 盛承懋：《从汉阳铁厂到汉冶萍》，第二届汉冶萍国际学术研讨会论文集。

[24] 吴剑杰：《张之洞年谱长编》，上海：上海交通大学出版社 2009 年版。